NOVOS CENTENÁRIOS

NOVOS CENTENÁRIOS

O FUTURO DO ENVELHECIMENTO

William J. Kole

Benvirá

© 2024 by William J. Kole

All rights reserved. No portion of this book may be reproduced, stored in a retrieval system, or transmitted in any form or by any means—electronic, mechanical, photocopy, recording, scanning, or other—except for brief quotations in critical reviews or articles, without the prior written permission of the publisher.

Copyright da edição brasileira © Saraiva Educação, 2024

Todos os direitos reservados, incluindo o direito de reprodução integral ou em parte, em qualquer forma.

Título original: *The Big 100: The New World of Super-aging*

Direção editorial Ana Paula Santos Matos
Gerência editorial e de produção Fernando Penteado
Gerenciamento de catálogo Isabela Ferreira de Sá Borrelli
Edição Estela Janiski Zumbano
Design e produção Jeferson Costa da Silva (coord.)
 Verônica Pivisan Reis
Tradução Maria de Lourdes Sette
Preparação Maurício Katayama
Revisão Queni Winters
Diagramação Adriana Aguiar
Capa Tiago Dela Rosa

**Dados Internacionais de Catalogação na Publicação
(CIP) – Vagner Rodolfo da Silva – CRB-8/9410**

K81c   Kole, William J.

Novos Centenários: o futuro do envelhecimento / William J. Kole; traduzido por Maria de Lourdes Sette. – São Paulo: Benvirá, 2024.

296 p.

Tradução de: *The Big 100: The New World of Super-aging*

ISBN: 978-65-5810-116-1 (impresso)

1. Envelhecimento. 2. Expectativa de vida. 3. Superenvelhecimento. I. Sette, Maria de Lourdes. II. Título.

	CDD 305.26
2023-2887	CDU 316.346.32-053.9

Índices para catálogo sistemático:

1. Envelhecimento	305.26
2. Envelhecimento	316.346.32-053.9

1ª edição, julho de 2024

Nenhuma parte desta publicação poderá ser reproduzida por qualquer meio ou forma sem a prévia autorização da Saraiva Educação. A violação dos direitos autorais é crime estabelecido na Lei n. 9.610/98 e punido pelo art. 184 do Código Penal.

Todos os direitos reservados à Benvirá, um selo editorial da Saraiva Educação, integrante do GEN | Grupo Editorial Nacional.

Travessa do Ouvidor, 11 – Térreo e 6º andar
Rio de Janeiro – RJ – 20040-040

Atendimento ao cliente: http://www.editoradodireito.com.br/contato

Para Terry.
Amo envelhecer com você.

O que estão dizendo sobre
Novos centenários: o futuro do envelhecimento

"*Novos centenários* é um desafio divertido para todos nós repensarmos a segunda metade de nossas vidas. Instigante e engraçado."

– DR. JOHN BEARD, DIRETOR DO CENTRO INTERNACIONAL DE
LONGEVIDADE, ESTADOS UNIDOS

"William J. Kole é mais que um jornalista brilhante e um contador de histórias fascinante. É um viajante no tempo. Kole é nosso guia para um mundo vindouro de superlongevidade e o que isso significa para sistemas de saúde, decisores políticos e para a própria estrutura de famílias e comunidades. *Novos centenários* é o nosso futuro. Não existe história mais envolvente."

– BRIAN MURPHY, AUTOR DE *81 DAYS BELOW ZERO: THE INCREDIBLE SURVIVAL
STORY OF A WORLD WAR II PILOT IN ALASKA'S FROZEN WILDERNESS*

"À medida que as populações envelhecem rapidamente em todo o mundo, com vidas mais longas pela frente, *Novos centenários*, de William J. Kole, não poderia ter aparecido em momento mais oportuno. É um chamado convincente à ação para todos os interessados nos desafios e nas oportunidades de nossa grande mudança demográfica e no potencial de vidas mais longas, saudáveis e gratificantes."

– PAUL IRVING, PRESIDENTE FUNDADOR DO CENTRO PARA O FUTURO DO ENVELHECIMENTO DO INSTITUTO MILKEN E PESQUISADOR COM DISTINÇÃO NA LEONARD DAVIS SCHOOL OF GERONTOLOGY DA UNIVERSIDADE DO SUL DA CALIFÓRNIA

"A otimização da longevidade humana foi, sem dúvida, a maior conquista do último século e deveu-se, em grande parte, aos avanços na saúde pública. Fazer bom uso de uma longevidade saudável e das qualidades que os mais idosos oferecem para o mundo será um desafio de toda a sociedade para a geração atual. O livro de William J. Kole nos fornece uma base para visualizar a sociedade que queremos criar por toda a nossa vida mais longa à medida que nos aproximamos dos 'cem'."

– DRA. LINDA P. FRIED, REITORA DA MAILMAN SCHOOL OF PUBLIC HEALTH DA UNIVERSIDADE COLUMBIA E DIRETORA DO CENTRO DE ENVELHECIMENTO ROBERT N. BUTLER DA COLUMBIA

"Será que quero viver até os 100 anos? Não sei. Mas sei que, em *Novos centenários*, o jornalista William J. Kole me faz pensar sobre isso com um novo respeito pela ciência do envelhecimento. Eu nunca tinha considerado, de verdade, o enorme custo social de viver mais tempo, até os 100 anos. Os centenários são o segmento de nossa população que cresce mais rápido, e Kole nos força a perguntar se estamos prontos para essa mudança demográfica descomunal. Kole apresenta perspectivas valiosas sobre a ciência do envelhecimento, o impacto na sociedade à medida que alcançamos essa marca e alguns toques pessoais animadores."

— DOUG MOST, AUTOR DO *BEST-SELLER THE RACE UNDERGROUND: BOSTON, NEW YORK, AND THE INCREDIBLE RIVALRY THAT BUILT AMERICA'S FIRST SUBWAY*

"Nenhum de nós sabe se chegará aos '100 anos', mas, independentemente da idade, todos nós devemos ter um exemplar do livro de William J. Kole na estante! Com um estilo fácil de ler e uma linguagem acessível, Kole usa dados concretos e histórias pessoais para explorar tudo o que é importante sobre a jornada do envelhecimento: finanças, saúde, trabalho, dieta, dignidade, riso e amor. *Novos centenários* conta a história mais humana nos termos mais humanos."

— STEPHEN PULEO, AUTOR DE *DARK TIDE, THE CANING* E *VOYAGE OF MERCY*

"*Novos centenários* aponta o caminho para uma vida longa plena de satisfação sem minimizar a dor ou o peso emocional da mortalidade. Ao se apoiar em evidências científicas mais recentes de maneira otimista e ao contar histórias inspiradoras, às vezes divertidas, de pessoas com 100 anos ou mais, William J. Kole mostra como é possível encontrar alegria na vida até nossos últimos dias na Terra."

— FRANCINE RUSSO, AUTORA DO *BEST-SELLER LOVE AFTER 50: HOW TO FIND IT, ENJOY IT, AND KEEP IT*

"Muitas pessoas dizem que querem viver até os 100 anos, mas, além de planos de previdência e um bom plano de saúde, não existe um mapa mais detalhado para aproveitar ao máximo esse marco incrível. A análise convincente de William J. Kole sobre os *superagers* é um plano para viver a melhor parte da sua vida muito depois que a maioria das pessoas já está se preparando para partir. Estou realmente animada com meus anos dourados de maneiras que eu nunca pensei que fossem possíveis."

– RACHEL JONES, NATIONAL PRESS FOUNDATION

"Profundamente bem pesquisada e apresentada, escrita em uma prosa ágil e afiada, a exploração que William J. Kole faz das implicações da longevidade e da vida cada vez mais longa é uma leitura envolvente e vital. É uma análise oportuna e fascinante das vantagens e desvantagens culturais, econômicas, raciais, médicas, filosóficas, sociais e políticas do aumento global no número de centenários que vem por aí. Também é uma ótima narrativa e uma visão instigante do que o futuro do envelhecimento significa para todos nós."

– NEAL THOMPSON, AUTOR DE *THE FIRST KENNEDYS: THE HUMBLE ROOTS OF AN AMERICAN DYNASTY* E *A CURIOUS MAN: THE STRANGE & BRILLIANT LIFE OF ROBERT "BELIEVE IT OR NOT" RIPLEY*

Sumário

Prólogo | Apenas cento e um XV

Capítulo 1 | Uma dobra no tempo 1

Capítulo 2 | Como a ciência prolonga nossa vida 27

Capítulo 3 | O acaso no sorteio (do DNA) 53

Capítulo 4 | A insuportável brancura de ser um centenário........ 79

Capítulo 5 | Envelhecer em uma sociedade etarista e obcecada pela juventude 105

Capítulo 6 | O lado sombrio da idade avançada 131

Capítulo 7 | Corpos de três dígitos; mentes de dois dígitos 157

Capítulo 8 | Excepcionalmente idosos e com uma extraordinária influência 181

Capítulo 9 | Quem cuidará de nós? E quem pagará por isso? 209

Capítulo 10 | Crença, positividade e a verdade sobre as "zonas azuis" 237

Epílogo | O que mais importa 267

Agradecimentos... 269

Referências... 273

ACESSO AO MATERIAL SUPLEMENTAR

1. Acesse o *site*: http://www.grupogen.com.br.

2. Se você já tem cadastro, entre com seu *login* e senha. Caso não tenha, deverá fazê-lo neste momento.

3. Após realizar seu *login*, clique em "Ambiente de aprendizagem", disponível na parte superior. Você será direcionado para a plataforma.

4. Clique na aba "Meus Materiais Suplementares" e, em seguida, clique em "Adicionar novo material suplementar".

5. Em seguida, pesquise pelo título do livro e clique em "adicionar".

6. Pronto! Seu material suplementar estará disponível para acesso na área "Meus Conteúdos".

Em caso de dúvidas, envie e-mail para
gendigital@grupogen.com.br.

O acesso a este material será disponibilizado somente durante a vigência da respectiva edição.

Não obstante, a editora poderá franquear o acesso por mais uma edição.

Prólogo

Apenas cento e um

Estamos em 2050, em Boston, e, na autoproclamada Capital do Universo, algumas coisas nunca mudam. O trânsito é caótico, o time de beisebol Red Sox continua partindo os corações de seus torcedores e o setor de biotecnologia passou por uma expansão seguida de uma queda e, novamente, uma expansão. Nada disso, no entanto, explica a cena que se desenvolve na eternamente elegante rua Newbury:

Uma mulher bem-vestida, penteada com muito esmero, inclina-se sobre o balcão de vidro da Cartier, discutindo com a vendedora sobre o desconto para idosos no preço de um broche de pantera cravejado de esmeraldas e ônix que brilha em um retângulo de veludo preto. Em boa forma física, enérgica e com bronzeado artificial, a cliente idosa estende o interior do pulso à atendente, que usa uma varinha para escanear as pequenas tatuagens que contêm sua carteira de motorista, cartões de crédito e perfil de membro da AARP.*

Seu perfil aparece em uma tela de holograma 3D no ar entre elas, e a atendente levanta uma sobrancelha.

---

*. A antiga American Association of Retired Persons (Associação Americana dos Aposentados), entidade sem fins lucrativos dedicada à defesa das pessoas com mais de 65 anos, mudou seu nome para AARP em 1999. (N.T.)

— Peço desculpas, madame – ela fala à cliente –, mas receio que a senhora só tenha direito a um desconto a partir dos 105 anos. Política da loja.

Com apenas 101 anos, a cliente, indignada, joga seu cachecol de seda Valentino sobre o ombro, gira sobre os saltos altos e retira-se da loja sem dizer mais nada, deixando para trás apenas o som de seus sapatos finos no chão de mármore branco da Cartier.

UM ACONTECIMENTO IMPROVÁVEL? TALVEZ NÃO. A IDADE DE 65 ANOS, tradicional para obter um desconto de idoso, não é mais considerada "velha" há muito tempo. Nossas sociedades estão envelhecendo a uma velocidade sem precedentes. Em breve, poderemos estar vivendo em um mundo no qual completar 65 anos pode significar que estamos apenas na metade da vida.

Cento e um anos, uma vida notável nos dias de hoje, podem não ser tão excepcionais amanhã. O que se segue é a nossa jornada até esse patamar e o mundo de *superagers* que vem depois dessa idade, e também uma análise rigorosa do que é preciso fazer agora para garantir que nossas vidas mais longas realmente valham a pena ser vividas.

1

Uma dobra no tempo

Chegou outro dia, enfiado entre a conta de gás e o apelo de um político local por contribuições de campanha, escondido em um envelope vermelho e branco. Parecia inofensivo. Quando o abri para revelar seu conteúdo, uma sensação de temor tomou conta de mim.

Antraz? O bilhete de resgate de um sequestrador? A malha fina do imposto de renda? Nada disso, mas, de alguma forma, aquilo parecia pior. Era um cartão da AARP, com *meu* nome impresso nele.

"Que diabos faço com isso? Tenho apenas 61 anos, pelo amor de Deus", murmurei para mim mesmo, amassando o envelope e caminhando em direção à lixeira da cozinha. Joguei fora a carta que o acompanhava, mas reconsiderei e guardei o cartão de plástico, não apenas porque prometia descontos para idosos em bens e serviços selecionados, mas porque era robusto e resistente, perfeito para raspar o gelo do para-brisa do carro durante os invernos intermináveis da Nova Inglaterra.

Não me julgue. Você também estará na casa dos 60 algum dia, se já não estiver – ou for mais velho, com toda a negação e consternação associadas, os cabelos grisalhos (ou, no meu caso, ausentes) e dor crônica nas costas. Não tenho absolutamente nada contra a AARP, que faz um trabalho nobre e muito importante. Acontece que os cartões da

AARP e os descontos para idosos, juntamente com o acesso a restaurantes para quem come cedo, são lembretes alarmantes de que estou envelhecendo. E, nisso, suspeito que não estou sozinho. Se tivéssemos que definir o *status* de nossa relação com o envelhecimento, seria: é complicado.

Se isto serve de consolo (serve para mim), há menos de um século, 61 anos eram considerados uma idade a ser almejada.

No final da década de 1920, essa era a expectativa média de vida dos estadunidenses ao nascer. Contudo, 61 anos também tem uma ressonância única e mística para mim, porque marca precisamente a metade da mais longa vida humana documentada que já existiu – uma vida que, por um tempo breve e de forma improvável, se cruzou com a minha.

Portanto, sente-se e relaxe; pegue um copo de leite, uma taça de vinho ou um suplemento vitamínico com fibras e permita-me contar-lhe a história dessa vida extraordinária. Em um futuro não tão distante, nossos encontros com os *superagers* serão rotineiros. E alguns de nós – muitos mais de nós, na verdade, do que você imagina – estão destinados a encontrá-los olhando de volta para nós, questionadores, no espelho.

ELA FOI, NO FINAL DAS CONTAS, UMA RAINHA ACIDENTAL.

Àquela altura, cega e quase surda, acenava majestosamente de uma cadeira de rodas turquesa enquanto um cuidador a empurrava para ir encontrar a imprensa. A realeza dessa monarca estava enraizada em uma peculiaridade da biologia, e seu brasão de armas era a assinatura da dupla hélice do DNA, mas nada disso diminuía sua celebridade. Por que deveria? Quinze minutos de fama era o mínimo que se devia a uma mulher que havia sido justamente apelidada de *la doyenne de l'humanité.**

---

*. Decana da humanidade. (N.T.)

Os fotógrafos jornalísticos brigavam por uma posição e os *motor drives* das câmeras disparavam e clicavam enquanto ela era conduzida ao local. Então, a sala ficou em silêncio. Todos os olhos se fixaram intensamente nos dela, enigmáticos e ofuscados pela catarata. Um médico se ajoelhou ao seu lado, juntando as mãos para gritar uma pergunta em seu ouvido direito, mas a perda da audição e da visão quase não importava. A mídia estava ali por tudo que ela *havia* visto, ouvido e vivido de forma tão insondável havia tanto tempo.

Um breve, mas inconfundível, brilho cintilou em seus olhos ancestrais, e o mais leve dos sorrisos animou seu rosto enrugado. E então Jeanne Calment começou a discursar. Ela tinha 121 anos. Eu tinha 35, um recém-chegado correspondente estrangeiro da Associated Press na França. E fiquei instantaneamente encantado.

Eu também sentia uma pontada de culpa: era o 39º aniversário da minha esposa, e eu estava ansioso para pegar um trem cedo, de volta para nossa casa, em Noisy-le-Roi, um subúrbio arborizado de Paris, para poder comemorar adequadamente o fim da quarta década dela viajando ao redor do sol junto com nosso filho de oito anos e nossa filha de cinco. Mas, convenhamos, não é todo dia que alguém tem a chance de escrever sobre a pessoa mais velha do planeta. E, quando Jeanne começou a falar, ficou claro que não me arrependeria de prolongar minha permanência ali.

"Tenho apenas um lugar com rugas no meu corpo... e estou sentada em cima dele", ela disse, flertando com os repórteres como uma mulher de um quarto de sua idade. Isso ocorreu um ano antes de sua morte, aos 122 anos e 164 dias, e estávamos reunidos para uma coletiva de imprensa bastante improvável: ela estava lançando um CD de *rap* com quatro faixas intitulado *Time's Mistress* ("A dona do tempo", em tradução livre), cantando ao ritmo de um gênero musical mais de um século mais jovem que ela.

Nessa altura, ela havia largado seus vícios mais acalentados: dois cigarros levemente tragados por dia e um único copo de vinho do Porto antes das refeições. Mesmo assim, ela entreteve a multidão de jornalistas internacionais fascinados, relembrando vividamente suas viagens a Paris quando jovem, enquanto a Torre Eiffel ainda estava em construção. Relembrou o trabalho na loja de materiais artísticos de seu pai na cidade de Arles, no sul da França, vendendo lápis de cor para Vincent van Gogh em 1888, quando ele estava começando a experimentar o impressionismo "e ainda tinha sua orelha". Ela disse que van Gogh era mais feio que o diabo e fedia a absinto: "Nós o chamávamos de 'Le Dingo*."

Sua longa vida foi, ao mesmo tempo, comum e extraordinária.

Ela nasceu em 21 de fevereiro de 1875, apenas quatro anos depois da derrota da França na Guerra Franco-Prussiana, dez anos depois do assassinato de Abraham Lincoln e um ano antes de Alexander Graham Bell inventar o telefone. Tinha 20 anos quando os filmes foram inventados; quase 40 no início da Primeira Guerra Mundial; já estava aposentada quando a Alemanha invadiu a França no início da Segunda Guerra Mundial; e viveu durante os governos de 27 presidentes franceses. Seu último, Jacques Chirac, disse, quando de seu falecimento: "Ela era um pouco a avó de todos nós".

Jeanne experimentou pintar e tocar piano, mas nunca teve o que poderia ser descrito como uma profissão de verdade. Fez aulas de esgrima aos 85 anos, e só parou de andar de bicicleta quando completou 100. Por anos após atingir esse marco, levou uma vida disciplinada, quase ascética, levantando-se às 6h45 da manhã para começar cada dia com orações e ginástica.

Em 1965, quando madame Calment completou 90 anos, seu notário público, o advogado de 47 anos André-François Raffray, procurou-a com a certeza de que faria uma jogada muito esperta se adquirisse o apartamento dela, na luxuosa rue Gambetta, no centro de Arles.

---

*. O dingo é um animal selvagem, parecido com um cachorro, considerado o maior predador selvagem da Austrália. (N.T.)

Raffray invocou o *en viager*, um antigo tipo de acordo francês em que um comprador paga a um proprietário mais velho uma quantia em dinheiro pela propriedade e concorda, ainda, em pagar determinada quantia todos os meses até que o proprietário morra.

O advogado deve ter esfregado as mãos de satisfação e se autocongratulado pelo excelente negócio que tinha diante de si. Era um acordo vantajoso; um golpe de mestre. Só que não para Raffray. Ele morreu 30 anos mais tarde, aos 70 anos, depois de ter pagado a Jeanne mais que o dobro do valor do apartamento – algo em torno de 200 mil dólares – sem nunca ter morado nele. Se tivesse feito a lição de casa, *monsieur* Raffray poderia ter imaginado que estava desafiando o destino: o pai de Jeanne viveu até os 94 anos, e um número incomumente alto de seus ancestrais viveu além dos 70 anos nos séculos XVI e XVII, uma época em que 40 anos era uma idade avançada.

Jeanne tinha 120 anos quando enterraram o advogado. Os coveiros não viriam buscá-la por mais dois anos. A cada aniversário, ela o provocava enviando um cartão que dizia: *Désolé, je suis toujours vivante* ("Lamento muito, ainda estou viva").

Seu único comentário público após a morte de Raffray foi tímido e irônico – um encolher de ombros galês em essência: "Na vida, às vezes, fazemos negócios ruins."

Em seu 120º aniversário, ela perguntou: "Por que tantos aplausos?", enquanto era empurrada com grande pompa, em sua cadeira de rodas, por um chão coberto de rosas vermelhas até sua refeição favorita: um banquete tão incrivelmente indulgente que nos perguntamos como diabos ela conseguira viver tanto tempo se aquela era sua refeição preferida. Um número muito grande de jantares como esse – *foie gras*, coxas de pato, queijo e bolo de chocolate – seria a ruína da maioria dos mortais.

"Como você se sente?", perguntou o ministro da Saúde da França, um dos 300 convidados VIP. "Está tudo bem", respondeu, frágil e fraca, mas impecavelmente penteada e vestida com elegância em preto e branco.

Sete meses e 22 dias depois, Jeanne superaria Shigechiyo Izumi – um japonês falecido em 1986 – como a pessoa mais velha de todos os tempos com data de nascimento documentada, um título que ela detém até hoje. Quando lhe pediram para descrever sua visão do futuro, ela respondeu com malícia: "Muito breve". Ela estava, dizia, "esperando pela morte e pelos jornalistas".

O humor, assim como a longevidade, era uma de suas melhores características.

Junto com a genética.

PREPARE-SE PARA UMA MUDANÇA GIGANTESCA NA ESTRUTURA DEMOGRÁFICA da Terra ao longo das próximas décadas.

Um número de seres humanos cada vez maior e sem precedentes na história está alcançando a idade excepcional de 100, 105, 110 anos ou até mais. "Todas as sociedades do mundo estão no meio dessa revolução da longevidade", adverte a Organização das Nações Unidas em um relatório pouco comentado, porém não menos notável. "Algumas estão nos estágios iniciais e outras estão em um patamar mais avançado. Mas todas passarão por essa transição extraordinária."

Nada disso deveria ser surpresa. Os médicos vêm nos dizendo que viver até e além dos 100 anos é simplesmente o resultado do melhor controle dos fatores de risco para doenças cardíacas e derrames, juntamente com reduções significativas na mortalidade por câncer. Contudo, estamos envelhecendo em números nunca antes imaginados. Nos Estados Unidos, na Europa, no Japão e em outros lugares, é um fenômeno que vem se espalhando de forma rápida, mas em grande parte despercebida, pegando de surpresa os responsáveis pela saúde e pela Previdência Social, os especialistas em planejamento financeiro e as famílias em geral. A pandemia de coronavírus e a crise nacional dos opioides, que reduziram a expectativa de vida, talvez sejam refluxos temporários em nossa marcha coletiva em direção aos 100 anos.

Já estamos vendo nuvens se formando no horizonte. Prevê-se que os fundos fiduciários que sustentam a Previdência Social serão esgotados até meados da década de 2030, coincidindo exatamente com o início da onda centenária. Já no dia de hoje, cuidar de idosos está estourando os orçamentos do Medicare e do Medicaid.*

A Previdência Social foi projetada quando as pessoas viviam apenas alguns anos após a aposentadoria. O que acontece quando 65 anos é apenas metade da vida?

"Veja só, estamos enfrentando um problema de aposentadoria que só vai piorar", afirma Elizabeth Warren, senadora dos Estados Unidos pelo estado de Massachusetts, que tem pressionado pela aprovação de um aumento substancial nos benefícios mensais, além de ajustes periódicos para compensar aumentos no custo de vida. "A Previdência Social manteve milhões de estadunidenses idosos fora da pobreza. A maioria deles depende dela. É dinheiro para remédios, gasolina, comida, uma viagem para ver os netos. Se não tomarmos alguma providência, as gerações futuras provavelmente estarão em uma situação ainda pior".

O envelhecimento excepcional tem tudo a ver com números, então vamos considerar o que eles nos dizem sobre essa mudança demográfica que se aproxima.

O ano de 2030, segundo o Censo dos Estados Unidos, marcará o que a agência chama de "ponto de virada demográfica" para os Estados Unidos. A definição de geração *baby boom* abrange aqueles nascidos entre 1946 e 1964, e, no mundo da demografia, esse grupo tem uma influência enorme. Hoje em dia, um em cada cinco estadunidenses é um *baby boomer*, e, em 2030, todos eles terão mais de 65 anos, a idade tradicional de aposentadoria na mentalidade das massas. Apenas quatro anos depois, em 2034, o número de adultos mais velhos (com idade

---

*. Seguro de saúde governamental para idosos e deficientes dos Estados Unidos. (N.T.)

superior a 65 anos) superará o dos mais jovens (com menos de 17 anos) pela primeira vez na história dos Estados Unidos.

Além do envelhecimento dos *baby boomers*, outros fatores alimentam essa mudança na longevidade extrema. Novas maneiras eficazes de combater o câncer, as doenças cardíacas e os derrames estão melhorando sobremaneira as perspectivas para os mais jovens: aqueles que compõem as gerações alfa e beta. Pesquisas surpreendentes do Centro de Longevidade (SCL, na sigla em inglês) de Stanford (na Universidade Stanford) afirmam que metade das crianças estadunidenses com cinco anos hoje pode esperar atingir os 100 anos – expectativa de vida que os especialistas de lá acreditam que será a norma para os recém-nascidos até 2050. "O novo mapa da vida" – essa é a designação dada pelo SCL ao observar que nossos filhos e netos viverão "uma das transformações mais profundas da experiência humana".

Eu tenho um neto de cinco anos. Ele está a caminho de ser um centenário? Esse é um pensamento que não consigo afastar toda vez que o vejo chutar uma bola de futebol no nosso quintal ou navegar, com perícia, o Nintendo Switch no sofá da sala.

Aqueles que atingiram os 100 anos muitas vezes mal conseguem acreditar nisso. Entre os recém-nomeados centenários estadunidenses está Norman Lear, produtor de televisão vencedor do prêmio Emmy e cofundador do grupo de defesa progressista People for the American Way.* Em um ensaio para o *New York Times*, publicado por ocasião de seu 100º aniversário, o homem famoso por produzir programas de televisão icônicos, incluindo *Tudo em Família*, *Maude*, *The Jeffersons* e *Good Times*, escreveu: "Bem, eu consegui. Hoje, tenho 100 anos. Acordo todas as manhãs grato por estar vivo".

"É espantoso pensar que a televisão – a mídia pela qual sou mais conhecido – nem sequer existia quando nasci, em 1922", disse ele, maravilhado.

---

*. Pessoas a Favor do Estilo de Vida Estadunidense. (N.T.)

No entanto, a promessa desses anos extras vem acompanhada de um alerta. "Não basta reimaginar ou repensar a sociedade para preparar-se para a longevidade; precisamos construí-la, e rápido", adverte o Centro de Stanford.

O vizinho setentrional dos Estados Unidos já está experimentando o desequilíbrio de uma população que envelhece. Pela primeira vez na história do Canadá, há mais idosos que crianças. Os centenários são o grupo etário que mais cresce, e a defasagem entre os muito jovens e os muito idosos continua a aumentar. "Não tem volta", declara Laurent Martel, chefe do Departamento de Demografia do governo federal do Canadá.

"É ótimo que as pessoas estejam vivendo mais", diz Jane Philpott, médica e ex-ministra da Saúde do Canadá, que agora é decana da Faculdade de Ciências da Saúde da Universidade Queen's. Entretanto, ela acrescenta: "Isso, é claro, provoca preocupações no que se refere à sustentabilidade do nosso sistema de saúde... Não há motivo para pânico".

Pânico? Não. Mas reconhecimento e contemplação urgentes? Sim. E ação focada? Com certeza.

Até 2035, o Censo projeta que o número de estadunidenses com 85 anos ou mais quase dobrará, chegando a quase 12 milhões. Até 2060, esse contingente mais que triplicará, atingindo 19 milhões. O envelhecimento dos *baby boomers* e o aumento da expectativa de vida farão com que o contingente com mais de 85 anos cresça quase 200% nas próximas quatro décadas. E, enquanto tudo isso acontece, surgirão meio milhão de centenários apenas nos Estados Unidos. Em menos de três décadas, o número de pessoas com 100 anos ou mais deve chegar a 3,7 milhões em todo o mundo. Isso é equivalente ao número de pessoas que vive em Connecticut, ou a quase todos os habitantes de Los Angeles, atingindo a marca dos 100 anos ou mais. Até 2100, a Divisão de População das Nações Unidas projeta que haverá mais de 25 milhões de centenários. E bilhões em todo o mundo que não chegarão aos 100 anos, mas atravessarão em grande medida os 80 e 90 anos.

Os Estados Unidos lideram em número de centenários no mundo, com cerca de 100 mil, seguidos por Japão, China e Índia. Até 2050, espera-se que China e Japão predominem, mas a Europa não deve ser subestimada. A Itália não está muito atrás do Japão em termos da velhice da população, seguida por Finlândia, Portugal e Grécia. O sul da Europa – sobretudo Croácia, Grécia, Itália, Malta, Portugal, Sérvia, Eslovênia e Espanha – tem a população mais idosa do planeta, assim como as taxas de natalidade mais baixas e o maior número de cidadãos com mais de 65 anos.

O Japão, a nação mais envelhecida do mundo, onde quase um em cada três habitantes tem 65 anos ou mais, já está cogitando tomar algumas medidas. Não surpreende: o Ministério da Saúde, Trabalho e Bem-Estar do Japão anunciou, no final de 2022, que o número de centenários no país ultrapassou 90 mil pela primeira vez, aumentando cinco vezes nas últimas duas décadas. O governo está avaliando reclassificar os japoneses na faixa etária de 65 a 74 anos em uma categoria de "pré-idosos", em vez de idosos. Por quê? A Sociedade Gerontológica e a Sociedade Geriátrica do Japão enumeram diversas razões: metade daqueles com idade entre 65 e 74 anos estão empregados, apenas 6% precisam de ajuda para cuidar de si mesmos, e estudos mostraram que a maioria deles anda tão rápido quanto os cinquentões de décadas passadas.

Ademais, o Japão foi o lar de uma mulher com notável longevidade, a qual quase se tornou a próxima Jeanne Calment. Nascida em 1903, Kane Tanaka adorava o jogo de tabuleiro *Othello* e gostava de estudar matemática até sua morte aos 119 anos, em 2022. Ela ocupou por muito tempo o topo da classificação em um país que, como uma máquina, produz supercentenários, definidos como qualquer pessoa que vive até os 110 anos ou mais. As razões são tão numerosas quanto os anos de Tanaka: a tradição culinária do Japão enfatiza peixe, arroz, vegetais e outros alimentos com baixo teor de gordura, e a idade é tradicionalmente reverenciada, então as pessoas tendem a permanecer ativas e se sentirem úteis até bem depois dos 80 anos.

A concorrente mais recente de Jeanne Calment foi, apropriadamente, uma compatriota francesa. A França tem cerca de 21 mil centenários, segundo o Instituto Nacional de Estatísticas e Estudos Econômicos (Insee, na sigla em francês), e quase 40 deles têm 110 anos ou mais. Lucile Randon, uma freira também conhecida como irmã André, sabia como festejar: brindava todos os aniversários na vida adulta com um coquetel tradicional composto por partes iguais de vinho do Porto e chocolate. Contudo, ela se cansou dos fardos da idade, e a freira mais velha do mundo e sobrevivente mais velha da covid-19 morreu no início de 2023, poucas semanas antes de completar 119 anos.

A pessoa mais velha do mundo, em abril de 2023, é uma espanhola nascida nos Estados Unidos, Maria Branyas Morera. Ela tem 116 anos, o que significa que levará mais seis anos para igualar a longevidade de Jeanne Calment. "Sou velha, muito velha, mas não sou idiota", relata a breve e bem-humorada biografia de Branyas no Twitter (atualmente chamado de X). Ela atribui sua longevidade à "ordem, tranquilidade, boa conexão com a família e amigos, contato com a natureza, estabilidade emocional, ausência de preocupações e arrependimentos, muita positividade e a manter distância de pessoas tóxicas". Maria, que sobreviveu à epidemia de influenza de 1918, às duas guerras mundiais e à Guerra Civil Espanhola, também sobreviveu à covid-19 aos 113 anos. "Não fiz nada de extraordinário", diz a supercentenária de fala suave ao jornal de Barcelona *La Vanguardia*. "A única coisa que fiz foi viver."

Logo atrás dela estão Fusa Tatsumi, do Japão, também com 116 anos (mas 52 dias mais jovem que a espanhola), e Edie Ceccarelli, uma californiana de 115 anos.

Parafraseando o falecido Norris McWhirter, editor fundador do *Guinness Book of Records*, que imortalizou a longevidade de Jeanne

Calment: continuar vivo é o recorde mais competitivo de todos. Afinal, 8 bilhões de nós concorremos nessa categoria.

No mundo cada vez mais grisalho que nos aguarda, encontraremos versões surpreendentemente velhas de nós mesmos com muito mais frequência do que agora.

VOCÊ ESTARIA PERDOADO SE OUVISSE ALGUÉM SER DESCRITO COMO "tão velho quanto Matusalém" e pensasse: *Quem é esse cara?*

O Gênesis, livro do Antigo Testamento, o menciona apenas de passagem, mas dizem que Matusalém viveu até os 969 anos. Além de sua longevidade, a figura bíblica é conhecida apenas por seu pai, Enoque, que nunca passou pela morte porque era tão fiel a Deus que Ele o levou, e por seu neto muito mais famoso, Noé, o construtor do barco mais conhecido do mundo (por todas as razões erradas).

Diz-se que Adão, supostamente o primeiro de todos nós, viveu até os 930 anos; Jarede (pai de Enoque) chegou aos 962; e Noé, até os 950. Entre os literalistas da Bíblia, persistem teorias até hoje acerca de um "firmamento" escritural – concebido como uma espécie de membrana atmosférica parecida com o ozônio, que supostamente mantinha a Terra úmida e tropical, ao mesmo tempo que a protegia dos destrutivos raios ultravioleta do sol e permitia que a vida humana alcançasse proporções fantásticas, até que essa camada protetora gradualmente desapareceu, levando nossa expectativa de vida junto com ela. Teólogos conservadores introduzem um elemento ainda mais difícil de quantificar: geração após geração, nosso pecado coletivo – expresso em forma de comportamento censurável repetido, uma cultura persistente de violência assassina e degradação ambiental proposital – erodiu, aos poucos, essas expectativas de vida outrora épicas.

Os estudiosos oferecem uma explicação mais plausível: versões bem-intencionadas – porém equivocadas – da escritura traduziram, erroneamente, a palavra hebraica original "mês" como "ano". Vista sob essa perspectiva, de repente tudo faz sentido: os 969 meses lunares de Matusalém se tornam 80 anos solares muito mais realistas.

Para os céticos, sempre há Gênesis 6:3, que diz: "Meu Espírito não permanecerá para sempre no homem, porque todo ele é carne; e a duração de sua vida será só de 120 anos". Isso, é claro, se alinha quase perfeitamente com a gloriosa trajetória de vida de Jeanne Calment. É como se o próprio Deus estivesse piscando para nós, como uma estrela distante nos céus.

Enquanto isso, Matusalém – o homem, o mito, a lenda – continua a cativar a humanidade. Seu homônimo, um pinheiro da Grande Bacia, de 4.854 anos, conhecido como a árvore Matusalém, ainda cresce forte nas Montanhas Brancas do leste da Califórnia. É a árvore mais antiga, cientificamente confirmada, na Terra – algo como o equivalente arbóreo de madame Calment.

Existem Matusaléns modernos, devemos presumir – se acreditarmos nos relatos da mídia sensacionalista sobre pessoas as quais, supõe--se, estão alcançando uma idade fantasiosa.

Mbah Gotho foi uma delas. Quando morreu, em 2017, o cavalheiro indonésio –conhecido apenas pelo nome de Sodimejo, como é comum nesse país – tinha uma carteira de identidade plastificada que indicava que ele nascera em 31 de dezembro de 1870. Ele teria 146 anos. Agricultor, pescador e fumante inveterado, sua lembrança mais antiga era a cerimônia de inauguração de uma usina de açúcar em 1880, quando sua terra natal estava sob o domínio colonial holandês.

Ele enganou a morte, segundo a história, de maneira espetacular: a família de Gotho havia mandado esculpir sua lápide em 1992, quando ele tinha "apenas" 122 anos. Supostamente, é claro, foi ele quem riu por último, vivendo muito mais que todos eles. Ou talvez tenha chorado por último: alguns meses antes de sua morte, tendo sobrevivido a todos os dez irmãos, quatro esposas e todos os filhos, ele contou a um repórter: "Tudo o que quero fazer é morrer".

É uma história cativante. Existe apenas um problema: a Indonésia não registrava nascimentos antes de 1900, o que lançou sérias dúvidas sobre a data de nascimento em seu documento de identidade laminado.

Será que Mbah Gotho realmente viveu até os 146 anos? Talvez. Não está fora do campo das possibilidades. Fotos de seus olhos e bochechas afundadas, bem como sua pele enrugada, o fazem parecer incrivelmente velho. Mas a prova está no papel e, nesse aspecto, Jeanne Calment é imbatível. Ela mantém seu lugar na história como a pessoa mais velha cuja idade pode ser comprovada por documentos oficiais – no caso dela, uma certidão de nascimento do município de Arles datada de 21 de fevereiro de 1875, um registro de batismo de um pároco católico romano datado de dois dias depois e uma série de outros documentos da igreja e de censos.

Até mesmo – e talvez sobretudo – a própria razão para a fama de madame Calment foi objeto de questionamento diversas vezes. Isso começou muito antes de sua morte, em 4 de agosto de 1997, a qual ocupou as manchetes até que a princesa Diana da Grã-Bretanha a seguiu algumas semanas depois, tirando tudo o mais das primeiras páginas. Dúvidas quanto à incrível longevidade de Calment eram inevitáveis. No entanto, no caso dela, as dúvidas mais recentes e veementes eram demonstravelmente não científicas – e logo foram dissipadas.

Em 2018, o gerontólogo russo Valery Novoselov lançou uma teoria da conspiração alegando que Calment morrera em 1934, e que sua filha havia se apropriado da identidade da mãe para evitar pagar impostos de herança. Um estudo exaustivo publicado em 2019 na revista *Journals of Gerontology* descartou essa ideia, concluindo: "O *status* de Jeanne Calment como detentora do recorde de longevidade para a espécie humana, com 122 anos e 164 dias, permanece válido". Para nos tentar, os autores franceses acrescentaram: "A idade de Calment pode ser alcançada e até mesmo superada, embora essa probabilidade continue sendo muito pequena". Eles exigiram que Novoselov se retratasse. Até o momento desta escrita, ele ainda não o fez.

Jean-Marie Robine, um especialista em longevidade do Instituto Nacional de Saúde e Pesquisa Médica da França, visitou Calment regularmente e observou o que ele chamou de "resistência extraordinária a doenças, estresse e depressão". Ele considerou Calment um caso curioso: "Não há nada de excepcional no estilo de vida dela. Ela não é atlética, não é maníaca por saúde. Afirma estar interessada em tudo, mas não é, de fato, apaixonada por nada".

O mais surpreendente é que, desde o início dos tempos, estima-se que 117 bilhões de membros de nossa espécie tenham nascido na Terra, de acordo com o Population Reference Bureau, um grupo de pesquisa sem fins lucrativos com sede em Washington, D.C. – e Jeanne Calment é a única que sabemos, com certeza, que viveu até os 122 anos.

Ela não apenas sobreviveu, mas se superou. Aos 121 anos, um ano antes de sua morte, aprendeu a usar um computador e criou, de imediato, o próprio *site*. "Eu sonho, penso e repenso minha vida. Nunca fico entediada", contou ela.

Quando finalmente se despediu, após 44.724 dias, centenas se reuniram na igreja de Arles para lhe dar adeus. Os tributos escritos em um livro de condolências capturam seu impacto e alcance. Um, em japonês, diz: "Aplausos para a pessoa que fez a morte esperar".

Quanto tempo durará seu reinado como o ser humano comprovadamente mais antigo? Com o aumento iminente dos centenários se aproximando, é bem possível que a próxima Jeanne Calment já tenha nascido, criado uma família e se aposentado. Ele, ela ou eles podem até mesmo ter recebido um diagnóstico sombrio, nunca ousando imaginar que a doença que ameaça encurtar sua vida está prestes a ser erradicada, abrindo um novo e inebriante leque de possibilidades para a expectativa de vida.

Quem sabe? Pode até ser você.

DIANTE DA INEVITABILIDADE DO SUPERENVELHECIMENTO CORRIQUEIRO, os cientistas estão se concentrando mais em estender nossos anos saudáveis (o período da vida gasto em boa saúde) para combinar com nossas expectativas de vida cada vez mais longas. Podemos ter as duas coisas? Se a resposta for não, qual é o sentido de vivermos até os 100 anos, quando nossas últimas décadas serão gastas lutando contra doenças crônicas e debilitantes?

"Você não vai querer viver mais de 100 anos se os últimos 20 anos de sua vida forem passados com dor e doença", escreve S. Jay Olshansky, epidemiologista e especialista em longevidade da Universidade de Illinois em Chicago, no *Journal of the American Medical Association*. "Idealmente, você deseja reduzir os anos de decadência e doença – o que eu chamo de 'zona vermelha' – ao mínimo possível no final da vida. Não devemos continuar a buscar o prolongamento da vida sem considerar as consequências para a saúde de viver mais tempo."

Tudo isso levanta uma questão muito mais imediata: o que acontece quando todos nós vivemos até os 100 anos, ou quando a maioria de nós pelo menos se aproxima desse marco? É tentador ignorar essas questões, mas fazê-lo aumenta os riscos que corremos.

Se não começarmos a nos preparar hoje, pagaremos um preço muito alto. Homens e mulheres, rotineiramente, terão de trabalhar até os 70 e 80 anos. Os índices de pobreza entre os idosos dispararão à medida que os centenários esgotarem suas economias. O isolamento social e o suicídio mancharão a sociedade como nunca antes. As gerações mais jovens, que tradicionalmente dependeram de heranças para comprar uma casa ou financiar a educação superior dos próprios filhos, ficarão de mãos vazias. E aqueles de nós que acabarem vivendo até os 100 anos podem sobreviver aos cônjuges e filhos, o que nos privará de cuidados carinhosos.

Quem cuidará de nós? Auxiliares de saúde domiciliar e cuidadores pessoais estão entre as profissões que mais crescem nos Estados Unidos, segundo a Agência de Estatísticas Trabalhistas do país, que prevê o surgimento de 1,2 milhão de novos empregos desse tipo entre agora e 2026. A maioria dos estadunidenses, porém, não quer dar banho em idosos ou cuidar deles. Não é de se admirar que a taxa anual de rotatividade de funcionários em lares de idosos seja quase de 75%.

Tradicionalmente, os imigrantes preencheram essa lacuna. Massachusetts, onde cresci, abriga a terceira maior comunidade de expatriados haitianos dos Estados Unidos, depois da Flórida e de Nova York, e enfermeiras haitianas habilidosas e carinhosas dominam, com competência, o nicho de cuidados de saúde domiciliar do estado. Poloneses, eslovacos e outros europeus centrais e orientais desempenham o mesmo papel no continente europeu. "Não existe realmente nenhuma maneira de atender à demanda por cuidados sem uma mão de obra imigrante numerosa", diz Ai-jen Poo, presidente da Aliança Nacional de Trabalhadores Domésticos e diretora executiva de uma rede de cuidadores chamada Caring Across Generations.* A longo prazo, no entanto, depender de cuidadores imigrantes talvez não seja sustentável, dado o acirrado e altamente emotivo debate político em torno da imigração, tanto nos Estados Unidos quanto na Europa. Nos Estados Unidos, a questão é ainda mais complicada: o Medicare não paga por cuidados de longo prazo, a menos que seja necessária assistência médica.

Nada disso deve ser subestimado, adverte Chris Farrell, especialista em economia do envelhecimento extremo. "Os centenários estão se deslocando, com rapidez, das margens da sociedade para o centro. Essa transformação na longevidade é um chamado claro para que a nação leve a sério o impacto econômico de uma população em processo de envelhecimento. Sem grandes mudanças na política do governo dos Estados Unidos e dos empregadores, um futuro com um número crescente de octogenários, nonagenários e centenários é potencialmente sombrio", afirma ele.

---

*. Cuidar através das Gerações. (N.T.)

Alguns países, sobretudo Japão e Reino Unido, acordaram para os impactos devastadores do isolamento social sobre as sociedades em processo de envelhecimento: os governos de ambos acrescentaram "ministros da solidão" a seus gabinetes. De acordo com Eddy Elmer, pesquisador de gerontologia holandês-canadense, isso faz sentido. A solidão crônica, alega ele, "causa um desgaste no corpo que se torna mais pronunciado ao longo do tempo".

Ainda está em seus primeiros estágios, mas a expectativa sinistra de viver décadas além de nossa imaginação mais extravagante, solitários e sem dinheiro, está gerando um novo nicho no setor de planejamento de aposentadoria: o *coaching* de longevidade. Semelhante aos *coaches* de vida que, há muito, nos ajudam a definir metas e realizar sonhos, os *coaches* de longevidade trabalham conosco não apenas para fazer escolhas de estilo de vida benéficas, mas também para nos preparar financeiramente para que não gastemos todo o nosso dinheiro antes do final da vida.

A longevidade extrema está destinada a complicar a forma como lidamos coletivamente com o caminho ensanguentado e lacrimoso em direção a um reconhecimento significativo da injustiça racial – não apenas nos Estados Unidos, mas no mundo inteiro. Deixando de lado a Ásia, nove em cada dez centenários do mundo são brancos, o que torna o reino dos 100 anos ou mais um ambiente hostil para indivíduos negros e pardos.

Cientistas que investigam a razão para esse fenômeno estão cada vez mais se concentrando no "desgaste" – a teoria de que o racismo sistêmico, que resulta em uma exposição estatisticamente maior à violência, à nutrição inadequada e a taxas mais altas de diabetes e doenças cardíacas, cobra um pedágio cumulativo de negros, latinos e indígenas estadunidenses, colocando-os em notável desvantagem quando se trata de alcançar idades excepcionais. Embora herdar os genes certos seja o principal impulsionador da longevidade extrema, *existem* outros fatores: alimentação saudável, exercícios regulares e uma sólida situação socioeconômica na meia-idade. Para muitos ao redor do mundo, essas coisas estão fora de alcance.

Arline Geronimus, pesquisadora de saúde pública e população da Universidade de Michigan, que cunhou o termo "desgaste" e fez trabalhos pioneiros sobre o assunto, diz que os efeitos práticos do racismo enraizado começam cedo na vida.

"Os estadunidenses marginalizados são desproporcionalmente mais propensos a sofrer de doenças crônicas e a morrer muito mais jovens que seus homólogos brancos de classe média e alta", afirma ela em um estudo recém-publicado. "A injustiça sistêmica – não apenas na forma de policiais racistas, mas na vida cotidiana – cobra um pedágio físico, muitas vezes mortal, das comunidades negras, pardas, pobres, culturalmente oprimidas e politicamente marginalizadas" (o Capítulo 4 aborda muito mais sobre esse fenômeno alarmante).

À medida que nosso planeta envelhece, o etarismo – a discriminação com base na idade de uma pessoa, seja ela velha ou jovem – vem aumentando acentuadamente. Em seu relatório global de 2021 sobre etarismo, as Nações Unidas afirmam que o racionamento dos cuidados de saúde com base na idade é generalizado. Em todo o mundo, alertam as Nações Unidas, uma em cada duas pessoas é etarista e, na Europa, a única região onde há dados disponíveis, um em cada três cidadãos idosos afirma ter sido alvo de etarismo.

Em seu romance *best-seller Boomsday*, Christopher Buckley nos apresenta a Cassandra Devine, uma blogueira carismática de 29 anos profundamente perturbada pelas despesas enormes da Previdência Social com os *baby boomers*. Sua proposta indecente: conceder aos *baby boomers* incentivos governamentais para concordar em serem eutanasiados, ou "transicionados", antes de completarem 75 anos. Como era de se esperar, a guerra cultural irrompe quando um senador dos Estados Unidos com ambições presidenciais baseia sua campanha nessa ideia.

Pule para os dias de hoje, e o país fictício disparatado de Buckley não parece mais tão absurdo quanto parecia em 2007.

Veja o exemplo de Yusuke Narita, um professor assistente de economia na casa dos 30 anos, na Universidade Yale, que repetida e publicamente sugeriu uma chocante combinação de suicídio em massa e eutanásia como a "única solução" para os ônus sociais do envelhecimento rápido em sua terra natal, o Japão. Narita, que insiste que foi mal compreendido, foi duramente criticado. Não há dúvida, porém, de que os *millennials* e os membros da geração Z têm um problema com os *baby boomers*. Irritados com o que percebem ser uma preferência dessa geração por um estilo político arquiconservador, estilo Trump, com sua ambivalência em relação à mudança climática, afinidade por armas e presunção a respeito de suas aposentadorias e outras fontes de riqueza que parecem destinadas a morrer com eles, as gerações mais jovens criaram a expressão condescendente "OK, *boomer*".

Imagine o desânimo deles à medida que os centenários se tornam a vanguarda de um vasto contingente de idosos que drenam os recursos públicos e exercem uma influência desproporcional sobre praticamente todos os aspectos da vida moderna. (Alerta de *spoiler*: isso já está acontecendo. Pessoas com 65 anos ou mais são o maior bloco de eleitores na maioria dos estados. Até 2040, a população idosa deve crescer 44%, enquanto a população de 18 a 64 anos crescerá apenas 6%.)

"Os políticos mais idosos têm uma vantagem nas urnas porque seus contemporâneos são muito mais propensos a votar do que os jovens", escreve Thomas Klassen, professor de políticas públicas da Universidade York, no Canadá, em um comentário para *The Conversation*. Historicamente, nas eleições presidenciais dos Estados Unidos, observa ele, mais de 70% dos eleitores com 60 anos ou mais votam, em comparação com menos de 50% dos que têm entre 18 e 29 anos.

Essa é uma visão reconhecidamente distópica do futuro de nosso planeta, que envelhece com muita rapidez. Infelizmente, é um resultado bastante plausível se ignorarmos as mudanças transformadoras que a nossa iminente era de longevidade extrema trará. No entanto, se fizermos tudo direito, há razões de sobra para otimismo e esperança.

CHEGAR AOS 100 ANOS É UM FEITO ENORME, MAS JÁ NÃO GERA MANCHETES de jornais nem atrai equipes de televisão locais para o lar de idosos, pela simples razão de que já existe um número muito grande dessas almas veneráveis.

Isso é compreensível. É também lamentável. A vida excepcionalmente longa não se traduz de forma automática em realizações excepcionais, mas, à medida que envelhecemos, também não somos programados para nos desintegrarmos em partículas inúteis de protoplasma. Apesar das muitas preocupações levantadas pela iminente onda de centenários, há motivos para celebrar o impacto prolongado que essas mentes brilhantes terão. Muitas de nossas estrelas mais antigas e brilhantes estão longe de serem as mais fracas. Elas estão criando e contribuindo com muito mais profundidade do que nunca em suas vidas longas.

Poucas pessoas representam essa perseverança tão bem quanto a incansável dra. Jane Goodall.

Aos 89 anos, ela está longe de alcançar o *status* de centenária. Mas continua a trabalhar. A renomada primatóloga e conservacionista britânica disse à sua equipe que deseja aprender algo novo todos os dias. Ela se conecta com milhões pelo Zoom e apresenta um *podcast* de sucesso. "Nós a apelidamos de Jane 3.0", diz um membro de seu círculo íntimo.

Em 2021, Goodall ganhou o prestigioso Prêmio Templeton, que homenageia indivíduos cujo conjunto da obra incorpora uma fusão de ciência e espiritualidade. Nascida em Londres em 1934, ela viajou para o Quênia em 1957 e conheceu o famoso antropólogo e paleontólogo Louis Leakey. Em 1960, a convite dele, iniciou estudos inovadores sobre os chimpanzés no que hoje é a Tanzânia. Sua pesquisa de campo revolucionou a disciplina da primatologia, ajudando a transformar a percepção que cientistas e o público têm da complexidade emocional e social dos animais. Ela foi a primeira a observar que os chimpanzés – nossos parentes mais próximos na árvore da evolução – se envolvem em atividades que antes eram consideradas exclusivas dos humanos, como a criação de ferramentas, e demonstrou que eles têm personalidades distintas.

Ela fundou o Instituto Jane Goodall, em 1977, para promover o estudo e a proteção dos chimpanzés e, ao mesmo tempo, melhorar o bem-estar de dezenas de comunidades locais. Em 1991, estabeleceu o Roots & Shoots, um programa ambiental e humanitário cujos projetos práticos beneficiaram comunidades, animais e o meio ambiente em mais de 65 países.

Acostumada a viajar 300 dias por ano, viu-se confinada à sua casa de infância em Bournemouth, Inglaterra, quando a pandemia de coronavírus de 2020 chegou. Isso poderia ter sido motivo suficiente para ela encerrar a carreira. Em vez disso, ela se reinventou nas redes sociais, expandindo sua influência para muitos milhões. "Jane Virtual", ela se chama.

Em uma entrevista multifacetada para este livro, ela falou abertamente não apenas sobre seu desejo, mas também sobre sua *necessidade* visceral de trabalhar – ter propósito, retribuir e contribuir para o bem maior.

"Parece que estou trabalhando mais do que trabalhei em toda a minha vida", diz Goodall, cuja avó viveu até os 98 anos, o pai até os 97 e a mãe até os 96. "Acho que tenho mais resistência agora do que tinha aos 30 anos. Há muito a fazer. Estou envelhecendo, e isso significa que o tempo está encurtando. Estou cuidando do meio ambiente, protegendo espécies em risco de extinção, preocupada com a mudança climática e a perda de biodiversidade. Fui abençoada com genes bons, mas preciso fazer mais porque há menos tempo. Mesmo que eu viva até os 100 anos, ainda haverá problemas enormes a enfrentar. As coisas estão muito difíceis agora, e há questões que parecem não ter solução. Com certeza vou continuar enquanto puder. Preciso continuar. Não posso parar." (Mais sobre Goodall nos Capítulos 5 e 10.)

Para se manter em forma, ela trocou a dieta quase vegetariana que seguiu ao longo da vida por um regime vegano mais rigoroso. Além disso, faz caminhadas rápidas de 30 minutos na praia, todos os dias, com seu cão *whippet* idoso de 16 anos.

"Eu me sinto incrivelmente saudável", assinala ela. "O envelhecimento não me preocupa, e a própria morte não me assusta. Em uma palestra importante, alguém me perguntou qual seria minha próxima aventura. Nunca haviam me perguntado isso antes. Talvez dez anos atrás eu teria dito: 'Bem, quero ir para as selvas inexploradas de algum país distante'. Mas agora, não. Então eu disse: 'Bem, morrer'. E houve uma espécie de suspiro que percorreu aquele enorme auditório. Só que quando você morre, ou não existe mais nada, então não preciso mais me preocupar, ou existe algo. E, se existe algo, e é o que eu acredito, será uma aventura descobrir o que é."

Por enquanto, no entanto, seus pensamentos estão firmemente voltados para os vivos: com foco em manter seus semelhantes humanos vivos o máximo de tempo possível e ajudá-los a prosperar em um mundo que ela descreve como "um túnel muito, muito escuro e cheio de obstáculos".

"Muitas pessoas simplesmente ficam paradas esperando que algo aconteça. O segredo agora é que, se perdermos a esperança, será o fim."

QUANTO TEMPO PODEMOS VIVER? QUANTO TEMPO DEVERÍAMOS VIVER? Essas estão se tornando as grandes perguntas da vida. As respostas, talvez de forma não surpreendente, estão se mostrando esquivas.

Apesar da incerteza que aguarda nossa sociedade que envelhece com rapidez, a maioria de nós, não surpreendemente, quer viver o máximo de tempo possível. Nosso desejo de vida fica claro em uma pesquisa de 2022 realizada conjuntamente pela *National Geographic* e pela AARP, que fez a seguinte pergunta a mais de 2.500 entrevistados: *Suponha por um momento que houvesse uma pílula que pudesse prolongar sua vida em dez anos. Qual a probabilidade de que você a tomaria?*

Três em cada quatro entrevistados de todas as faixas etárias disseram que a tomariam felizes da vida. Curiosamente, aqueles com 80 anos ou mais eram os menos propensos a responderem dessa maneira. Ao questionar mais os octogenários, as suspeitas dos pesquisadores foram confirmadas: a longevidade extrema é ótima, mas apenas quando acompanhada de vitalidade, mobilidade e independência. Alguns dos mais velhos entre nós, que começaram a experimentar a perda de uma ou mais dessas condições, não podem deixar de questionar o propósito de uma década extra. Outros, demonstrando determinação e resiliência ferozes, desafiam a ideia de que poderão ter 100 anos ou uma saúde vibrante, mas não ambos. A realidade está entre esses extremos e, para muitos de nós, ela provavelmente será parecida com uma participante de um estudo da NatGeo/AARP que está na faixa dos 90 anos e se aproxima a passos largos dos 100 anos – uma mulher que ainda joga tênis de mesa e canta no coral da igreja, apesar de usar um andador. "A boa saúde consiste em poder se levantar todos os dias e fazer as coisas que você planejou fazer, sem temê-las", registra ela.

Essa é uma atitude revigorante e atraente. Infelizmente, a cultura popular nem sempre respeitou os cidadãos mais velhos. A própria Jeanne Calment viveu cerca de um quarto de século como uma caricatura, não muito diferente das bruxas velhas e feias retratadas de maneira desfavorável em dois clássicos de Lewis Carroll publicados apenas alguns anos antes de seu nascimento: *Alice no País das Maravilhas* e *Alice através do espelho*.

Há pouco mais de um século, quando a Primeira Guerra Mundial chegava ao fim, nossa expectativa de vida era apenas a metade do que é hoje. Tragicamente, 61 anos, minha idade atual, continua sendo a expectativa de vida, ao nascer, para os habitantes de Angola, República

Democrática do Congo, Moçambique, Togo e grande parte da África subsaariana. Minha intuição, que está ficando cada vez mais forte, diz que não existe qualquer possibilidade de eu estar potencialmente apenas na metade da vida, mesmo sendo neto de um centenário. Mas a ciência não descarta essa possibilidade. Jeanne Calment é prova disso.

Então, afinal de contas, como chegamos até aqui?

2

Como a ciência prolonga nossa vida

Minha memória mais vívida de meu tio Andy é que ele tinha os olhos castanhos mais cheios de vida e expressivos que já vi.

Veterano da Segunda Guerra Mundial e engenheiro aeronáutico bem-sucedido, com um sorriso fácil e uma aparência de galã de cinema de Hollywood, Andrew P. Sansone nos deixou muito, muito cedo. Uma cardiopatia congênita o derrubou aos 47 anos, no auge da vida, deixando para trás uma esposa, quatro filhos pequenos e uma mãe desolada que, no entanto, de alguma forma, encontrou forças para viver até os quase 104 anos.

Essa mulher era a minha avó materna, Marie Mercurio Sansone. Filha de imigrantes sicilianos, nasceu em 1899, no Brooklyn, em Nova York, e faleceu em 2003, após atravessar três séculos – uma jornada impressionantemente longa, tingida pela tristeza de enterrar um filho. A morte prematura do tio Andy foi e continua sendo uma tragédia em nossa família. Sua perda repentina, em 1972, foi a segunda morte que vivenciei plenamente. A primeira foi a do meu avô Joe, um simpático merceeiro e pintor de casas, nascido na Sicília, que sucumbiu ao câncer de próstata aos 67 anos, quando eu tinha apenas 7 anos.

27

Lembro-me vividamente de minha mãe abandonar correndo a mesa de jantar, chorando, e fugir para o quarto dos meus pais depois de receber a temida ligação. Naquela noite, chorei até dormir.

A morte de Andy nos afetou de formas diferentes, muito porque todos fomos pegos totalmente de surpresa. Eu tinha 11 anos e a sensibilidade, a paranoia e a hipervigilância de um adolescente; minha avó, que vivia conosco naquela época e se tornaria centenária, ficou inconsolável. "Não o meu Andy! Não o meu Andy!", ela chorava. O luto dela e o da minha mãe me fizeram temer que meu pai seria o próximo.

Essa dura realidade proporcionará pouco conforto aos meus primos, que cresceram sem pai; mas, durante séculos, 47 anos foram considerados uma vida completa. Em 1900, essa era a expectativa de vida média, ao nascer, para os estadunidenses.

Os cardiologistas acreditam que estamos à beira de eliminar quase todas as mortes prematuras por doenças cardíacas. Alguns acreditam que usaremos o dom e o poder da ciência para identificar pessoas como meu tio Andy antes mesmo de nascerem e fazer certas alterações em seu DNA ainda no útero, poupando quase todos do destino da morte súbita por doenças cardíacas.

Isso já está acontecendo, e é o exemplo mais recente de como a ciência prolonga nossa vida. Somente no último século, a expectativa de vida dobrou. Aqui está como tudo aconteceu – ou melhor, aumentou, nesse caso.

No início, a vida era furtiva, desesperada e chocantemente breve.

Esqueça por um momento os centenários. Retrocedendo no tempo até a pré-história, eles teriam sido tão míticos quanto os unicórnios. A expectativa de vida média de nossos mais antigos ancestrais era limitada a apenas 10 anos. Na verdade, os antropólogos acreditam que nossa espécie sobreviveu a enormes chances de fracasso apenas porque aqueles que atingiam a maturidade sexual se reproduziam a uma taxa de natalidade duas vezes superior à taxa moderna. Nossa capacidade de resistir dependia de números.

Tínhamos outro ponto a nosso favor: nosso cérebro. Ele era menor do que é agora, mas proporcionalmente muito maior que os de crocodilos gigantes, hienas e outros carnívoros dentados que nos perseguiam. Parecia que compreendíamos a verdade por instinto: a ciência – expressa em primeira instância por nossa capacidade de fazer e controlar o fogo; mais tarde, por nossa habilidade de fabricar ferramentas rudimentares de pedra – era um salva-vidas.

À medida que os milênios passavam, nossos esforços iniciais para prolongar a expectativa de vida através da ciência não foram inspirados nem iluminados. Sangrávamos pacientes para curar seus males. Tratávamos pessoas com distúrbios mentais por meio da perfuração de buracos em seus crânios. Administrávamos a nossas crianças xarope para tosse que continha heroína. Alimentávamos nossos resfriados, deixávamos nossas febres em jejum e depois discutíamos se deveríamos ter feito o contrário.

No entanto, através de tentativas e erros, retrocessos e avanços, sobrevivemos. As mutações genéticas da evolução favoreceram nosso raciocínio e nossa capacidade de encontrar recursos, preparando-nos para o sucesso a longo prazo. Hoje, apesar dos estragos da pandemia de coronavírus, a expectativa de vida média ao nascer ronda os 80 anos e, como vimos, existe um aumento inédito no número de pessoas que vive bem mais de 100 anos logo ali na esquina.

Como passamos de 10 para 100 e além? Apertem os cintos de segurança (sim, eles também prolongam nossa vida), vamos viajar no tempo.

Nossa primeira escala: 1764. A Inglaterra estabelecia as bases para a conquista da Índia, que acabou durando quase dois séculos; os colonos estadunidenses, cada vez mais inquietos, se insurgiam contra a Coroa britânica; e um prodígio musical de 8 anos, Wolfgang Amadeus Mozart, se apresentava para o rei George III.

Os recém-nascidos, em média, podiam esperar viver 34 anos, embora alguns vivessem o dobro disso ou mais.

Em Cambridge, Massachusetts, Ebenezer Storer se apegava obstinadamente à sua fé, mesmo enquanto caminhava pelo vale da sombra da morte. Contudo, o registro estoico em seu diário, em 11 de março de 1764, ainda soa bastante dramático.

Mais cedo naquele dia, o diácono congregacional havia providenciado para que seus filhos fossem inoculados contra a varíola, de longe a principal causa de morte daquela época. Sua inquietação com essa estranha prática nova – injetá-los intencionalmente com uma pequena quantidade do próprio vírus que estava adoecendo e impiedosamente matando milhões – era palpável. É possível sentir sua angústia na oração que ele rabiscou à luz de uma vela com a mão trêmula:

> "Conforme foi da vontade de Deus em sua providência soberana permitir que a doença contagiosa da varíola se espalhasse na cidade, eu fiz com que meus queridos filhos, juntamente com vários outros membros da minha família, a recebessem por inoculação, dependendo, humildemente, do Deus Todo-Poderoso para que o sucesso seja alcançado.
>
> Ó Deus Todo-Poderoso, autor de nossos seres e Pai de nossos espíritos, olho com humildade e sinceridade para Ti neste dia de aflição e calamidade."

A imensa aflição de Storer era compreensível. As primeiras vacinas de varíola, embora eficazes para muitos, colocavam outros precocemente na sepultura. Um panfleto que circulou na época denunciava a vacinação como "uma ilusão do Diabo".

Outro exigia saber: "Se a infecção é comunicada a outro por meio da autoinfecção e esse contágio se espalha entre outros, e alguns deles assim infectados perecem, quem responderá por tal tragédia?"

Entretanto, a confiança instintiva de Storer na medicina não estava equivocada: toda a sua família se recuperou, e ele mesmo viveu até os 78 anos, uma expectativa de vida excepcional no final do século XVIII.

À medida que a nova era de longevidade extrema desponta, não é por acaso que nossa expectativa de vida se estende até os três dígitos, sem qualquer limite rígido à vista. Derrotar a varíola foi uma das primeiras proezas vitais.

Qualquer que seja a medida, em todas as disciplinas científicas, a varíola foi A Grande Praga. Na memória contemporânea, ela matou até meio bilhão de pessoas; 300 milhões desde 1900. Quando os peregrinos* desembarcaram em 1620, carregavam seus rifles de pederneira com pólvora fresca e bolas de mosquete de chumbo e estavam preparados para enfrentar uma resistência vigorosa por parte dos nativos, mas descobriram que o local de seu desembarque era uma cidade quase abandonada: três anos antes, o povo indígena *wampanoag* havia sido dizimado por um surto que assolou a tribo, e muitos historiadores acreditam que a varíola tenha sido a culpada. O líder dos peregrinos, William Bradford, que seria o primeiro governador da colônia, registrou a desolação com a qual seus exploradores se defrontaram: "Crânios e ossos foram encontrados em muitos lugares, ainda espalhados sobre a terra, onde suas casas e moradias costumavam estar; um espetáculo muito triste de ver".

A varíola foi uma ameaça clara e iminente ao longo de toda a história humana. Erupções cutâneas e cicatrizes encontradas em múmias egípcias sugerem que ela foi uma peste mortal durante pelo menos 3 mil anos, e é bem provável que tenha durado muito mais tempo. A descrição escrita mais antiga de uma doença semelhante à varíola apa-

---

*. Os chamados "peregrinos" (*pilgrims*) estavam entre os primeiros imigrantes da América do Norte. Achavam-se vítimas de perseguição religiosa na Europa e buscavam uma vida nova no Novo Continente. (N.T.)

receu na China no quarto século da Era Comum. Descrições escritas antigas também apareceram na Índia no século VII da Era Comum e na Ásia Menor no século X da Era Comum. Alguns historiadores médicos acreditam que a varíola tenha eliminado as antigas civilizações inca e asteca.

Era uma maneira pavorosa de morrer. As pessoas infectadas experimentavam, primeiro, sintomas leves semelhantes aos da gripe, mas logo desenvolviam centenas de bolhas cheias de líquido por todo o corpo. Uma em cada três morria. Aquelas com sorte o suficiente para sobreviver ficavam marcadas ou cegas para o resto da vida.

Eis que surge Edward Jenner, um médico rural inglês com uma intuição que mudaria o mundo.

Quando criança, ele conheceu mulheres que ordenhavam vacas e cuja exposição à varíola bovina, uma doença do gado muito menos letal, parecia dar-lhes certa proteção contra a varíola humana. Em 1796, aperfeiçoando a técnica que havia salvado Storer e sua família em 1764, Jenner vacinou James Phipps, o filho de oito anos de seu jardineiro, com uma quantidade ínfima de varíola bovina. Foi um golpe de mestre – um avanço científico de proporções épicas –, embora a ética de sua experimentação em uma criança vulnerável ainda seja objeto de debates acalorados até os dias de hoje. Exposto, mais tarde, à varíola humana, o pequeno James estava imune. Ele cresceria para se casar, ter filhos e viver seus dias em uma casa de tijolos bem-arrumada que Jenner lhe cedeu; ele morreu aos 65 anos.

NEM TODOS ABRAÇARAM AS VIRTUDES DA VACINA. EM UM EXEMPLO bizarro de reação contrária, em 1721, alguém jogou um dispositivo explosivo na casa do reverendo Cotton Mather, um dos pregadores mais influentes de sua época e defensor fervoroso da inoculação. A bomba não explodiu, mas uma mensagem ameaçadora estava anexada: "Cotton Mather, seu cachorro, que o diabo o carregue! Vou inocular você com essa bomba; e que você pegue varíola".

Nada menos que o pai fundador Benjamin Franklin,* que era declaradamente contra vacinas, passou a defender a inoculação após pagar um preço terrível: a morte de um filho jovem.

"Perdi um dos meus filhos, um menino lindo de quatro anos, por causa da varíola", escreveu Franklin em sua autobiografia. "Lamentei amargamente por muito tempo, e ainda lamento, não tê-lo submetido à inoculação; menciono o ocorrido para benefício dos pais que rejeitam essa operação com base na crença de que nunca se perdoarão se um filho morrer por causa dela; meu caso mostra que o arrependimento pode ser o mesmo qualquer que seja o caminho preferido e, portanto, a opção mais segura deve ser escolhida."

A luta para conter a varíola e os esforços incipientes para entender como ela se espalhava inspiraram poetas e romancistas, e o trabalho deles, ocasionalmente, beirou o macabro. Em seu romance de 1744, *The Adventures of David Simple*, a escritora Sarah Fielding – criando uma trama digna de um suspense de Stephen King – explorou um exemplo de *fake news* do século XVIII: a varíola poderia ser contraída por meio do medo, o que tornava as mulheres tímidas especialmente vulneráveis à infecção.

Impulsionado pela eficácia inquestionável das vacinas contra a varíola, o governo britânico tentou torná-las obrigatórias no final do século XIX. Surgiram protestos e forte reação contrária, não muito diferente da radical resistência atual às vacinas e da visão sombria que alguns céticos contemporâneos têm dos governos, os quais são considerados intrometidos e intervencionistas.

Levaria mais um século e meio, mas o último surto documentado de varíola nos Estados Unidos aconteceu em 1949. Em 1980, a Organização Mundial da Saúde declarou a doença erradicada.

---

*. Benjamin Franklin (1706-1790) foi escritor, cientista, inventor, político, diplomata, gráfico, editor e filósofo político, tendo desempenhado um papel destacado na Independência dos Estados Unidos. (N.T.)

Avancemos exatamente 100 anos, a partir de 1764, até 1864. Abraham Lincoln havia sido reeleito, as Convenções de Genebra estabeleceram regras sobre como tratar inimigos em tempos de guerra e a sangrenta Rebelião Taiping da China chegava ao fim. Nessa época, um recém-nascido médio poderia esperar viver até os 43 anos.

Longa vida a todos nós, mas, se vamos fazer um brinde à longevidade do século XXI, *Vive la France* será sempre um brinde apropriado.

Exatamente um século depois que o amedrontado e temeroso Ebenezer Storer teve seus filhos inoculados, o químico francês Louis Pasteur desenvolveu uma técnica para matar bactérias prejudiciais ao vinho. A motivação de Pasteur era ter um *merlot* sem bactérias; porém, duas décadas depois, o mundo sedento havia se voltado para o leite. Usando a mesma técnica, os cientistas começaram a "pasteurizar" o leite, reduzindo drasticamente as doenças e mortes causadas por germes em produtos lácteos crus. Milhões ficavam doentes e morriam antes da pasteurização; hoje, tais mortes praticamente inexistem.

Em meados do século XIX, os simples atos de comer e beber poderiam nos condenar à morte.

Algo transmitido por alimentos e microscopicamente menor que a bala de um assassino derrubou o presidente dos Estados Unidos Zachary Taylor. Em 9 de julho de 1850, o décimo segundo presidente da nação morreu depois de ingerir alimentos provavelmente contaminados com a bactéria salmonela, em um piquenique de 4 de julho. Por muito tempo, as doenças entéricas – contraídas por causa de alimentos ou bebidas contaminadas – nos derrotaram. Durante a Guerra de Secessão, o dobro de combatentes morreu de doenças transmitidas por alimentos ou água do que de ferimentos no campo de batalha. Tifo, diarreia, disenteria e malária eram tão constantes que eram chamados, coletivamente, de "o terceiro exército" – ainda mais letais do que mosquetes, adagas e canhões empunhados pelas forças da União e dos Confederados que se digladiavam até a morte em trincheiras pantanosas e carregadas de bactérias, onde mosquitos infectados depositavam seus ovos.

Entre as baixas causadas por esse perigo invisível está Joseph Beall Welsh, um jovem de 15 anos. Em 1862, o garoto de Ohio entrou para o Exército da União. Em uma carta à irmã, ele escreveu: "Você precisa ver o rio Mississippi. Você gostaria de beber essa água onde é possível ver três cadáveres boiando de uma só vez?" Dois anos depois, o próprio Welsh morreria de tifo, transmitido por alimentos ou água contaminados.

A cloração da água para neutralizar amebas que transmitiam disenteria e outras doenças parasitárias foi outro avanço que prolongou nossa vida. Em 1908, Jersey City, em Nova Jersey, tornou-se a primeira área metropolitana dos Estados Unidos a desinfetar rotineiramente a água potável da comunidade. O impacto foi instantâneo: os Centros de Controle e Prevenção de Doenças (CDC, na sigla em inglês) afirmam que os casos de cólera e febre tifoide, frequentemente fatais, despencaram. Os cientistas descobriram que a cloração, em combinação com a filtração, diminuiu a mortalidade geral em 13%. Foi um salva-vidas sobretudo para as crianças, reduzindo a mortalidade infantil em 46% e as mortes entre jovens em 50%.

Fizemos progressos impressionantes, mas guerras mundiais e pandemias globais retardaram nossa marcha rumo aos 100 anos.

Em 1900, a expectativa de vida média para uma mulher estadunidense era de 48,3 anos; para um homem, dois anos a menos. Em 1918, à medida que a Primeira Guerra Mundial terminava e o surto de *influenza* espanhola se espalhava, essa expectativa caiu para 42,2 anos para mulheres e 36,6 anos para homens. Digira essa informação por um segundo. Se você estiver na faixa dos 30 ou início dos 40 anos hoje, é bem possível que você já tivesse partido – privado dos maiores prêmios da vida: o amor e o próprio tempo.

Avancemos para 1928. Stalin transformara as terras dos camponeses em fazendas coletivas; Charles Kingsford Smith completara o primeiro voo transpacífico; e a cerimônia de entrega do Oscar fez sua brilhante estreia. Nesse momento, um recém-nascido típico poderia esperar viver 61 anos.

A descoberta da penicilina representou um grande salto à frente: uma conquista médica comparável ao pouso na Lua. Com ela, a vida se prolongou praticamente da noite para o dia.

Uma mancha do mofo original que nos salvou está em exibição no Instituto Smithsonian. É redonda, cinza, plana e peluda – exatamente o que o dr. Alexander Fleming, o avô dos antibióticos modernos (e o Neil Armstrong de sua era em nossa metáfora de pouso lunar), encontrou por acaso em seu laboratório.

A descoberta da penicilina foi a mais pura casualidade científica. Ao retornar após duas semanas de férias, Fleming verificou as bactérias estafilococos que estava cultivando e notou que uma placa de Petri, a qual displicentemente deixara em cima de uma bancada, estava contaminada por um mofo que matava tudo ao seu redor. Gwyn Macfarlane, um hematologista britânico, descreveu a descoberta como "uma série de eventos fortuitos de uma improbabilidade quase inacreditável".

Algo que Ebenezer Storer poderia ter chamado de a mão de Deus, se vivesse em nossa época.

A primeira pessoa a receber penicilina foi Albert Alexander, um policial de 43 anos de Oxford, Inglaterra, cujo corpo ficou tomado por infecções após ser ferido em um bombardeio nazista. Vinte e quatro horas após a primeira dose, seus médicos notaram uma melhora surpreendente. Mas era fevereiro de 1941, a Segunda Guerra Mundial estava em pleno andamento, e o suprimento da equipe médica se esgotou antes que o policial pudesse ser curado. Eles até extraíram o excesso de penicilina da urina do paciente e a injetaram de novo em suas veias, mas ele teve uma recaída e morreu um mês depois.

Mesmo assim, os Institutos Nacionais de Saúde dos Estados Unidos saúdam a epifania de Fleming como "o início da revolução dos antibióticos", e ela é considerada responsável por salvar incontáveis milhões de vidas ao redor do mundo. Antes da penicilina, infecções como pneumonia, febre reumática e sífilis representavam, com frequência, sentenças de morte. Com a maravilhosa droga, elas se tornaram contratempos desagradáveis.

"Quando acordei, logo após o amanhecer em 28 de setembro de 1928, certamente não planejava revolucionar a medicina inteira... Mas acho que foi exatamente o que fiz", lembrou mais tarde o escocês. O Comitê Nobel de Fisiologia ou Medicina concordou: em 1945, concedeu o prêmio dessa categoria a Fleming e a dois colegas dele.

A demora entre a descoberta épica de Fleming, que prolongava nossa vida, e seu uso generalizado é desoladora. Seu artigo que descreve as maravilhas da penicilina foi apresentado pela primeira vez ao Clube de Pesquisas Médicas do Hospital Middlesex no início de 1929 e publicado no ano seguinte, tendo permanecido na obscuridade acadêmica durante anos. Demorou uma década para a penicilina ser purificada para fins de uso clínico, e mais uma década para que fosse amplamente usada como escudo contra a morte prematura. Não podemos esquecer quantos milhões de vidas poderiam ter sido salvas se houvesse uma melhor coordenação e um maior senso de urgência.

A penicilina inspirou outros medicamentos de combate a doenças que antes encurtavam impiedosamente a vida: estreptomicina para o tratamento de tuberculose; cloranfenicol para cólera e tifo; tetraciclina para pneumonia; eritromicina para difteria; cefalosporina para infecções de ouvido; vancomicina para colite.

"Uma vida melhor proporcionada pela química", cantavam os publicitários da DuPont nos idos de 1935, e eles não estavam errados. Graças à ciência, abrimos um caminho direto para o reino do superenvelhecimento.

E ENTÃO CHEGAMOS A 1956. AS TROPAS SOVIÉTICAS HAVIAM INVADIDO a Hungria, o primeiro cabo telefônico transatlântico havia sido concluído e, em Liverpool, na Inglaterra, o estudante do colegial John Lennon havia começado uma banda como "uma brincadeirinha". A expectativa de vida ao nascer era agora de 71 anos: mais que o dobro do que havia sido na época de Ebenezer Storer.

Os céticos das vacinas não são novidade. Por séculos, um público hesitante e, às vezes, hostil freou grandes avanços. Alguns questionaram a sabedoria de interferir na vontade de Deus; outros se opuseram às vacinações obrigatórias por serem ataques às liberdades pessoais.

Aos poucos, no entanto, a era de ouro da ciência prevaleceu. Coletivamente, alcançamos o esclarecimento em 28 de outubro de 1956, proclamado, de forma surpreendente, por um beicinho e um movimento pélvico.

Elvis Presley foi vacinado contra a pólio nos bastidores do *The Ed Sullivan Show* enquanto as câmeras transmitiam o evento ao vivo dos estúdios da rede CBS em Nova York. Desde a década de 1940, a doença havia incapacitado 35 mil pessoas por ano, sobretudo crianças, nos Estados Unidos. Em 1921, uma infecção por pólio privou Franklin D. Roosevelt, na época com 39 anos, do uso das pernas. Mais tarde, vingando-se dessa perda ao se eleger presidente, Roosevelt criou uma fundação nacional que se transformaria na March of Dimes,* mobilizando muitos trocados e uma grande vontade política para encontrar uma cura.

Em uma mensagem em horário nobre para os adolescentes indecisos com relação às vacinas, Elvis implorou: "Eu peço que vocês ouçam". Ella Fitzgerald, Sammy Davis Jr. e Louis Armstrong ajudaram a garantir que a mensagem chegasse aos jovens negros. A poliomielite até inspirou a icônica canção "A spoonful of sugar" do filme *Mary*

---

*. Marcha das Moedas, em tradução livre. Organização de caridade tradicional que procura melhorar a saúde de mães e crianças. (N.T.)

Poppins, de 1964, da Disney. O compositor Robert Sherman escreveu a frase "uma colherada de açúcar ajuda o remédio a descer goela abaixo" depois que seu filho descreveu como recebeu a vacina oral contra a poliomielite na escola, onde uma enfermeira injetava o remédio em um cubo de açúcar.

Funcionou: em 1979, a poliomielite foi declarada erradicada nos Estados Unidos, o que significa que não mais se espalhava com regularidade. Isso não significa que ela tenha desaparecido: ainda é endêmica no Afeganistão e no Paquistão; uma infecção por poliomielite foi detectada recentemente na Holanda; e, mesmo nos Estados Unidos, ela ocasionalmente ressurge. Em meados de 2022, um adulto não vacinado da cidade de Nova York que contraiu poliomielite e desenvolveu paralisia se tornou o primeiro caso nos Estados Unidos em quase uma década, e o vírus da poliomielite foi detectado no esgoto de pelo menos quatro condados da área metropolitana de Nova York. Contudo, foi reduzido em mais de 99%, e a maioria dos estadunidenses foi vacinada contra ele.

A mensagem de Elvis Presley foi direcionada diretamente aos jovens. Talvez não surpreenda que os mais velhos não tivessem ninguém com *status* de celebridade semelhante advogando a seu favor. Durante grande parte do século anterior, os idosos foram tão desconsiderados e desvalorizados quanto foram nos dias de glória de Jeanne Calment, quando os esforços para vacinar os idosos eram, na melhor das hipóteses, intermitentes. Em todo o mundo, o cumprimento das recomendações para a vacinação de crianças tem sido, em geral, notável, pelo menos na maioria dos países de alta renda, com 90% das crianças recebendo as vacinas de que precisam – em parte porque muitas escolas as exigem. Mas e os adultos mais velhos? Nem tanto. Muitos idosos estavam desprotegidos contra a poliomielite nas décadas de 1950 e 1960, em parte porque o foco era proteger as crianças de seus efeitos debilitantes, mas também por causa da complacência e do ceticismo dos idosos; de dificuldades do sistema de saúde pública para fornecer acesso às vacinas; e da indiferença arraigada da sociedade em relação aos idosos.

O pensamento mais comum em meados do século XX em relação ao envelhecimento foi expresso, com perfeição, por um dos contemporâneos de Elvis: o ator, ídolo de adolescentes e ícone cultural James Dean. "Viva rápido, morra jovem e deixe um cadáver bonito" foi sua frase famosa. Tragicamente, o universo o atendeu; ele tinha apenas 24 anos quando morreu em um acidente automobilístico.

Globalmente, a expectativa de vida antes das vacinas e dos antibióticos era de cerca de 50 anos, mas essas maravilhas científicas prologaram nossa vida em mais de um quarto de século na Europa, na América do Norte e em outras partes do mundo desenvolvido. Desde que você tenha nascido nesses lugares, é claro. (Falarei mais sobre a injustiça inerente à longevidade extrema no Capítulo 4.)

Nossa última parada em uma viagem que nunca termina: 2021. Lutamos contra uma pandemia de coronavírus ressurgente; alguns estadunidenses se recusam a aceitar o resultado das eleições presidenciais de 2020 e organizam uma insurreição armada no Capitólio; e, aos 90 anos, o ator de *Jornada nas Estrelas* William Shatner se torna o humano mais velho a viajar para o espaço. A expectativa de vida dos estadunidenses ao nascer caiu para 76,4 anos, segundo o CDC. (As Nações Unidas projetam que ela voltará a 79,89 anos em 2024.)

Se nossos assassinos invisíveis fossem impressos da mesma forma que os cartazes dos procurados pelo FBI, veríamos instantaneamente o quanto avançamos. Em 1900, as principais causas de morte eram pneumonia, tuberculose e diarreia – todas doenças transmissíveis. Hoje, são doenças cardíacas, câncer, derrame e covid-19.

Pode parecer estranho contemplar um mundo onde viver até 105, 110 anos ou até mais será comum em poucas décadas. Afinal, em 2020, a pandemia de coronavírus reduziu a expectativa de vida geral dos estadunidenses em um ano e meio – a maior queda em um único ano desde a Segunda Guerra Mundial. Foi ainda mais brutal entre pessoas negras: tirou três anos de vida dos latino-americanos e quase o mesmo dos indivíduos negros. É claro que outras causas de morte além da covid-19 colaboraram: as overdoses de drogas contribuíram, sobretudo para os brancos, assim como o aumento dos homicídios foi uma pequena mas significativa razão para a queda na expectativa de vida entre os negros.

Estatisticamente, tendo em mente a longa história da humanidade, tudo isso não passa de uma descontinuidade no gráfico. Especialistas dizem que os centenários são encontrados em uma proporção nota-velmente estável de um em 5 mil em todo o mundo. Com ou sem covid-19, violência nas ruas ou epidemia de opioides, eles estão che-gando em massa, fazendo parte de uma das maiores ondas populacio-nais da história moderna. É uma simples questão de matemática: a irmã gêmea da ciência.

Já existem mais de 90 mil centenários apenas nos Estados Unidos. Suas fileiras estão aumentando à medida que os membros da geração silenciosa avançam para seus 90 anos, e aumentarão drasticamente quando os mais sarados e mais velhos dos *baby boomers* – agora com 70 e poucos anos – os seguirem nos próximos 25 anos. Até 2050, esti-mam os demógrafos, teremos oito vezes mais centenários do que temos hoje. Os centenários são o grupo etário de crescimento mais rápido no mundo inteiro.

A ciência, trabalhando em conjunto com os políticos, nos propor-cionou locais de trabalho mais seguros, programas para parar de fu-mar e cintos de segurança. Segundo a Administração Nacional de Tráfego Rodoviário dos Estados Unidos, o uso de cintos de segurança salvou quase 375 mil vidas desde 1975 nos Estados Unidos. Entre-tanto, a biologia e a química, especificamente, aumentaram a resiliên-cia e a pura resistência do organismo humano de maneiras que nossos antepassados sequer imaginariam.

TENDO DERROTADO, OU PELO MENOS DOMADO, OS PRINCIPAIS ASSASSINOS do passado, o que estamos fazendo em relação aos maiores empecilhos de hoje no caminho rumo aos 100 anos: o câncer e as doenças cardiovasculares? Os ataques cardíacos e os derrames são responsáveis por cerca de 18 milhões de mortes por ano, e o câncer mata outros 10 milhões anualmente. Eles são a próxima Grande Praga.

O dr. Richard Regnante – um cardiologista de Massachusetts e amigo meu, de 80 e poucos anos, que vem cuidando, há mais de meio século, da saúde cardíaca de seus pacientes – está confiante de que a ciência prevalecerá. Para ele, a longevidade extrema é uma questão pessoal: seu próprio pai, um ex-procurador adjunto estadual que emigrou da Itália, não parou de trabalhar até os 95 anos e viveu até os 104. O filho também permanece jovem, velejando em seu iate *Freedom* de 29 pés, com precisão cirúrgica, pela baía de Narragansett, em Rhode Island. O vento desalinha seu cabelo salpicado de sal enquanto ele sonha acordado com um futuro mais longo e mais brilhante – um futuro que ele suspeita que pode estar logo ali, na linha do horizonte.

Com um leve porém inconfundível sotaque de Boston, Richard faz uma pergunta que centenas de pesquisadores estão se esforçando para responder: "E se pudéssemos mapear a sequência de genes para a doença arterial coronariana e ajustar o DNA de uma pessoa, enquanto ela ainda está no útero, para poupá-la de um ataque cardíaco ou derrame na meia-idade ou mais tarde?"

Cientistas da Universidade Yale estão avançando rapidamente nessa direção. Correndo para identificar mutações genéticas relacionadas a doenças cardiovasculares, eles já publicaram dados sobre cinco genes e estão estudando outros 20. Os pesquisadores de Yale estabeleceram um objetivo um tanto mórbido: descobrir a razão pela qual algumas pessoas com histórico familiar de problemas cardíacos não diagnosticados morrem abrupta e prematuramente ou acabam precisando viver com cautela, em um estado de "observação e espera".

O sequenciamento genético, dizem os cientistas, dá a essas pessoas a oportunidade de descobrirem se possuem uma mutação em seu DNA, a qual está muito associada a um problema cardíaco potencialmente fatal. Os pacientes que recebessem essa informação poderiam, em teoria, beneficiar-se de um tratamento precoce, o qual talvez salvasse suas vidas. É uma linha de investigação científica que ainda está em sua infância, mas a equipe de Yale está sequenciando os genes de 250 pacientes cardíacos por ano, aprendendo de forma lenta, mas constante, na espera de poder impulsionar novas maneiras de rastrear e tratar pessoas em risco – e prolongar suas vidas.

O CRISPR, uma tecnologia de edição de genes, também poderá, em breve, ser usado para alterar o DNA humano e fornecer proteção contra doenças cardíacas, a qual durará a vida inteira. Em 2022, a Verve Therapeutics lançou um teste humano de uma terapia baseada em CRISPR projetada para alterar o código genético de um neozelandês de modo a reduzir permanentemente os níveis de colesterol dessa pessoa. Tudo isso está criando um alvoroço, é claro, enquanto os especialistas em ética recomendam extrema cautela, cinco anos após o agora desacreditado e encarcerado cientista chinês He Jiankui chocar o mundo ao anunciar que havia criado os primeiros bebês geneticamente editados – duas meninas, as quais, mais tarde, foram apelidadas de "bebês CRISPR".

Pelo menos meia dúzia de ensaios ativos de terapia genética em humanos estão em andamento e, embora os resultados até agora sejam inconclusivos, a edição de genes para reduzir a probabilidade de pessoas morrerem de ataque cardíaco ou derrame – a derradeira Grande Praga da longevidade e a força que arrancou meu tio de sua família no auge da vida – está se configurando como uma opção de tratamento cada vez mais promissora.

Doug Olson, de Pleasanton, Califórnia, é um caso de sucesso precoce: em 2010, os médicos usaram uma terapia genética experimental a fim de reprogramar algumas de suas células sanguíneas para tratar uma leucemia e, mais de uma década depois, não há qualquer sinal de câncer. "Isso é uma cura, e eles não usam essa palavra de forma leviana", refere Olson, que completou 76 anos em 2023. Até poucos anos atrás, ele ainda corria meias-maratonas.

Os pacientes com câncer precisavam enfrentar não apenas seus tumores, mas meses de recuperação de cirurgias dolorosas e invasivas. Agora, existe a imunoterapia, que utiliza uma nova classe de medicamentos para aumentar a capacidade natural do sistema imunológico de identificar e matar células cancerosas. Em 2019, a Agência de Alimentos e Medicamentos (FDA, na sigla em inglês) dos Estados Unidos aprovou o primeiro medicamento de imunoterapia para o câncer de mama, que mata 685 mil pessoas no mundo inteiro todos os anos. E um tratamento revolucionário para pacientes com derrame, conhecido como trombectomia endovascular, ou EVT, está dando aos cirurgiões acesso inédito à artéria cerebral para extrair coágulos sanguíneos mortais ou debilitantes que se formam no cérebro. Embora ainda não esteja disponível em grande escala, os especialistas acreditam que o procedimento tem o potencial de salvar milhões de vidas.

A próxima Grande Novidade: uma classe emergente de medicamentos experimentais conhecidos como radiofármacos, que descarregam radiação diretamente nas células cancerosas. Os médicos que os utilizam relatam aumento da sobrevida em homens com câncer de próstata avançado. Especialistas acreditam que, nas próximas décadas, eles serão uma ferramenta importante para atingir tumores que são inoperáveis ou de difícil acesso.

E OS AVANÇOS MÉDICOS CONTINUAM. NO FINAL DE 2021, A ORGANIZAÇÃO Mundial da Saúde (OMS) endossou a primeira vacina do mundo contra a malária, doença que mata mais de 400 mil pessoas por ano apenas na África. A cada dois minutos, a malária mata uma criança com menos de cinco anos. Até agora, nossas melhores defesas eram primitivas: telas mosquiteiras e inseticidas. O diretor-geral da OMS,

Tedros Adhanom Ghebreyesus, um homem pouco dado ao exagero, chama isso de "um presente para o mundo", e Julian Rayner, diretor do Instituto de Pesquisa Médica de Cambridge, explica o porquê: "É uma vacina imperfeita, mas mesmo assim evitará a morte de centenas de milhares de crianças".

Nada na memória recente pode se comparar à impressionante resposta da ciência à covid-19. O rápido desenvolvimento de múltiplas vacinas muito eficazes foi um milagre médico. No entanto, foi minado pela recusa impressionante de muitos em se vacinarem. A ciência pode prolongar a vida humana, mas apenas se acreditarmos nela e seguirmos seus conselhos. Se não o fizermos, será pior que arriscar as economias de uma vida inteira – é como apostar a própria vida. Essa questão é algo sobre o que vale a pena considerar enquanto mergulhamos cada vez mais fundo em um buraco negro de pestilência globalizada, com a ameaça de outra pandemia sempre pairando no ar.

Até que idade podemos viver? É uma pergunta incômoda, que a ciência ainda está tentando responder.

Pesquisas instigantes, feitas por uma equipe de cientistas russos que analisam contagens de células sanguíneas em indivíduos idosos, sugerem que o limite máximo, se houver, pode chegar aos 150 anos. Com base em extensos estudos com judeus asquenazes com idades entre 95 e 109 anos, o dr. Nir Barzilai, do Albert Einstein College of Medicine em Nova York, que descobriu o primeiro "gene da longevidade" em humanos, acredita que o teto está mais próximo dos 115 anos.

Pesquisas mais recentes jogam um balde de água fria sobre as expectativas mais otimistas. "É certamente possível que alguém acabe superando o recorde de Jeanne Calment, mas os dados sugerem que qualquer eventual diferença será pequena, e a probabilidade de observarmos qualquer indivíduo vivendo além de um marco mais alto – como 125 ou 130 anos – é tão pequena a ponto de ser insignificante", afirmaram o cientista de dados Brandon Milholland e o geneticista Jan Vijg em um estudo novo publicado na revista *Nature Aging*. Em seguida, eles apresentam um cenário intrigante: "Séculos passados nos ensinaram que, na ciência, nenhuma possibilidade pode ser descartada, e novas descobertas e tecnologias mais avançadas podem surgir para ampliar radicalmente o limite máximo de vida de nossa espécie acima e além do limite atual".

Para enfatizar a discordância científica em torno dessa questão, dois conhecidos especialistas em longevidade fizeram uma aposta. Steven N. Austad, codiretor do Centro Integrado de Pesquisa sobre Envelhecimento da Universidade de Alabama em Birmingham, acredita que a primeira pessoa que viverá até os 150 anos provavelmente já nasceu. S. Jay Olshansky, um dos principais especialistas em saúde pública e longevidade, duvida que alguém viva mais do que uma década além dos 122 anos de Jeanne Calment, da França. Cada um deles colocou 300 dólares em um fundo de investimento e assinou um contrato estipulando que o dinheiro e quaisquer lucros serão pagos ao vencedor, ou a seus descendentes, em 2150. Com base na taxa de crescimento do fundo até agora, os beneficiários de quem vencer podem acabar embolsando centenas de milhões de dólares. Austad alega, com base em avanços médicos contínuos, estar mais confiante do que nunca de que vencerá essa aposta. Olshansky insiste que é uma aposta tola, embora reconheça que não existe uma idade em que a morte seja certa, deixando em aberto a possibilidade de que os registros de longevidade continuem sendo quebrados, embora não de maneira dramática.

Vimos como nos tornamos proficientes em eliminar ou curar doenças que ameaçam a vida. Agora, uma linha de pensamento periférica está se aproximando cada vez mais do centro do pensamento científico: e se tratássemos a própria idade como uma doença crônica, porém curável? E se pudéssemos viver até 200 anos e além?

David Sinclair, um geneticista da Faculdade de Medicina de Harvard, tem pressionado os governos a declarar o envelhecimento uma doença, ao lado de enfermidades como diabetes ou Alzheimer. Sua justificativa: mesmo se encontrássemos uma cura para o câncer amanhã, a expectativa de vida ao nascer aumentaria apenas 2,3 anos. Enquanto isso, a maior parte dos bilhões gastos em pesquisas é dedicada a doenças individuais. Os defensores da medicina da longevidade, focados em viver não apenas mais, mas em viver vidas mais saudáveis, querem receber mais desses dólares de pesquisa.

Sinclair compara o campo emergente aos primórdios da aviação.

"A idade biológica avançada não é relatada como uma causa de morte, mas continua sendo a principal razão pela qual os idosos morrem no mundo inteiro", diz ele. "O problema é que sempre pensamos no envelhecimento como algo natural e inevitável, e não como uma doença; só que, na verdade, ele é uma questão médica."

Não importa que a FDA até agora se recuse a reconhecer o envelhecimento como uma doença tratável. A equipe de Sinclair em Harvard e pesquisadores do Instituto Buck de Pesquisa sobre o Envelhecimento, em Novato, Califórnia, estão na vanguarda das aplicações científicas em epigenética – em essência, acessar os sistemas de controle das células para descobrir como acionar e desligar genes específicos. Em um estudo publicado na revista *Nature*, Sinclair e sua equipe curaram a cegueira em camundongos por meio de alterações genéticas nos olhos dos roedores.

"É uma reprogramação permanente", disse Sinclair em um simpósio de 2021. "Na verdade, os camundongos morrem velhos, mas com olhos muito jovens, com visão perfeita", acrescenta ele. "Estamos descobrindo, na prática, que é possível reprogramar a maioria dos tecidos. Não conheço um tecido em um animal que não possa ser reprogramado e retroceder 5%, 75% em termos de idade. Imagine, no futuro, termos a capacidade de reprogramar nosso corpo – não apenas uma ou duas vezes, mas talvez dezenas ou centenas de vezes."

Tudo isso está moldando uma utopia de longevidade em que todos viveremos para sempre? Ou dando um passo sinistro em direção a um futuro decididamente distópico?

Os especialistas na ética da medicina alertam para essa última hipótese, e até mesmo os defensores da longevidade estimulada pela ciência têm suas dúvidas. O presidente e CEO do Instituto Buck, Eric Verdin, observa sombriamente que, pela primeira vez, os Estados Unidos e outras nações ocidentais estão vendendo mais fraldas para adultos do que para crianças.

Uma empresa associada ao Google, chamada Calico Labs, está desenvolvendo tecnologias de prolongamento da vida, na esperança de ser pioneira e lucrar com uma Fonte da Juventude do século XXI. Outra empresa, a Unity Biotechnology – financiada em grande parte pelo bilionário da Amazon, Jeff Bezos, e pelo cofundador do PayPal, Peter Thiel –, também está trabalhando em medicamentos para superar os efeitos do envelhecimento. E dezenas de bilhões de dólares em capital de risco estão sendo investidos em outras *startups*, formando a vanguarda de um setor de longevidade em rápida expansão e com potencial lucrativo.

Pesquisadores do envelhecimento do Instituto de Células-Tronco de Harvard, tomando como base estudos anteriores que mostraram que camundongos idosos injetados com o sangue de camundongos adolescentes se tornaram biologicamente mais jovens, identificaram uma proteína rejuvenescedora, GDF11 (fator de diferenciação de crescimento 11), a qual também está presente em nossa corrente sanguínea. Desde então, eles fundaram a Elevian, uma empresa farmacêutica que tem um único objetivo: investigar terapias comerciais potenciais usando o GDF11 para retardar, interromper ou até reverter os efeitos de derrames e outras condições calamitosas que aceleram o envelhecimento humano.

Tais empreendimentos antienvelhecimento têm seus fãs, mas também seus críticos. "Existem muitos danos possíveis: ditadores podem viver por tempo demais, a sociedade pode se tornar muito conservadora e avessa a riscos, e as aposentadorias talvez tenham que ser limitadas, para citar apenas alguns", enumera John Davis, professor de filosofia na Universidade Estadual da Califórnia, em Fullerton. Davis aponta um resultado ainda mais preocupante: uma vez que todas as tecnologias novas são proibitivamente caras no início, o envelhecimento extremo pode se tornar um domínio exclusivo dos ricos.

Outros, incluindo o renomado estudioso de bioética Walter Glannon, preocupam-se que um planeta de centenários cause superpopulação em uma escala inédita, esgotando recursos desesperadamente necessitados pelas gerações mais jovens.

O falecido sociólogo e filósofo Bruno Latour, condecorado com a Legião de Honra francesa e membro da Academia Americana de Artes e Ciências, tinha uma visão sombria dos esforços para alongar de forma significativa a vida. "A que custo?", ele se perguntava. Mais não significa necessariamente melhor.

Depois, denunciando os imprudentes "empreendedores da longevidade" que dizem vender a imortalidade, ele invocou o falecido cientista político germano-estadunidense Eric Voegelin. Segundo Latour, Voegelin, fundamentalmente, disse: "Eles estão confundindo a Terra com o Céu – e perdendo ambos no final".

Sobrepondo-se a tudo isso, existe um desafio muito mais assustador: reverter ou pelo menos retardar os efeitos da mudança climática, a maior ameaça a nossa existência. O sucesso oferece a todos um benefício de longevidade imediato. O fracasso, como diz o ditado, não é uma opção. À medida que a Terra se aquece, nosso futuro é, na melhor das hipóteses, uma contradição – longo no curto prazo; curto no longo prazo.

Ao agirmos tão atrasados e tropeçarmos repetidas vezes, estamos ignorando uma verdade inconveniente: mesmo se alcançarmos todas as metas de redução de dióxido de carbono, nosso planeta adoecido e comprometido pode não ser capaz de fazer a parte dele. A era de Ebenezer Storer, "até aqui o Senhor nos socorreu", foi biblicamente terrível, mas as mudanças climáticas têm o potencial de fazer com que a varíola pareça, em comparação, um resfriado comum.

Um estudo recente na Universidade de Novo Brunswick, no Canadá, sugere que pessoas que vivem perto da água talvez vivam mais. Isso faz sentido. Pesquisas anteriores mostraram que as mortes por doenças cardiovasculares e respiratórias são até 12% mais baixas entre os habitantes de cidades com a sorte de viver perto de parques e de outras áreas verdes; não necessariamente água, mas alguma forma de natureza.

Pessoas que residem a uma distância de até 250 metros de um rio, lago ou oceano têm 17% menos probabilidade de falecer de várias causas comuns de morte, sobretudo acidente vascular cerebral e doenças respiratórias, conclui Dan Crouse, principal pesquisador do estudo sobre a beira d'água. Sua teoria: apenas olhar para a água e ouvir o ritmo calmante das ondas que batem na margem tem um efeito calmante que alivia o estresse que destroça a vida.

No entanto, Crouse não fez a pergunta óbvia: qual é o sentido de investir em caras propriedades à beira-mar se a subida do nível do mar significa que aqueles que vivem perigosamente próximos a ele – como o lugar onde minha esposa e eu vivemos, no litoral de Rhode Island – vão se afogar?

Depois de superar tantos desafios, nos posicionando para nos juntarmos às sequoias gigantes, tartarugas das ilhas Galápagos e baleias da Groenlândia no panteão dos organismos mais antigos da Terra, vamos realmente desperdiçar tudo ao ignorar os gemidos de um planeta em perigo?

Como se isso não bastasse, todos enfrentamos uma ameaça imediata e autoinfligida à vida, à integridade física e à longevidade. Tiroteios em massa e outras formas de violência armada – essa chaga singularmente estadunidense – estão se tornando eventos quase diários. A menos que encontremos uma maneira de limitar o acesso fácil a rifles automáticos de uso militar e carregadores de alta capacidade, todos estamos correndo um perigo claro e iminente.

GOSTEMOS OU NÃO, VIVER ATÉ OS 100 ANOS E ALÉM NÃO ESTÁ APENAS AO nosso alcance. Do ponto de vista demográfico e genético, esse é um destino que aguarda muitos de nós.

Alguns de nós atingirão idades extremas, as quais nunca pedimos, muito menos desejamos. Outros, desesperados por ganhar mais tempo, usarão suas economias de toda uma vida e furarão a fila em busca de todas as vantagens possíveis.

Estamos prestes a viver uma jornada notável, mas alguns pensamentos preocupantes inevitavelmente surgem. Quem vai cuidar de nós quando todos tivermos 100 anos? Onde encontraremos dinheiro para pagar os custos de um século inteiro? Como a vida excepcionalmente longa será para cada um de nós?

A essa altura, enfrentamos algumas decisões iminentes e transcendentais, e devemos deixar a história nos guiar.

Pense por um momento na descoberta acidental da penicilina por Alexander Fleming e nas duas décadas de inação que tragicamente se seguiram antes que a força total e a fúria de sua arma microbiológica pudessem ser liberadas para nos manter vivos. Durante 20 anos – uma geração inteira – milhões de seres humanos perfeitamente curáveis precisaram ser desnecessariamente largados em macas de hospital, com lençóis puxados sobre seus rostos, enquanto famílias enlutadas lamentavam perdas que poderiam ter sido evitadas. Olhar para trás é fácil, mas, neste caso, o futuro nos oferece uma ideia do que poderá vir a ser, e é melhor que a agarremos. A probabilidade de muitos de nós vivermos até os 100 anos está à mão. Podemos ignorar o envelhecimento extremo e deixá-lo nos surpreender, ou podemos ouvir os conselhos dos especialistas mais perspicazes do planeta nas páginas a seguir e nos posicionarmos – e as gerações futuras – para aproveitar ao máximo o tempo que estamos ganhando.

Vamos sair com um sorriso, como Chitetsu Watanabe, do Japão, que era o homem mais velho do mundo quando morreu aos 112 anos, superando meu tio igualmente afável, Andy, em quase duas vezes e meia? Seu segredo para a longevidade, ele costumava dizer, era sorrir, e sua família era sua alegria: cinco filhos, doze netos, dezesseis bisnetos e um tataraneto.

Ou vamos sair de cena com uma expressão carrancuda, como tantos de nossos idosos mais velhos, superando em muito nossos cônjuges, filhos e amigos?

Conforme avançamos em direção a um futuro que poucos de nós achavam possível, uma mistura oscilante de escuridão e claridade, desespero e esperança pode ser o melhor que nos resta desejar. A maioria de nós está destinada a viver tempo suficiente para, pelo menos, dobrar os 47 anos do meu tio, e muito mais. Por outro lado, os cientistas alertam que, daqui a 47 anos, em 2070, mais de um em cada três habitantes do planeta estará enfrentando temperaturas "quase insuportáveis", tão quentes quanto as do Saara.

Independentemente de como experimentaremos no futuro nossos anos pós-centenário, o dr. Thomas Perls, o principal estadunidense especialista em centenários, tem um alerta sombrio: estamos envelhecendo a uma velocidade sem precedentes.

Mas vamos esquecer o alarde em torno de um "*tsunami* grisalho" – essa é uma imagem negativa que implica danos e destruição. Saí de cada encontro que já tive com um centenário mais animado e inspirado, e prefiro uma frase mais positiva para caracterizar o que está por vir. Em vez de um *tsunami*, pense nisso como uma maré alta – que, se fizermos tudo certo, fará com que todos os barcos se elevem.

De qualquer forma, pode ter certeza: as primeiras ondas já estão batendo nos nossos pés.

3

O acaso no sorteio (do DNA)

As artérias do idoso certamente pediam clemência. Ou talvez não. A longevidade extrema tem suas peculiaridades. Ela pode ignorar um estilo de vida saudável e, aparentemente, recompensar maus comportamentos. Pessoas que quebram todas as regras, por vezes, escapam da retaliação.

Pode ser que nunca saibamos como ou por que o bisavô do meu amigo David Schultz viveu até pouco antes dos 106 anos, mas David tem duas memórias vívidas de seu parente: até a morte, Robert L. Bowyer levava o lixo até a calçada todos os dias e gostava de derramar gordura de *bacon*, em vez de xarope de bordo, sobre as panquecas.

Susanna Mushatt Jones, que viveu até os 116, superou-o tanto em idade quanto em dieta; todos os dias, ela comia quatro tiras de *bacon*, com ovos e angu, até a morte em 2016, no Brooklyn, em Nova York, e há muito tempo tinha uma placa na cozinha que dizia: "Bacon é vida".

Essas gloriosamente vibrantes e longas vidas provocam questões instigantes: até que ponto a genética contribui para a longevidade em comparação com os fatores que podemos controlar, como dieta, exposição ao sol e exercício? Viver até os cento e tantos anos é uma questão de sorte ou envolve dinâmicas mais metódicas e mensuráveis?

Admito que, como jornalista, tenho mais perguntas que respostas. Assim, sentei-me com um cientista respeitado e renomado que passou a maior parte da vida se esforçando para entender o que motiva os mais idosos entre nós. No decorrer de nossas muitas conversas, descobrimos, para nossa mútua satisfação, que compartilhamos uma obsessão vitalícia por Jeanne Calment.

DO NONO ANDAR DE UM IMPONENTE EDIFÍCIO DE TIJOLOS NOS ARREDORES do campus da Universidade Boston, uma das autoridades mais respeitadas do mundo em centenários e supercentenários está trabalhando para decifrar os segredos da longevidade deles.

O dr. Thomas Perls dirige o Estudo de Centenários da Nova Inglaterra, o maior do mundo dedicado a esse tema. Ele e sua equipe estudaram 2.500 centenários, incluindo cerca de 200 que atingiram ou ultrapassaram a idade de supercentenários, de 110 anos ou mais, e outros 600 "semissupercentenários" que chegaram pelo menos aos 105 anos. Estudaram também 800 descendentes de centenários, além de alguns cônjuges que não têm longevidade extrema em suas famílias e servem como uma espécie de grupo de controle. Até agora, identificaram 281 marcadores genéticos específicos que predizem uma vida extraordinariamente longa.

Magro e jovial para alguém que acaba de se tornar avô, Perls – um líder internacional no campo da gerontologia, o qual realmente se consolidou há pouco mais de um século atrás – tem um sorriso fácil, usa óculos de sol de estilo aviador e faz uso constante de *emojis* sorridentes em seus *e-mails*. No entanto, por ser cientista, fala de maneira pausada e escolhe as palavras com cuidado.

Com o número de centenários, nos Estados Unidos, aumentando rápida e amplamente, o estudo de Perls, até o momento, só aceitava candidatos que tivessem alcançado pelo menos 103 anos. "Não são pessoas acostumadas a ouvir que são jovens demais para qualquer coisa", diz ele. "O número de centenários vem, sem dúvida alguma, aumentando muito, e vai aumentar muito mais à medida que os *baby boomers* começarem a atingir esse patamar."

Agora, com uma equipe de 25 pessoas, em parceria com a Universidade da Califórnia em Los Angeles (UCLA), a Universidade do Estado da Geórgia e a Faculdade de Medicina Albert Einstein em Nova York, e com uma recente doação de 25 milhões de dólares dos Institutos Nacionais de Saúde para estudar a doença de Alzheimer em centenários, Perls tem condições de inscrever qualquer pessoa com mais de 100 anos. Contudo, é esse subconjunto de pessoas que chegaram aos 105 anos e além que mais o intriga. Elas possuem as chaves que podem abrir as portas da longevidade excepcional para o restante de nós.

"Estamos muito concentrados, ultimamente, em tentar recrutar e inscrever o maior número possível desses indivíduos mais extremos, porque os consideramos nossa *crème de la crème*", frisa Perls. "Os centenários que vivem até 100 ou 101 anos são um grupo bastante heterogêneo. Todos atrasam muito o início de deficiências, mas têm o que chamamos de *fenótipos diferentes*. São completamente distintos. Ainda assim, quando você começa a examinar as pessoas com 105 anos ou mais, elas começam a se parecer bastante. Achamos que as vias ou os mecanismos que fazem as pessoas chegarem aos 100 anos podem ser bastante diferentes. Isso se aplica, sobretudo, para aqueles que chegam a 110 anos ou mais. E, se eles estão ficando muito mais semelhantes do ponto de vista dos fenótipos, então é provável que sejam genética e biologicamente muito mais parecidos também, o que significa que menos deles são necessários para se fazer essas descobertas. Em vez de muitos milhares de pessoas que atingem os 100 anos, a chegada de, digamos, apenas alguns milhares aos 105 anos ou mais pode ser o que precisamos para fazer algumas dessas descobertas."

Ao longo de mais de três décadas dedicadas ao estudo desses seres extraordinários, todos muito mais velhos do que ele, Perls decodificou alguns de seus segredos. Na maioria das vezes, trata-se de uma questão de DNA.

Até agora, ele descobriu que cada um dos 281 marcadores genéticos associados a uma vida centenária possui três variações. Elas envolvem pelo menos 130 genes, muitos dos quais comprovadamente desempenham papéis em doenças como Alzheimer, diabetes, doenças cardíacas, pressão alta e várias formas de câncer. Ter o número suficiente desses genes para chegar aos 100 anos é como acertar todos os números da loteria, e isso é verdadeiro sobretudo no caso daqueles que, como Calment, chegam aos 110 anos ou mais – algo que apenas um em 5 milhões de nós consegue realizar.

Outros pesquisadores têm se concentrado em "genes da longevidade" específicos que parecem proteger os centenários contra doenças importantes relacionadas à idade. O dr. Nir Barzilai, que supervisiona o Projeto Genes da Longevidade na Faculdade de Medicina Albert Einstein, na cidade de Nova York, considera mais promissora a existência de um gene que reduz a produção de hormônio do crescimento humano. Barzilai observa que, em geral, os animais menores vivem mais e com mais saúde que os maiores: os cães menores, por exemplo, tendem a sobreviver mais que os maiores. Um em cada dois centenários, sua equipe descobriu, tem um gene nas vias metabólicas do hormônio do crescimento que dá uma freada na altura e no peso. Em um estudo recente, eles usaram anticorpos para bloquear o hormônio do crescimento em camundongos, e os roedores que receberam essa terapia viveram 15% mais tempo. Barzilai, cofundador de uma empresa de biotecnologia que desenvolve terapias baseadas em mitocôndrias para tratar doenças associadas ao envelhecimento, diz ao Centro para o Futuro do Envelhecimento do Instituto Milken que tem urgência: "Devemos começar a priorizar o envelhecimento e começar a desenvolver medicamentos agora... precisamos agir rápido."

Entretanto, existem outros fatores que os cientistas ainda estão tentando desvendar. Um deles é que a longevidade excepcional parece ser transmitida nas famílias. Irmãos de centenários do sexo masculino têm 17 vezes mais chances de chegar aos 100 anos; e irmãs, oito vezes mais, de acordo com um estudo do Centro Médico da Faculdade de Medicina da Universidade Boston que analisou irmãos e irmãs de centenários para ver como eles se saíam.

Quando você encontra um centenário – na verdade, qualquer ser humano de qualquer idade –, está olhando para a expressão externa de um perfil genético interno muito complexo. O que Perls e sua equipe descobriram é que, quanto mais velha uma pessoa é, mais precisos se tornam os marcadores genéticos na previsão do envelhecimento extremo. Pense na longevidade excepcional como um quebra-cabeça que está, lentamente, tomando forma na mesa de centro de sua sala de estar. À medida que envelhecemos, a peça genética fica maior.

E as coisas estão ficando ainda mais interessantes.

Por exemplo, com algumas raras exceções, os centenários têm a mesma predisposição genética que o restante de nós para desenvolver os tipos de doenças que associamos aos mais idosos – doenças cardíacas, derrames, câncer e Alzheimer. Isso está direcionando os pesquisadores para variantes genéticas ligadas à longevidade. Assim como algumas pessoas têm mais HDL, o colesterol "bom", do que LDL, o colesterol "ruim" – e as proporções dessas duas substâncias apontam para uma vida longa ou para uma morte prematura –, a ideia é que os centenários têm uma composição genética que lhes confere uma vantagem em termos de sobrevivência, na qual a existência de variantes benéficas e protetoras supera aquelas que colocariam a maioria de nós no leito de morte.

Grupos de pessoas com perfis de DNA comuns compartilham o que é chamado de assinatura genética. Nove em cada dez centenários no estudo da Nova Inglaterra têm uma entre mais de duas dezenas de assinaturas genéticas. Dentre esses indivíduos excepcionalmente idosos estão pessoas que conseguiram evitar por completo doenças cardíacas. Outros resistem à doença de Alzheimer até os últimos cinco ou dez anos de suas vidas, se é que algum dia esse mal os afeta. Eles enfrentam doenças como o restante de nós, mas não apenas não morrem; eles conseguem, de alguma forma, driblar a morte e funcionar de maneira independente durante décadas.

Isso é o que Perls quer dizer quando afirma: "Quanto mais velho você fica, mais saudável sempre foi".

Os genes, é claro, não explicam tudo. Os centenários estão envolvidos nessa contenda milenar entre a predestinação e a escolha pessoal que nos atormenta desde o início dos tempos. O que é mais determinante para uma vida de 100 anos: quem somos ao nascer ou o que fazemos com nossos corpos?

Podemos ter uma predisposição genética para viver até os 100 anos ou mais, mas existe um crescente conjunto de evidências as quais sugerem que nossas escolhas individuais em relação à dieta, aos exercícios e à exposição ao sol desempenham um papel nessa contenda.

O segredo, de acordo com os especialistas em longevidade, é não esperar muito apenas da dieta ou do exercício, uma vez que é a combinação certa de ambos que nos confere uma vantagem. Um recente estudo publicado no *British Journal of Sports Medicine* adverte contra o consumo de alimentos saudáveis, como couve, sem também gastar um pouco de tempo – mesmo que apenas dez minutos – fazendo exercícios vigorosos toda semana. Da mesma forma, os pesquisadores descobriram que abraçar um estilo de vida de "rato de academia" não significa grande coisa se consumirmos alimentos gordurosos. "Seguir tanto uma dieta de qualidade quanto um programa de exercícios físicos consistente é importante" para reduzir o risco de morte por câncer ou por doenças cardiovasculares, conclui a equipe britânica.

Perls desenvolveu uma ferramenta *on-line* projetada para levar tudo isso em consideração e nos ajudar a determinar nossas chances de chegar aos três dígitos. Sua Calculadora de Expectativa de Vida até os 100 Anos[*] foi projetada para sintetizar o que ele aprendeu ao longo de décadas estudando centenários e com outras pesquisas sobre a ex-

---

[*]. Você pode experimentá-la no site: www.livingto100.com.

pectativa de vida, e ajudar indivíduos a estimar seu potencial de longevidade. Entre as perguntas que ela faz estão: o que anda estressando você ultimamente? Você sente que tem dormido o suficiente? Quanta cafeína, álcool e tabaco você consome? Quantos dias por semana você faz exercícios? E uma série de perguntas sobre histórico médico, sobretudo esta: você tem pelo menos um parente que viveu até os 100 anos?

Eu, diligentemente, inseri minhas informações na calculadora, e ela me forneceu um resultado que não me surpreendeu, por ser neto de um centenário, mas também não era exatamente o que eu esperava: "Sua expectativa de vida calculada é de 102 anos". Para ser honesto, foi o pequeno texto na tela que realmente me surpreendeu: "Você vai viver por mais quarenta anos! Você tem dinheiro suficiente para viver tanto tempo?" Xiii! (O Capítulo 9 aborda muito mais sobre as implicações financeiras de viver até os 100 anos.)

ASSIM COMO TODOS NÓS, SOU UMA MISTURA MISTERIOSA DE ESCOLHAS DE estilo de vida e de genética, e ainda estou tentando entender como essas duas dinâmicas podem competir entre si e se complementar. Os cientistas também estão quebrando a cabeça sobre como exatamente essas dinâmicas interagem, mas acreditam que cerca de 25% da razão pela qual uma pessoa chega até os 100 anos e outra vive, digamos, até os 80 é fruto de fatores genéticos.

Claramente, qualquer DNA que eu tenha herdado da minha avó de 103 anos me coloca em vantagem em termos de longevidade. O mesmo acontece com o DNA que herdei de minha mãe, que tem 92 anos e ainda vive de forma independente na casa do bairro de Boston onde cresci. No entanto, os outros ramos da minha árvore genealógica são mais curtos. Meu pai morreu aos 67 anos e um dos meus irmãos aos 59. Já mencionei meu tio Andy, que perdemos aos 47 anos. Um dos meus avôs faleceu aos 67 anos; o outro, aos 65. É um pacote bastante variado, mas acaba se alinhando com as experiências da maioria das famílias estadunidenses: as mulheres, em geral, tendem a viver mais que os homens, e há muito mais centenárias que centenários. Homens na casa dos 60, como eu, têm probabilidade de 3,4% de chegar aos 100 anos; mulheres, uma chance de 6,5%.

Se eu *realmente* chegar aos 100 anos, qual será o maior responsável – meu DNA ou meu estilo de vida? O veredicto ainda está em aberto. Aqui está o que quero dizer. Você pode ocupar o meu lugar nesses cenários, ajustando-os para adequá-los às suas escolhas alimentares, de exercícios físicos e outras relativas à saúde.

Para começar, sou um atleta de resistência que correu dezoito maratonas e ainda mais meias-maratonas, fiz tantas corridas de cinco e dez quilômetros que não me lembro mais quantas. Mas nem sempre foi assim. Entre a minha juventude, quando fazia atletismo e corrida *cross country* no ensino médio e, mais tarde, como um calouro medíocre na Universidade Boston, e hoje, passei 15 anos fumando um maço de cigarros por dia, às vezes dois, e carregava nove quilos a mais do que carrego agora. Esse estilo de vida decididamente pouco saudável tomou conta de mim enquanto eu trabalhava mais de sessenta horas por semana como correspondente estrangeiro, e o auge de meu tabagismo e consumo de álcool coincidiu com a década em que passei pulando de avião em avião para cobrir os explosivos Bálcãs e o restante da Europa Oriental – uma parte do mundo com imensas riquezas culturais, mas indiscutivelmente autodestrutiva, onde praticamente todo mundo parece segurar um cigarro enquanto vira, goela abaixo, uma dose de aguardente de ameixa com a outra mão.

Felizmente para todos nós, o corpo humano – mesmo quando abusado – tem uma capacidade de recuperação extraordinária.

Aos 40 anos, horrorizado com o que tinha feito a mim mesmo e ciente do falecimento precoce do meu pai, aos 67 anos, voltei a correr. Quando retornamos aos Estados Unidos, virei a protot ípica máquina de correr, magra e ágil. Associei-me ao renomado Greater Boston Track Club, a mesma equipe pela qual meu ídolo de toda a vida, o grande maratonista e ex-recordista americano Bill Rodgers, competiu.

Pouco depois de completar 50 anos, algo imperceptível, mas inegável, mudou e, em questão de meses, as coisas começaram a dar errado. O treinador Tom Derderian, que não é de poupar palavras, expressou com perfeição, embora brutalmente, minha experiência. "Olha, Bill" – ele me disse à beira da pista enquanto eu, curvado, estava ofegante e tentava, com todas as forças, não vomitar depois de lutar em vão para acompanhar atletas com metade da minha idade – "você vai envelhecer, ficar mais lento e, por fim, morrer."

Uma década depois, essas palavras (menos a parte da morte – valeu, treinador, pelo discurso inspirador) mostraram-se dolorosamente proféticas. Na minha década de quarenta, eu corria todo dia, registrando até cem quilômetros por semana. Hoje em dia, em concessão à idade e à necessidade de recuperação entre os esforços, eu corro a cada dois dias e raramente ultrapasso trinta quilômetros em uma semana. Não se engane: estou deliciosamente feliz por ainda ser capaz de amarrar meus tênis de corrida e participar do maravilhoso balé de movimento humano que produz endorfinas. Não importa que eu, antes uma lebre, tenha pulado a fase da tartaruga e ido direto para o ritmo de um caracol. "Cuidado para não escorregar em minha trilha de muco", aviso aos colegas corredores. Eles riem, mas estou falando sério.

O roqueiro Bruce Springsteen sabe como me sinto. No palco, durante sua primeira grande turnê em seis anos, o Boss disse aos fãs em Tampa, Flórida: "Aos 15 anos, tudo é amanhã. Aos 73, tudo é ontem. Por isso, você precisa aproveitar ao máximo o agora".

A idade pode se manifestar muito antes. Basta perguntar a Kieran Culkin, astro de *Succession*, da HBO, que conta à revista *Esquire* sobre fazer 40 anos: "Tudo mudou. Cortei o dedo levemente; nove dias mais tarde, por que eu ainda tenho um corte no dedo? Agora tudo é muito lento mesmo".

No entanto, a decrepitude não acontece com todos. Mike Fremont, um corredor vegano de 101 anos de Vero Beach, na Flórida, faz flexões todos os dias e corre oito quilômetros várias vezes por semana; basicamente, a mesma quilometragem que venho fazendo, e tenho quatro décadas a menos que ele. "Acredite ou não, estes são os melhores anos da minha vida", Mike diz ao autor *fitness* e *podcaster* Rich Roll. O engenheiro civil aposentado e ativista climático estabeleceu o recorde estadunidense para dois quilômetros na faixa etária de 95 a 99 anos quando tinha "apenas" 96 anos. E ele não está sozinho. Aos 105 anos, a corredora da Louisiana Julia "Furacão" Hawkins estabeleceu um novo recorde mundial na categoria de 105 anos ou mais para os 100 metros rasos, marcando 1 minuto e 2 segundos.

Em meio a tudo isso, duas perguntas me assombram: o exercício absolverá meus pecados anteriores? E em que medida a maneira como sou geneticamente predisposto vai me ajudar, se é que vai?

Questões relacionadas à dieta e à nutrição são ainda mais obscuras. Apesar de sua própria vitalidade e longevidade como filha de um centenário, os níveis de colesterol da minha mãe sempre foram altos – elevados o suficiente para que, por anos, ela tomasse medicamentos para reduzi-los. Meus próprios níveis, baixos por um tempo abençoadamente longo, subiram para a casa dos 200, embora as proporções entre o colesterol bom e o ruim sempre tenham sido favoráveis. Recentemente, graças ao exercício e às virtudes de uma dieta quase pesco--vegetariana, com muito peixe e pouca carne vermelha, meu colesterol total voltou a ficar abaixo de 200. E, mesmo que eu não treine nem participe mais de maratonas de competição, minha pulsação de repouso fica em torno de 50 batimentos por minuto (tradicionalmente, 72 bpm é a média, embora os médicos digam que a faixa saudável pode variar entre 60 e 100 bpm, dependendo da idade e de outros fatores). Da mesma forma, minha mãe, que não se exercita mais, ainda está desfrutando dos benefícios acumulados de uma vida de aulas de ginástica na academia local e quilômetros suficientes andando pelo bairro ou na esteira ergométrica de casa para rivalizar com todas as minhas maratonas.

E daí? Isso faz alguma diferença? Fundamentalmente, o que é mais importante: a boa forma física que trabalhamos tanto para alcançar e manter ou a forma como somos geneticamente predispostos? Nossos melhores esforços podem superar nossos piores destinos genéticos? A longevidade extrema é um jogo de soma zero, uma escala deslizante ou algo intermediário? Quando devoro um suculento hambúrguer com *bacon* e batatas fritas, posso apelar para a "carta da vovó"?

Os cientistas ainda estão descobrindo as respostas, mas, após décadas de pesquisas extensas com os mais velhos entre nós, Perls determinou que os centenários tendem a se enquadrar em uma de três categorias: sobreviventes, retardadores e escapistas.

Quarenta por cento de todos os centenários, diz ele, convivem por mais de 20 anos com doenças relacionadas à idade – sobretudo doenças cardíacas e câncer – que costumam estar associadas a uma mortalidade significativa. Esses são os sobreviventes. Outros 45% lidam com essas doenças após os 80 anos. São os retardadores. Em seguida, há os 15% que não têm nenhuma dessas doenças ao completar 100 anos. São os escapistas. É um termo relativo, é claro: quando se trata da morte, podemos correr, mas não temos onde nos esconder, e ninguém sai vivo desta vida.

Todavia, se não podemos viver para sempre, qual é o limite máximo da existência humana? Como abordamos no capítulo anterior, pesquisas intrigantes sugerem que pode ser tão alto quanto 150 anos. Especialistas reconhecidos no tema do envelhecimento ainda não concluíram se existe um limite absoluto. Contudo, estudos acadêmicos que sugerem não existir – incluindo um na Itália que revelou que as chances de morrermos deixam de aumentar após atingirmos 105 anos – contêm um forte argumento a favor daquilo que os gerontólogos chamam de "patamar de mortalidade". Tradução: viva o suficiente e todas as apostas estão canceladas.

Perls também acredita nisso, embora ele pense que não é possível chegarmos até os 150 anos: "Fantasiamos sobre ganhar na loteria. Fantasiamos sobre viver até os 150 ou 200 anos. Mas isso é o que é. Fantasia. Não existe uma base científica sólida para isso".

Em uma de nossas conversas, ele me disse: "Para mim, os centenários saudáveis, cognitivamente intactos, sem sinais de Alzheimer, são praticamente imortais".

Em uma entrevista em seu pequeno escritório na Universidade Boston, adornado com diplomas emoldurados e prêmios, ele afirma: "Em termos de estrutura genética, somos todos muito, muito semelhantes".

Recapitulando mais de três décadas de pesquisa sobre as complexidades do genoma centenário, Perls observa que seu próprio trabalho e o de outros colegas mostram que praticamente todos nós não apenas compartilhamos os mesmos genes, mas também as mesmas variações exatas. Isso não quer dizer, é claro, que somos cópias exatas uns dos outros: uma pequena proporção de nossos genes inclui variações que nos diferenciam – não apenas na forma como parecemos e agimos, mas em como interagimos com nosso ambiente e, o mais importante, em como envelhecemos. Não há nada de especial – Perls caracteriza esse quadro como "uma estrutura mediana" –, mas, à medida que a humanidade avança pela década de 2020, ele afirma que ela é suficientemente boa para nos levar aos 90, ou a chegar quase lá.

Aqueles entre nós que chegam aos 90 podem agradecer, sobretudo, aos nossos comportamentos. Na década de 1980 e no início da década de 1990, cientistas escandinavos demonstraram que 70% a 75% das chances de vivermos até essa idade estavam firmemente enraizadas em um estilo de vida saudável. Nos Estados Unidos, um estudo marcante da denominação religiosa Adventistas do Sétimo Dia produziu resultados semelhantes. Os membros dessa religião não fumam, não bebem álcool, consomem refeições nutritivas, exercitam-se regularmente e levam a sério a advertência bíblica sobre um dia de descanso por semana, o que os ajuda a gerenciar o estresse. Sua expectativa de vida média? Quase uma década a mais que a média estadunidense: 86 anos para homens, 89 para mulheres. Essa vida extra perpassa raça, etnia, geografia e *status* socioeconômico. Um estudo de 2015 do Pew Research Center demonstrou que os adventistas do sétimo dia estão entre os grupos religiosos mais racial e etnicamente diversos dos Estados Unidos.

"A abordagem deles aumenta bastante o tamanho do desafio", assinala Perls. "Basicamente, eles nos dizem que as pessoas podem viver 30 anos além dos 60 anos, em média, o que é um tempo considerável". É intrigante que apenas uma das chamadas zonas azuis do mundo, onde as pessoas supostamente vivem mais, esteja nos Estados Unidos, especificamente Loma Linda, na Califórnia, uma base dos adventistas do sétimo dia. (O Capítulo 10 mostra mais sobre o que realmente acontece e o que não acontece nas zonas azuis.)

Invariavelmente, quando se trata de dieta, não podemos deixar de questionar se sacrifícios e autocontrole valem a pena. O escritor Tom Ellison expressa essa tensão perfeitamente em um hilariante artigo satírico para o *McSweeney's Internet Tendency* intitulado: "Otimizei minha saúde para tornar minha vida o mais longa e desagradável possível".

"Não como bolo desde o meu sexto aniversário. Meu estilo de vida prevê que vou viver pelo menos 120 anos ótimos e sem bolo", resmunga ele.

Essa é a parte comportamental; as coisas que podemos controlar. O comportamento certamente aumenta nossas chances de chegar aos 90. O que acontece a partir daí fica cada vez mais dependente da genética.

Não inteiramente, no entanto. Se você tiver a sorte de viver 90 e tantos anos e chegar aos 100, e tiver um irmão ou uma irmã, esse irmão também terá maior probabilidade de atingir uma idade extrema. Pesquisadores notaram isso há muito tempo e se concentraram nesse componente familiar. Familiar, no entanto, não é o mesmo que genético. Perls esclarece: "Membros da mesma família têm, em comum, características relacionadas à saúde e ao comportamento. Por exemplo, fumar é um fator comum em certas famílias. Assim como *status* socioeconômico, anos de estudos, acesso a melhores cuidados de saúde. Essas coisas também podem ser fatores comuns em uma família". Um estudo espanhol revelou que os filhos de centenários têm vantagens genéticas. Os filhos de pessoas com 100 anos ou mais têm um perfil genético diferenciado que pode ajudar a explicar por que eles são comparativamente menos frágeis que os filhos de não centenários.

Cientistas descobriram que envelhecer mais lentamente – algo que acaba se resumindo a evitar doenças associadas ao envelhecimento – é bastante complexo quando se trata das vias metabólicas precisas envolvidas. Você se lembra daqueles 281 marcadores genéticos que Perls e sua equipe identificaram? Agora ele suspeita que até quinhentas diferentes variantes genéticas protetoras podem desempenhar papéis sutis ou mais pronunciados na proteção dos centenários contra o pior que o mundo pode lançar sobre eles, efetivamente retardando o envelhecimento e diminuindo seu risco de adoecer.

"Essa é uma das facetas realmente emocionantes do nosso trabalho", diz Perls. "Se você conseguir encontrar coisas que protegem e depois entender as vias biológicas subjacentes que causam essa proteção – se conseguir desenvolver medicamentos que funcionem da mesma maneira que esses genes – pode estar fazendo um grande progresso em questões como o envelhecimento mais lento e a redução do risco de certas doenças a ele relacionadas."

A maioria desses medicamentos demorará anos, se não décadas, para ser desenvolvida, aprovada por reguladores e disponibilizada em larga escala. Enquanto isso, o que e quanto comemos e como tratamos nosso corpo são fatores-chave para determinar nossas chances individuais de viver até os 100 anos ou mais – e chegar lá em relativamente boa saúde.

Perls e sua equipe descobriram que a dieta e o exercício representam 75% do que nos leva até os 90, mas, para aqueles que vivem substancialmente mais, a proporção se inverte. Apenas uma em cada 5 milhões de pessoas chega aos 110 anos, alcançando o *status* de supercentenário; para esses raros humanos, 75% desse resultado provém da genética, não de uma vida saudável e de uma consciência limpa.

"De fato, trata-se de conseguir a combinação certa. Isso é muito, muito raro. Muito menos raro se acontecer na sua família, porque a genética está presente na família", explana Perls.

Mencionei antes, para minha vergonha eterna, que sou ex-fumante. Será que as mudanças que fiz desde que larguei o cigarro – exercícios físicos vigorosos e regulares e uma dieta bastante saudável – podem ser capazes de compensar minha incrível estupidez e dar aos genes centenários, que presumo carregar, uma boa chance de me salvar de mim mesmo? É óbvio, não há garantias, mas imagine meu alívio quando Perls me diz que sim. Até algumas pessoas com os genes para chegar aos 100 que comprometeram essa longevidade embutida ao se envolverem em comportamentos terrivelmente destrutivos, como o tabagismo, podem, em essência, salvar sua herança se pararem de fumar aos 45 anos. Não se iluda: é muito melhor nunca acender um cigarro; mas, se você for como eu e tiver ignorado a ciência, a sociedade e sua mãe, ainda existe esperança – desde que mude de rumo agora, antes que seja tarde demais.

Perls, aliás, não está otimista de que faremos muitos mais avanços significativos para melhorar a saúde de nosso coração e de nossos pulmões. Os grandes declínios que vimos ao longo do último meio século com a diminuição do tabagismo, acredita ele, nos deixam pouco espaço para reduções substanciais nas doenças cardíacas. Mas e o câncer? Essa é uma outra história, e é uma peça fundamental do quebra-cabeça da superlongevidade.

A SIMPLES PALAVRA é capaz de NOS ASSUSTAR. A "PALAVRA QUE COMEÇA com c", como nos referimos a ela, relutantes em articular, em toda a plenitude, a impressionante capacidade do corpo humano de se voltar contra si mesmo, às vezes de forma fatal, sem qualquer aviso prévio.

Contudo, o câncer, uma das principais causas de morte, também faz parte da vida. Mais de 18 milhões de pessoas em todo o mundo conviviam com câncer em 2020, de acordo com o Fundo Mundial para a Pesquisa do Câncer, sendo na maioria dos casos de mama, do pulmão e colorretal.

Felizmente, todos nós estamos nos beneficiando da biópsia líquida, uma tecnologia recente que examina fragmentos de DNA produzidos por células cancerígenas e liberados na corrente sanguínea. Esses fragmentos se diferenciam daqueles produzidos por células normais saudáveis, e focá-los está ajudando os médicos a detectar o câncer muito mais cedo do que antes, pela simples retirada de uma amostra de sangue. As consequências para a vida e a longevidade são enormes: um diagnóstico de câncer de pâncreas, por exemplo, muitas vezes equivale a uma sentença de morte, mas, até recentemente, isso se devia principalmente ao atraso na detecção. A biópsia líquida – em essência, analisar o sangue em busca das marcas registradas do câncer – pode dar aos médicos uma vantagem precoce, aumentando bastante as chances de sobrevivência de um paciente.

E os tratamentos personalizados que surgiram desse trabalho se tornaram tão comuns e eficazes que os médicos de atenção primária estão assumindo cada vez mais o acompanhamento de cânceres, o qual era realizado por oncologistas. Em muitos casos, os especialistas em câncer não precisam se envolver novamente, a menos que o marcador tumoral mapeado e exclusivo do paciente reapareça ou evolua. "Nos casos de cânceres que costumam ser detectados em estágio avançado, como os de pulmão, pâncreas e ovário, [marcadores de câncer] poderiam detectar uma malignidade terminal típica em um estágio precoce, mais tratável, até mesmo curável", diz Nithya Krishnamurthy, a pesquisadora principal de um estudo publicado no *Journal of Clinical Medicine*.

Não que aqueles de nós destinados a se tornarem centenários necessariamente precisem de ajuda. A maioria daqueles que chega aos 100 anos já possui uma resistência significativa ao câncer. No entanto, avanços, como a biópsia líquida, ajudarão potenciais centenários a superar um encontro com o câncer mais cedo e a realizar sua expectativa de vida potencial. Da mesma forma, a imunoterapia, que trata tumores ao estimular nossas células T assassinas de câncer – um tipo de glóbulo branco que faz parte do sistema imunológico – a trabalhar um pouco mais e de forma mais eficaz, e também novas vacinas, como a do papilomavírus humano, levaram a uma queda impressionante de 65%, de 2012 a 2019, na incidência de câncer de colo de útero entre mulheres na casa dos 20 e poucos anos – o primeiro grupo a se beneficiar da vacina contra o HPV.

Tais avanços figuram com destaque nas surpreendentes projeções do Centro de Longevidade de Stanford: viver até os 100 anos, um marco antes inatingível, será a norma para os recém-nascidos até 2050.

Sondando o futuro, os pesquisadores de Stanford assumem um tom que beira a euforia.

"As crianças de cinco anos de hoje serão beneficiadas por uma incrível variedade de avanços médicos e de tecnologias emergentes que tornarão sua experiência de envelhecimento muito diferente da dos adultos mais idosos de hoje", projetam eles. "Conforme envelhecem, esses futuros centenários poderão usar tecnologias, que funcionam como uma 'pele inteligente' para monitorar o coração, o cérebro e a função muscular, para alertarem em caso de atividades ou doenças anormais. Esses dispositivos eletrônicos biointegrados, mais finos que um fio de cabelo humano e tão flexíveis quanto a pele, poderão substituir as tecnologias vestíveis de hoje (relógios inteligentes, Fitbits, entre outros) e ser capazes de impedir um ataque de epilepsia, redefinir um batimento cardíaco irregular ou enviar dados biométricos para que um médico analise e avalie a necessidade de uma intervenção precoce. Ataques cardíacos e derrames poderão ser diagnosticados remotamente em seus instantes iniciais, reduzindo a possibilidade de morte e danos graves a órgãos. No futuro, os adultos mais velhos poderão se manter em movimento por mais tempo do que podem hoje, com a ajuda de exoesqueletos finos e vestíveis, os quais lhes permitirão andar e correr com força aprimorada, da mesma maneira que os usuários de bicicleta elétrica sobem colinas sem ficarem ofegantes."

A marcha até os 100 anos já é muito visível em Hong Kong, que tem a segunda maior expectativa de vida média do mundo – 85,83 anos em 2023 –, ficando atrás apenas de Mônaco, com 87,01 anos. Contra todas as probabilidades, a expectativa de vida lá aumentou desde o início da pandemia do coronavírus, embora pouco. As tabelas de expectativa de vida de Hong Kong indicam que uma em cada cinco mulheres e um em cada dez homens deverá chegar aos 100 anos. Não coincidentemente, o tabagismo é raro nesse lugar, graças à publicidade ostensiva sobre seus danos, aos altos impostos sobre o tabaco e às regras rigorosas que proíbem seu consumo em lugares públicos, mesmo ao ar livre.

Comparando Hong Kong aos Estados Unidos, Perls não pode deixar de suspirar. Em uma importante classificação global da expectativa de vida, organizada pelo Banco Mundial e pela Organização Mundial da Saúde, os Estados Unidos ocupam o 46º lugar; em outra, o 56º. Adeus, excepcionalismo estadunidense.*

"Uma das razões pelas quais temos uma classificação tão ruim no que se refere à expectativa de vida média nos Estados Unidos é que existe uma parcela substancial de nossa população que cuida muito mal de si mesma. Isso simplesmente arrasta a média para baixo", la-

---

*. Crença de que os Estados Unidos têm um *status*, papel e caráter excepcionais, qualidades que distinguem o país de outras nações. (N.T.)

menta ele. "Sessenta por cento de nossa população está com excesso de peso. Temos pessoas demais que ainda fumam. Temos pessoas demais comendo coisas horríveis."

Nos últimos anos, algumas dessas tendências de saúde nocivas surgiram até no Japão, que produz, por tradição, números altos de supercentenários. Os gerontólogos apontam a ocidentalização do Japão, sobretudo entre os homens. Eles adotaram dietas ocidentais, há muito mais tabagismo, a pressão alta é comum e o equilíbrio entre trabalho e vida pessoal se deteriorou, ao mesmo tempo que os níveis de estresse dispararam. Os homens japoneses agora têm, aproximadamente, a mesma probabilidade que seus homólogos estadunidenses de viver até os 100 anos. As mulheres japonesas se saem melhor; uma em cada sete se torna centenária.

Tudo isso alimenta uma teoria intrigante, embora um tanto controversa, na mente de Perls: "Acho que, quando a poeira baixar, vamos descobrir que os asiáticos têm, de alguma forma, uma predisposição genética um pouco maior para chegar aos 100 anos".

Ouça-o: "Eles tendem a ser baixos e magros, e pode haver alguns fatores hormonais e genéticos associados a essas características que são bastante propícias para se chegar a uma idade muito mais avançada. Não acredito que vá ser simples. Mas, por exemplo, sabemos que o hormônio do crescimento está associado à mortalidade precoce. Coisas como doenças cardíacas, derrames, câncer e diabetes estão associadas a níveis elevados de hormônio do crescimento. Se você for mais baixo, é bem provável que tenha níveis mais baixos de hormônio do crescimento ao longo da vida e, certamente, níveis mais baixos quando for mais velho. Isso pode ajudar a chegar a uma idade mais avançada. É uma possibilidade extremamente simplista, e há muitos outros aspectos".

Para investigar essa questão a fundo, o Estudo de Centenários da Nova Inglaterra tem, cada vez mais, procurado uma população de centenários tão racial e etnicamente diversificada quanto possível.

Associados da Universidade do Estado da Geórgia foram contratados por um dos estudos de Perls para recrutar e inscrever negros. Outros parceiros da UCLA têm contratos para trabalhar com latinos. E, no Hospital Mount Sinai, em Nova York, um associado está recrutando e inscrevendo centenários que falam cantonês e mandarim, assim como seus irmãos. Ao descobrir variantes genéticas e vias biológicas que atravessam linhas étnicas e culturais, Perls afirma que sua equipe pode entender melhor o que é mais importante para que todos os humanos vivam com saúde pelo máximo de tempo possível e também ficar atenta para qualquer predisposição especial que uma raça ou etnia possa ter em relação a outra em termos de envelhecimento extremo. No final das contas, diz ele, o que for aprendido poderá levar a uma medicina mais precisa que nos manterá vivos não apenas por mais tempo, mas em melhor forma.

Retira-se uma amostra de sangue e elabora-se um perfil genético abrangente de cada centenário. O histórico médico e os hábitos alimentares são registrados com cuidado. Eles também passam por uma avaliação cognitiva completa para detectar a presença ou o início de demência ou Alzheimer, bem como realizam exames de neuroimagem por ressonância magnética do cérebro, que é examinado para verificar se sua massa cinzenta tem aparência normal e saudável ou se começa a mostrar marcadores característicos de Alzheimer ou de outras doenças neurodegenerativas. Cônjuges e irmãos, se ainda estiverem vivos, passam pelo mesmo processo. Em intervalos regulares, coleta-se mais sangue. Se você está começando a pensar que os gerontólogos são como vampiros da medicina, você não está errado. No entanto, existe uma razão para isso: nosso sangue é, em muitos aspectos, um mapa do que somos.

A equipe de Perls extrai muito de uma pequena amostra de sangue de um centenário. Ela faz aquilo que é conhecido como genômica, ou seja, analisa o conjunto completo de DNA da pessoa, além de sequenciar todas as regiões de codificação de proteínas de seu genoma. Faz transcriptômica, que envolve estudos de expressão gênica – basicamente, observa o que ativa um gene específico para fazê-lo produzir moléculas de RNA, algo presente em todas as células vivas. Faz metabolômica, ao focar alguns milhares de metabólitos diferentes, substâncias produzidas ou usadas quando o corpo metaboliza moléculas de alimentos, drogas ou produtos químicos, ou o próprio tecido. Faz proteômica, por meio da análise de cerca de 7 mil proteínas diferentes. E faz metilômica, ao examinar a presença ou ausência de substâncias chamadas grupos metil, que se instalam em nosso DNA e o ligam ou desligam. É uma maneira diferente de observar a expressão gênica. Steve Horvath, pesquisador da UCLA, ficou famoso por usar a presença desses grupos metil para criar "relógios biológicos" – maneiras de medir a idade de uma pessoa não em anos, mas por meio de uma avaliação biológica de quanto ela envelheceu.

Mais recentemente, os pesquisadores andam examinando em detalhes as fezes dos centenários.

Sempre atentos ao papel crucial que nossos genes desempenham para nos conduzir a uma idade extrema, os pesquisadores de Boston, periodicamente, coletam amostras de fezes de centenários. Eles analisam o microbioma interno – essa mistura de bactérias, fungos, vírus e seus genes, que naturalmente convivem em nossos corpos e dentro de nós – em busca de populações bacterianas específicas que podem ajudar no processo de superenvelhecimento. Os cientistas dizem que o microbioma em nosso intestino produz substâncias que passam para nossa corrente sanguínea e podem influenciar drasticamente nossas chances de desenvolver Alzheimer e outras doenças relacionadas ao envelhecimento. Na verdade, pesquisas recentes na China sugerem que o microbioma pode funcionar como um sistema antioxidante nos centenários. Por essas razões, Perls anuncia: "Estamos envidando grandes esforços para obter amostras de fezes de quase todos os nossos sujeitos de pesquisa".

Por fim, os centenários, em seu estudo, continuam sendo examinados mesmo após falecerem, pois somente então alguns deles revelam seus maiores segredos.

Quando um centenário morre, um especialista é enviado à funerária para remover o cérebro dele – algo com o qual todos concordaram ao entrar no estudo – e o envia congelado ao laboratório de neuropatologia da UCLA. Lá, ele é imediatamente processado: metade é congelada instantaneamente usando nitrogênio líquido (não muito diferente dos peitos de frango, frutas, filés de peixe e pãezinhos congelados que compramos no supermercado), e a outra metade é preservada em formaldeído.

"Da parte congelada, podemos retirar pedaços de diferentes áreas do cérebro e enviá-los para nossos colegas, no Centro Médico Beth Israel Deaconess, aqui em Boston, por exemplo, onde eles analisam a expressão de genes em áreas muito específicas", diz Perls. "Isso é importante para entendermos os mecanismos em jogo que podem nos ajudar a nos defender contra o Alzheimer, ou a causar aquilo que chamamos de *resiliência*, condição na qual é possível encontrar indivíduos com placas e emaranhados aparentes em seus cérebros. Antes de os pesquisadores morrerem, fizemos testes neurocognitivos e seus cérebros estavam intactos. Como eles conseguiram essa façanha?"

No campo da gerontologia, a resiliência é um fator muito importante, embora esteja longe de ser completamente compreendida, quanto mais replicada em forma de uma pílula. O que provoca o maior interesse no momento é que há centenários que morrem com mentes afiadas, mostrando pouco ou nenhum sinal de declínio cognitivo quando vivos – e, ainda assim, seus cérebros, examinados após a morte, revelam as mesmas placas e emaranhados característicos das pessoas com Alzheimer em estágio avançado. Como eles conseguiram escapar do Alzheimer relativamente incólumes é um mistério que os cientistas ainda se esforçam para desvendar.

A inflamação é outra área que os pesquisadores estão focando, simplesmente porque ela desempenha um papel central no envelhecimento. Cientistas do Instituto Buck de Pesquisa sobre o Envelhecimento da Califórnia e da Universidade de Stanford – usando uma ferramenta desenvolvida para medir a inflamação crônica, relacionada à idade, no corpo humano – acompanharam as "idades inflamatórias" de mais de trinta centenários italianos com as de pessoas de 50 a 79 anos. Eles tinham idades inflamatórias, em média, quarenta anos mais baixas que suas idades-calendário.

"Temos um dado discrepante: um homem supersaudável de 105 anos que tem o sistema imunológico de um homem de 25 anos", expõe David Furman, professor associado do Instituto Buck. Isso é importante, segundo Furman, porque a inflamação desencadeia a senescência celular – perda da capacidade de uma célula, de outra maneira saudável, de se dividir e crescer, o que constitui uma característica crucial do envelhecimento e, em última análise, da morte. "A inflamação acontece lentamente e se acumula ao longo do tempo", afirma ele. Ela também mantém vivas células cancerígenas renegadas e não saudáveis: "As células cancerígenas não podem viver sem inflamação. Você as alimenta com inflamação, elas crescem e se espalham."

Se algum dia conseguirmos proporcionar vidas muito mais longas, será porque desvendamos os segredos da senescência celular.

No filme Sr. Ninguém, de 2009, o personagem principal interpretado por Jared Leto – Nemo Ninguém, um homem de 118 anos, o último mortal na Terra depois que a raça humana alcançou uma espécie de imortalidade – lastima os anos que ele sente ter desperdiçado. "Na minha idade, as velas custam mais que o bolo", lamenta. "Não tenho medo de morrer. Tenho medo de não ter vivido o suficiente."

A idade de 150 anos segue aparecendo, não apenas na cultura popular, mas nos extremos de alguns ramos da gerontologia. Tornou-se uma tendência abraçar as possibilidades fascinantes de uma vida com um século e meio de duração, mas não vá falar disso com Tom Perls – ele já tem muita dificuldade para imaginar como alguém superará os 122 anos e 164 dias de Jeanne Calment. Já é bastante difícil chegar aos 105 ou 110 anos, afirma o homem que passou tempo na companhia de Sarah Knauss, que tinha 119 anos e 97 dias quando morreu em 1999, e ela continua sendo a estadunidense mais velha que já viveu. Talvez, apenas talvez, Perls acrescenta, alguém viverá um pouco mais que Calment.

"Muito além disso, eu simplesmente não acredito. Acho que 150 é provavelmente inatingível. Isso é muito além do normal. Nossos corpos só podem ir até certo ponto", diz ele. Perls tem uma visão decididamente sombria do autor britânico e gerontólogo biomédico Aubrey de Grey, que promove a ideia de que alguém, um dia, por acaso, viverá até os mil anos, simplesmente se beneficiando dos avanços tecnológicos contínuos ao longo do tempo.

"Um dos problemas – um dos desafios, se preferir – é a incrível complexidade do envelhecimento e de todas as diferentes coisas que contribuem para esse processo", observa ele. "Você pode ser capaz de tratar um determinado aspecto, mas sua capacidade de afetar os outros trezentos é muito pequena. Há também o grande problema de que, quando você mexe com um aspecto, pode causar um problema em outro. O grande elefante na sala é o câncer. Existe uma conexão muito, muito forte entre o envelhecimento e o câncer. E as coisas que podem ser boas para retardar o envelhecimento podem ser muito boas para aumentar o risco de câncer. É uma relação difícil de mudar."

Na verdade, tudo isso envolve um equilíbrio delicado. Conheci Perls em maio de 2020. A pandemia de coronavírus estava em pleno furor, grande parte do mundo estava em quarentena e eu tinha entrado em contato para perguntar como os centenários estavam enfrentando a covid-19. Não muito bem, como se viu – as famílias estavam perdendo os ramos mais antigos de suas árvores genealógicas. Pessoas que sobreviveram a guerras mundiais, à poliomielite, à Grande Depressão e ao Holocausto não estavam vencendo a covid-19. Havia exceções, poupadas por sua resistência e boa sorte genética. Globalmente, porém, o flagelo ceifou centenas de centenários; para Perls, cada perda diminuía o planeta. "Para as famílias, eles são o orgulho e a alegria, a âncora, o elo com a história da família. Eles são muito importantes", lamentou na época. "Realmente consideramos cada um deles um tesouro histórico vivo."

Enquanto isso, parece que, em todo lugar para o qual olhamos, alguém está alcançando uma idade notável com corpo e mente intactos. Veja o caso de Gladys Knight.

Não, não a *cantora* Gladys Knight. Uma faxineira aposentada no sudeste da Inglaterra, que não tem Pips,* muito menos sete prêmios Grammy. Ela tem 107 anos e ainda é brilhante e animada; quando jovem, adorava dançar; e, metaforicamente falando, ainda está pegando o "Trem da meia-noite para a Georgia"** de sua xará estadunidense.

Para outros que alcançaram ou ultrapassaram os 106 anos, a jornada foi mais assustadora. Um exemplo poderoso é Viola Fletcher, uma afro-estadunidense de 108 anos, sobrevivente do Massacre Racial de Tulsa em 1921, quando uma multidão de agressores brancos saqueou e incendiou mais de 1.200 casas e empresas de propriedade de negros, matando cerca de 300 pessoas e arrasando um distrito tão próspero e inovador que era conhecido como o Wall Street Negro. No centenário dessas atrocidades, cujo impacto ainda ressoa na sociedade hoje, Fletcher relatou comovida, perante o Congresso, como ainda consegue sentir o cheiro de queimado e ouvir os gritos.

Outra sobrevivente negra dos horrores de Tulsa, Lessie Randle, de 107 anos, contou aos legisladores federais o que ela havia enfrentado:

---

*. Nota da Editora: "Pips" refere-se à banda da artista Gladys Knight, chamada "Gladys Knight & The Pips".

**. Nota da Editora: Referência à música *Midnight Train to Georgia*, da banda Gladys Knight & The Pips.

"Graças a Deus, ainda estou aqui. Sobrevivi para contar essa história. Acredito que a razão pela qual continuo viva é para compartilhá-la com vocês".

Ambas chegaram a idades incrivelmente avançadas, ainda que contra todas as probabilidades. Como veremos no próximo capítulo, os centenários – pelo menos nos Estados Unidos – são predominantemente brancos.

É uma desigualdade assombrosa, que deveria preocupar a todos nós.

4

A insuportável brancura de ser um centenário

A pouca distância da minha casa, nos arredores de Providence, existe uma requintada comunidade de aposentados, a qual oferece apartamentos personalizados, incluindo coberturas espaçosas, para idosos abastados. "Um modelo exclusivo de vida sênior elegante", prometem suas brochuras brilhantes, e eles não estão brincando. Pinturas a óleo de bom gosto adornam as paredes; existem quatro ambientes para refeições, incluindo um pátio ao ar livre; as atividades incluem degustação de vinhos Riesling, Pinot Noir e de outras vindimas; e os residentes podem se dar ao luxo de fazer massagens e tratamentos faciais no *spa* de bem-estar.

A Laurelmead Cooperative atraiu atenção alguns anos atrás, quando, para surpresa geral, descobriu-se que seis dos seus mais de duzentos residentes eram centenários – um aglomerado anormalmente grande de pessoas com idades de três dígitos vivendo sob o mesmo teto. A mais jovem tinha 100 anos. A mais velha, uma ex-campeã de esqui em sua Suíça natal, tinha 104.

Os seis centenários eram brancos.

É verdade que isso pode não ser muito surpreendente em um lugar privilegiado que praticamente grita: "*Com licença, você serve Grey Poupon?*"* No entanto, os dados do Censo dos Estados Unidos refletem a mesma realidade: o reino do superenvelhecimento, pelo menos naquele país, é predominantemente branco. Na verdade, apenas um em cada dez centenários estadunidenses é uma pessoa com cor de pele diferente.

Se isso não incomoda você, deveria. Os estadunidenses negros e pardos estão em nítida desvantagem quando se trata de longevidade. Pense nisso. A vida é, em essência, amor e experiência vivida; essas coisas exigem tempo. As pessoas brancas têm mais tempo.

EM 2021, A EXPECTATIVA DE VIDA MÉDIA DOS NEGROS NOS ESTADOS Unidos era de 70,8 anos. Em contraste, os estadunidenses brancos poderiam esperar viver até os 76,4 anos. Quase seis anos de existência separavam as raças. É muita vida. Pense nas crianças de seis anos que você conhece – elas aprendem a ler, escrever e nadar; concluem o primeiro ano escolar; e podem estar se preparando para receber a primeira comunhão. É uma diferença impensável na longevidade entre as raças e uma desigualdade flagrante que precisamos abordar.

Os especialistas em demografia e injustiça racial afirmam que esse fenômeno é uma consequência do que é conhecido como "teoria do desgaste" – a ideia de que a saúde dos afro-estadunidenses começa a se deteriorar no início da idade adulta como consequência física das desvantagens socioeconômicas que se acumulam e cobram um preço. Isso já é evidente no início da vida, quando as mães negras – mesmo as ricas – têm o dobro de chances de morrer de complicações durante o parto. Os cientistas acreditam que esse é um fator que impede que um número desproporcional de idosos negros e pardos alcance ou ultrapasse os 100 anos.

---

*. Tipo de mostarda francesa sofisticada e cara. (N.T.)

Arline Geronimus, pesquisadora de saúde pública e população da Universidade de Michigan, que cunhou o termo "desgaste", fez um trabalho pioneiro sobre os efeitos da pobreza e do racismo estrutural na saúde e na longevidade. As mulheres negras em particular, diz Geronimus, envelhecem mais rápido e desenvolvem doenças crônicas, como pressão alta, mais cedo, simplesmente por causa do estresse de viver em uma sociedade que as discrimina.

Geronimus começou a procurar entender melhor as diferenças raciais no envelhecimento quando trabalhava meio expediente em uma escola para adolescentes negras, grávidas, em Trenton, Nova Jersey, e estudava na Universidade Princeton. Ela notou que essas estudantes pareciam sofrer de doenças crônicas que suas colegas na universidade de elite, brancas e muito mais ricas, raramente precisavam enfrentar. Isso a levou a refletir sobre os efeitos erosivos da pobreza incontornável, do racismo e do estresse, e sobre o preço cumulativo que eles podem cobrar dos corpos negros e pardos.

Viver em uma sociedade racista – como Geronimus revelou em décadas de pesquisa exaustiva – compromete os corpos das pessoas negras até no nível celular. Em última análise, isso leva a resultados de saúde inferiores e a uma vida mais curta. "Envelhecimento biológico acelerado" é o termo usado por Geronimus, e é uma das principais razões pelas quais a covid-19 teve um efeito tão desproporcional e devastador nas comunidades negras, que são caracterizadas por taxas mais altas de hipertensão, diabetes e outras doenças crônicas. Dados dos Centros de Controle e Prevenção de Doenças (CDC, na sigla em inglês) dos Estados Unidos mostram como essas diferenças na saúde e na longevidade são assustadoras: afro-estadunidenses com idades entre 18 e 49 anos têm o dobro de chances de morrer de doenças cardíacas do que brancos, e aqueles com idades entre 35 e 74 anos têm 50% mais chances de ter pressão alta.

A desigualdade vai muito além das doenças. Os estadunidenses de baixa renda, sobretudo os afro-estadunidenses, têm mais chances que os brancos de morrer em acidentes automobilísticos, afirma o Conselho Nacional de Segurança.

Brian Smedley, membro sênior do Escritório de Pesquisa sobre Raça e Equidade no centro de estudos Urban Institute, conclui que os afro-estadunidenses nascidos nos Estados Unidos têm um desempenho pior em termos de saúde do que alguém nascido em um país em desenvolvimento, como a Jamaica, "por causa do racismo sistêmico aqui".

"Todos sabemos que as pessoas negras foram duramente atingidas pela covid e, certamente, enfrentaram taxas de infecção mais altas e resultados piores", refere Smedley. "Mas a lição da covid-19 é que ela refletiu desigualdades que existiam antes mesmo de o vírus entrar em nosso mundo. Foi uma pandemia dupla, viral *e* de racismo... O racismo estrutural, institucional e interpessoal ajuda a aumentar o risco associado ao fardo pesado de doenças crônicas carregado pelas comunidades negras."

É bastante irônico que, em certos círculos gerontológicos, os centenários e supercentenários sejam chamados de "cisnes negros" — uma referência à crença europeia do século XVII de que a existência de tais criaturas era impossível. Cem anos mais tarde, quando cisnes negros apareceram no oeste da Austrália, o termo passou a definir eventos raros e difíceis de prever, que iam além do âmbito das probabilidades normais. Em certo sentido, todos os centenários, independentemente de raça e etnia, são cisnes negros. Mas, nos Estados Unidos, pelo menos, as pessoas negras que alcançam idades centenárias personificam esse termo, em especial por tudo que tiveram de suportar para chegar lá.

A diferença na expectativa de vida entre negros e brancos nos Estados Unidos persiste desde 1990 e, embora tenha se estreitado nos últimos anos, todas as médias de expectativa de vida nos Estados Unidos ainda são bem inferiores às da Europa, de acordo com uma comparação de 2021 feita por uma equipe da Universidade Northwestern e publicada na revista *Proceedings of the National Academy of Sciences*. Nos Estados Unidos, a diferença na expectativa de vida entre negros e brancos vinha se estreitando e estava prevista para desaparecer em 2036, mas o progresso estagnou por volta de 2012, por razões que ainda não foram bem explicadas. A conclusão, no entanto, é clara: continuamos a morrer mais cedo que nossos amigos do outro lado do oceano. "Mesmo a população dos Estados Unidos com a expectativa de vida mais longa – os estadunidenses brancos que vivem nas áreas de renda mais alta – experimenta uma mortalidade maior em todas as idades do que os europeus em áreas de alta renda", alertam os pesquisadores.

Herlda Senhouse pode atestar tudo isso e ainda mais, mesmo que – por ser uma negra de 112 anos – ela seja, evidentemente, uma exceção.

"Não viva rápido demais", ela gosta de dizer. Sua vida extraordinariamente longa começou lenta o suficiente: nascida em 1911, uma de suas tarefas na infância era limpar as lamparinas de óleo da família antes da chegada da eletricidade à sua casa, na zona rural da Virgínia Ocidental. Ela lembra, com muita clareza, de se encolher na cama com um ferro quente, para se aquecer na casa sem encanamento interno, de perder a mãe, quando tinha apenas quatro anos, e o pai, quando tinha apenas seis.

Encontrei-a para uma conversa deliciosamente reveladora em sua casa, em um conjunto de apartamentos para idosos de baixa renda em Wellesley – ironicamente, uma das cidades mais ricas de Massachusetts, que tem mais casas de campo *per capita* do que qualquer outro lugar do estado.

Estar com ela não pôde deixar de me fazer lembrar do romance de 1971 de Ernest J. Gaines, *The Autobiography of Miss Jane Pitman*, que foi transformado em um filme para televisão vencedor do Emmy, em 1974, e estrelado por Cicely Tyson no papel da fictícia Jane. No filme, ela narra a história de sua vida, desde quando era uma escrava de 23 anos, no final da Guerra de Secessão, até participar do movimento pelos direitos civis aos 110 anos de idade.

A PRIMEIRA COISA QUE VOCÊ PERCEBE AO ENTRAR NO AREJADO apartamento de Herlda, no sexto andar, são as risadas.

Olho ao redor procurando, em algum canto, por uma TV com o volume baixo, exibindo uma comédia de situação. Nada. Aquelas risadinhas abafadas vêm diretamente da supercentenária. Elas são leves, musicais e contagiosas, e preenchem os espaços em nossa conversa da maneira mais adorável possível. Helda é suave, reconfortante e rítmica – uma força serena da natureza, como o quebrar de ondas em uma praia. Ela pode ter 112 anos, mas, Deus do céu, trata-se de uma mulher transbordando de vida.

Múltiplas fotografias emolduradas de Barack e Michelle Obama adornam as paredes e mesas do apartamento que Herlda chama de lar há mais de 40 anos. "Nunca os conheci pessoalmente, mas eles me enviaram fotos. Tenho até uma foto do cachorro deles em algum lugar", ela me conta, apontando para uma lembrança que valoriza intensamente: uma carta da Casa Branca, enviada por Obama, agradecendo por seu apoio. "Eu fiz uma festa no dia em que ele foi eleito." (Aviso ao 44º presidente e à primeira-dama dos Estados Unidos: sua fã número um tem metade de um século a mais do que vocês, e é tão esperta quanto vocês).

Estou entrevistando-a menos de 24 horas após a morte da rainha Elizabeth do Reino Unido, aos respeitáveis 96 anos de idade. Embora a mídia internacional esteja alardeando a notável longevidade da rainha e seu reinado de setenta anos como a monarca mais duradoura daquele país, Herlda é ainda mais velha. Ela nasceu em 28 de fevereiro de 1911, o que significa que ela já tinha 16 anos quando Elizabeth chegou, chorando, em um mundo que ela indelevelmente mudaria.

Herlda revira os olhos para minha frase de abertura, uma tentativa anêmica de fazer uma piada boba: se ela tivesse nascido no dia 29 de fevereiro em vez de 28, e se fosse um ano bissexto, tecnicamente ela teria apenas 28 anos.

Como ela se sente, pergunto, por ainda estar tão forte aos 112 anos? "Isso não me diz nada", responde ela. "A vida é assim."

Muito devota, mas surpreendentemente pragmática, ela me fala que já doou seu cérebro aos colegas do diretor do Estudo sobre Centenários da Nova Inglaterra, Tom Perls, no Hospital Geral de Massachusetts. Se seu cérebro contém alguma pista oculta para sua extraordinária longevidade, ela quer que a ciência a descubra para beneficiar o restante de nós. "Vou ser cremada, então eles podem muito bem usá-lo para uma boa causa", alude ela com um encolher de ombros, tocando a têmpora com o dedo indicador.

As regras de Herlda para uma vida longa e prazerosa? Viver e deixar viver. Não tente dizer às pessoas o que fazer; elas querem viver a vida como desejam, então deixe-as. Se você não pode consertar algo, deixe-o em paz. (Isso, aliás, também se aplica às múltiplas e irritantes chamadas de *spam* que iluminam a tela do telefone dela durante a hora que passamos juntos. Sabiamente, ela deixa que as chamadas caiam na caixa postal.)

Se passasse algum tempo na presença majestosa desta *superager* autoconfiante, você ficaria impressionado com sua humildade e simplicidade. Ela está tão perplexa quanto o restante de nós sobre como conseguiu viver tanto tempo com todas as suas faculdades intactas. "Eu simplesmente encaro cada dia do jeito que ele vem", diz ela, encolhendo os ombros. "Tive uma jornada que nunca achei que teria. Tudo o que tenho simplesmente caiu no meu colo e acho que é uma bênção de Deus."

De forma incrível, e improvável, os dias continuam vindo. No entanto, a grande dama se mostra ambivalente quando pergunto por quanto tempo gostaria de viver.

Cento e quinze anos? 122 anos e meio? (Esse marco está a apenas uma década de distância, juntamente com a tentação do potencial direito de se gabar de ser a pessoa mais velha que já existiu – ainda mais velha que Jeanne Calment.) Sua lógica, um tema recorrente enquanto conversamos, é tão franca quanto incontestável: "Se o mundo fosse melhor, eu não me importaria de viver tanto. Mas o mundo está uma droga, e não quero estar aqui."

O apogeu da vida de Herlda coincidiu com o auge do conjunto de leis segregacionistas e costumes odiosos conhecido como era Jim Crow, mas ela passou a maior parte da vida no norte do país. Mesmo assim, a área metropolitana de Boston era assolada por conflitos raciais. Lembrando da turbulência que eu mesmo vivenciei durante a dessegregação, determinada pelo poder judiciário, do sistema de ensino público de Boston na década de 1970, a qual desencadeou protestos em massa e resistência violenta por parte dos brancos em uma escala que, por vezes, evocava aspectos do *apartheid* na África do Sul, pergunto a ela sobre sua experiência como mulher negra.

"Acho que tive uma vida bastante boa como mulher negra", começa ela. Mas, à medida que exploramos seu passado, uma imagem menos positiva emerge. Ela e o marido, que faleceu há três décadas, faziam serviços domésticos para uma família abastada em Woburn, Massachusetts, e o casal acompanhava a família em suas férias na Flórida. Certa ocasião, Herlda queria comprar um chapéu, mas o dono da loja não permitiu que ela o experimentasse antes de pagar por ele. Em outra, ela e o marido foram importunados por sentar em um abrigo de ônibus reservado para brancos. As microagressões eram comuns. Avançando para a atual era sombria e, aparentemente, interminável de brutalidade policial rotineira e assassina contra negros, exemplificada por George Floyd,* ela demonstra uma determinação firme: "Um dia eles vão aprender que estamos aqui e que não sairemos, então é melhor conviverem conosco".

---

* George Floyd foi um negro de 46 anos que morreu em um confronto com a polícia municipal de Minneapolis em 2020, após ser acusado de tentar passar dinheiro falso. O município foi posteriormente alvo de um processo civil e acabou pagando 27 milhões de dólares à família de Floyd. (N.T.)

Se você está com a impressão de que esta mulher está altamente focada e que nenhum dos seus sentidos a abandonou à medida que ela avança rumo aos 110 anos, você tem razão. Sentado diante dela, procuro meus óculos para ler algumas anotações e percebo que ela não está usando nenhum. Ela tem cinquenta anos a mais que eu, mas só precisa de óculos para enxergar de longe, e ainda se move com a ajuda de um andador que ela apelida carinhosamente de seu "Cadillac". "Qual é o segredo de sua longevidade excepcional?", pergunto.

"Você precisa continuar se movimentando", responde. Para ela, isso significa sair para almoçar e jantar, com regularidade, com as amigas, embora ela não esteja impressionada com as interpretações modernas dos *chefs* mais jovens de suas refeições favoritas. Recentemente, ela pediu um sanduíche BLT,* o qual continha frango, abacate e oxicoco. A sobremesa, um bolo de morango, era, na verdade, um bolinho de baunilha frito, com sorvete de baunilha e algumas poucas frutas escassas, que ela teve dificuldade de encontrar em seu prato, porque "elas afundavam dentro do sorvete como se fossem de chumbo". (Seu veredicto, pronunciado com um certo desprezo: "Esses *chefs* jovens não sabem cozinhar."). Ela não gosta de álcool, embora, quando mais jovem, lembre-se vividamente de uma viagem a Barbados, quando tomou rum com chá, mas pausa para deixar claro: "Era mais chá do que rum."

Hoje, seu único vício de verdade são as máquinas caça-níqueis de um centavo no brilhante Encore Casino nos arredores de Boston. "Com que frequência você vai ao cassino?", pergunto. "Sempre que posso", responde ela, rindo, e menciona com orgulho que, em sua última visita, acabou saindo empatada. Ela já chegou a ganhar 300 dólares em uma única sessão. Conversamos sobre não exagerar, para não entrar em apuros, quando ela me interrompe para observar: "Eu não posso entrar em apuros... Não tenho muito dinheiro."

---

*. O BLT é um sanduíche tradicionalmente feito com *bacon*, alface (*lettuce*) e tomate (*tomato*). (N.T.)

Foi no cassino, conta ela, que aconteceu uma situação hilária. Um homem da idade deste humilde autor estava jogando nas máquinas ao lado dela, e alguém apresentou Herlda como uma mulher de 111 anos. O homem zombou, incrédulo, mas tirou uma *selfie* com Herlda e, quando chegou em casa, fez uma breve pesquisa. Mais tarde, perplexo, entrou em contato com um dos amigos dela no Facebook e pediu imensas desculpas por duvidar da idade dela.

O maior prazer de Herlda é ouvir *jazz*. Essa paixão faz parte de sua vida desde sempre e, ao analisar seu legado, foi onde ela exerceu seu maior impacto. Mais cedo, ela fundou o Clique Club de Boston, um clube social de dançarinos e músicos, para ajudar na educação de estudantes negros, pagando suas despesas com livros e mensalidades universitárias. Ela e o marido nunca tiveram filhos, então esses estudantes eram como se fossem seus filhos – eles e uma rede surpreendentemente vasta de sobrinhos-netos e jovens amigos, na casa dos 30 e 40 anos, espalhados por vários estados, os quais valorizam o tempo passado com Herlda. (Seu apelido é "tia", e ela é a primeira a reconhecer que isso pode causar confusão: "Eu ia à igreja, e todos me chamavam de tia. As pessoas perguntavam: 'Quantos sobrinhos você tem?', e eu respondia: 'Todo mundo da igreja')."

Uma de suas amigas mais próximas tem 102 anos, e eu pergunto a Herlda que tipo de conselho ela lhe dá.

"Eu não lhe dou conselhos porque ela acha que sabe tudo", responde ela, rindo.

O que diria a sua amiga se ela ouvisse?

"Para ela ser mais gentil com as pessoas. Ela é meio durona."

Talvez ela precise de mais tempo para amadurecer, sugiro.

"Quanto tempo ela tem?", retruca ela, e depois se dissolve em uma nova rodada daquelas risadas irresistíveis.

A SOCIEDADE, CLARAMENTE, NÃO AJUDA OS AFRO-ESTADUNIDENSES QUE desejam viver até os 100 anos. No entanto, se conseguirem chegar aos

85, uma anomalia intrigante sugere que as probabilidades de se tornarem centenários aumentarão progressivamente a seu favor.

Nas últimas décadas, os pesquisadores têm demonstrado um fenômeno fascinante que ficou conhecido como o "ponto de cruzamento negro-branco". Basicamente, os afro-estadunidenses que alcançam os 85 anos em boa forma demonstraram sua capacidade de sobrevivência e, a partir desse ponto, a probabilidade de chegarem aos 100 anos ou mais é comprovadamente mais alta que a de seus pares brancos. Alguns demógrafos questionam essa conclusão, mas Perls considera a hipótese plausível.

Os afro-estadunidenses com 80 e poucos anos e os mais velhos "superaram esse obstáculo e, para chegar a esse ponto, tiveram que estar em uma forma incrível para combater todos os problemas do racismo estrutural", afirma Perls. "Se chegaram a esse ponto, de fato, demonstraram essa capacidade superior de envelhecer lentamente e alcançar uma idade muito avançada. Isso os torna um grupo diferente dos brancos da mesma idade."

Um estudo notável de 2008 da Universidade do Estado da Geórgia sobre supercentenários confirmou esse resultado. Ele identificou 355 indivíduos com 110 anos ou mais, cujas idades puderam ser verificadas, criando assim a primeira base de dados confiável dos Estados Unidos para esse grupo populacional. "Achei intrigante que... nove dos onze estados secessionistas tivessem como pessoa comprovadamente mais velha de todos os tempos um afro-estadunidense", escreveu o pesquisador-chefe Robert Douglas Young. Na época em que Young estudava o fenômeno, três dos quatro estadunidenses mais velhos ainda vivos eram negros.

Entre aqueles que superaram as probabilidades está a avó de Wendy McCrae-Owoeye, que viveu até os 104 anos.

McRae-Owoeye, vice-presidente assistente de recursos humanos no Providence College, identifica-se como birracial. Sua avó, integrante da Nação Cherokee e parcialmente branca, cresceu em uma reserva tribal na Geórgia, enfrentando o racismo em uma casa dominada por uma madrasta malvada que não gostava de seu tom de pele mais escuro. Enviada para um internato, ela se apaixonou por um jovem não branco e o casal fugiu, estabelecendo-se, mais tarde, em Rhode Island. Eles formaram uma família durante a turbulência da discriminação arraigada e da injustiça racial que atingiu até mesmo seu estado adotivo no norte do país, que já foi apelidado de "Mississippi da Nova Inglaterra", em parte devido à atividade do Ku Klux Klan em Newport, a qual agora é uma cidade sofisticada. De alguma forma, isso não diminuiu sua longevidade.

Tendo em vista os genes que McCrae-Owoeye talvez tenha herdado da matriarca de 104 anos da família, a agora cinquentona espera viver até os 100 anos?

"Espero que não", diz ela, lembrando "A Conversa" que precisou ter com o filho de 22 anos: se a polícia o parar, coloque as mãos para cima, nunca nos bolsos. Se estiver em um carro e for parado numa *blitz*, mantenha as mãos bem no alto do painel, não se mexa. Quando ele tinha quatro anos e furtou um pacote de chiclete, ela o arrastou de volta à loja para devolver o produto; depois, levou-o direto para a delegacia de polícia mais próxima e o deixou em uma cela por alguns minutos. O sargento bondoso achou simpática a ideia e aderiu à brincadeira, mas ela leva a sério o que poderia acontecer com o filho durante uma abordagem policial, agora que ele é um homem negro adulto.

Pensei nisso outra noite, enquanto estava no carro de meu irmão e ele foi parado por causa de uma lâmpada da placa que o policial considerou um pouco fraca. Foi uma parada injusta e não nos esforçamos para ocultar nossa irritação. Naquele momento, lembrei as experiências dos meus amigos negros e percebi, de novo, como expressar irritação para a polícia sem se preocupar com possíveis retaliações letais é um privilégio dos homens brancos. Enquanto o jovem policial atencioso nos liberava com uma notificação, meu irmão e eu conversamos sobre como a abordagem poderia ter sido diferente se fôssemos dois negros vagando pelos subúrbios predominantemente brancos onde crescemos. É provável que eles tivessem chamado uma unidade de apoio e nos pedissem para sair do carro; sabe Deus o que aconteceria, com ou sem resistência. Não é de admirar que um novo estudo de Yale tenha descoberto que o estresse nos faz envelhecer mais rápido, acelera o relógio biológico e encurta a expectativa de vida.

O ódio e o racismo arraigados não são os únicos problemas que fazem McCrae-Owoeye hesitar. Ela também está preocupada com as desigualdades econômicas e os efeitos devastadores da mudança climática. "Há tantas preocupações. Então, quer dizer, se meu destino é viver até os 100 anos, espero que seja um período produtivo. Mas, se for uma situação de dor e confusão, não quero estar aqui."

DEIXANDO DE LADO UMA HISTÓRIA FAMILIAR FAVORÁVEL, ESTUDOS mostram que você é um forte candidato a viver até os 100 anos se tiver um *status* socioeconômico alto na meia-idade, não fumar, alimentar-se de forma saudável e exercitar-se regularmente. Só que existe um porém: para grande parte das pessoas, comida fresca e saudável, tempo para se exercitar e acesso a cuidados preventivos de saúde são luxos.

"Não apenas alimentos saudáveis, tempo para se exercitar e acesso a cuidados de saúde razoáveis são escassos em muitas partes do mundo, mas também são escassos em muitas partes dos Estados Unidos", alega Beth Truesdale, socióloga do Instituto para Pesquisas sobre o Emprego W.E. Upjohn em Kalamazoo, Michigan, focada nas desigualdades no envelhecimento e no trabalho.

Os estadunidenses, segundo ela, tendem a pensar de forma bastante simplista sobre as escolhas individuais em relação à dieta e ao exercício, presumindo que todos têm pelo menos a capacidade de movimentar seus corpos e decidir o que comer. Contudo, nada é tão simples assim.

"Se você acha que comer alimentos saudáveis é uma escolha pessoal fácil de fazer, talvez seja porque pode comprar alimentos frescos e saudáveis e talvez tenha acesso a eles perto de sua casa. Você tem tempo e energia para preparar alimentos saudáveis", argumenta Truesdale. "Da mesma forma, se acha que é uma escolha pessoal fácil fazer exercícios físicos todos os dias, que todos podem se exercitar, talvez seja porque você vive em um bairro seguro para caminhadas e corridas. Talvez existam parques na vizinhança. Você tem um lugar de lazer para frequentar. Talvez possa pagar para se exercitar. Não estou falando de academias de ginástica sofisticadas, mas sim comprar um bom par de tênis para fazer caminhadas longas e ter tempo para se exercitar e cuidar de si mesmo dessa maneira. Tudo isso é muito desigual nos Estados Unidos e no mundo inteiro."

Truesdale diz que sua pesquisa testemunha solenemente a veracidade da teoria do "envelhecimento precoce" de Geronimus: "É 100% absolutamente real."

"Os brancos tendem a viver muito mais que os negros em média, e os ricos tendem a viver muito mais que os pobres em média", afirma ela. "Temos uma enorme quantidade de evidências de que o racismo existe nos níveis individual, cultural e estrutural. O racismo que você encontra em pessoas que o tratam mal na vida cotidiana está no nível individual. Mas o racismo vai até o nível estrutural: se você é negro, seus avós provavelmente não tiveram riqueza para deixar para seus pais, a qual seus pais deixariam para você. Os lugares onde seus pais e seus avós viveram serão fundamentalmente diferentes dos lugares onde os pais e avós de muitas pessoas brancas viveram. Os recursos que as gerações de hoje têm para envelhecer bem são completamente diferentes. Isso é de suma importância."

Grande parte da pesquisa realizada por Truesdale examinou os efeitos do estresse tóxico nos corpos que envelhecem – e, se há um grupo determinado de pessoas na sociedade estadunidense que é assolado incessantemente pelo estresse, esse grupo é composto pelas pessoas negras.

"Temos uma enorme quantidade de evidências de que o racismo que você experiencia nos Estados Unidos e em outros lugares é muito estressante. Nós realmente chegamos a entender como o estresse tóxico – o tipo de estresse que não desaparece, sobre o qual você não pode fazer nada a respeito – afeta todos os sistemas do corpo", relata ela. "Aqueles de nós que vivem uma vida bastante tranquila frequentemente acham que o estresse é algo como 'Ah, tenho um prazo apertado para entregar um trabalho'. Mas eu tenho recursos que posso utilizar para enfrentar esse estresse e atender à demanda. Isso não é necessariamente ruim para minha saúde. No entanto, o tipo de estresse provocado por saber que 'Não há como eu pagar o aluguel; vou ser despejado', o tipo de estresse provocado por saber que 'Não consigo esticar meu dinheiro até o final do mês, e alguém vai ter que comer menos, ou menos bem, do que eu gostaria' – esses tipos de estresse realmente afetam o corpo. É uma espécie de argumento socioeconômico, mas também existe um argumento racista. Nos Estados Unidos, essas duas coisas, muitas vezes, estão bastante entrelaçadas, mas não são a mesma coisa. Ambas importam. Você não pode separá-las e dizer que é uma ou é outra."

Os Estados Unidos não detêm o monopólio da miséria. Fora desse país, o estresse tóxico e a expectativa de vida reduzida são realidades sombrias e cotidianas para bilhões.

O estresse nos afeta até em nível celular, segundo o dr. Martin Picard, da Universidade Columbia, um especialista no que ficou conhecido como psicobiologia mitocondrial. "O estresse, conforme o experimentamos, desencadeia a liberação de hormônios. Ele é prejudicial porque retira energia das operações promotoras da longevidade nas células. Desvia recursos do que mantém o organismo saudável", explica Picard. Ele compara um corpo que opera em alerta alto em decorrência do estresse a um governo que investe bilhões em seu exército e meros centavos em cuidados com saúde ou infraestrutura.

Esther Duflo e Abhijit Banerjee, do Instituto de Tecnologia de Massachusetts, cuja pesquisa sobre métodos para mitigar a pobreza lhes rendeu o Prêmio Nobel de Ciências Econômicas de 2019, documentaram extensivamente os efeitos da falta de itens básicos sobre o encurtamento da vida. "Quando os pobres enfrentam o estresse econômico, sua forma de 'seguro' muitas vezes é comer menos ou tirar os filhos da escola", escrevem em um estudo seminal. E, como veremos, a instrução – sobretudo a universitária – é fundamental para a longevidade.

S E TUDO ISSO FOR VERDADE, COMO EXPLICAR A EXISTÊNCIA DE PESSOAS como Viola Fletcher, de 108 anos, a quem conhecemos no Capítulo 3? Ela não teve a oportunidade de continuar a estudar além da quarta série e sobreviveu ao Massacre Racial de Tulsa em 1921, um dos piores incidentes de violência racial na história dos Estados Unidos, mas ainda assim viveu vários anos além dos 100. Que estresse poderia ser mais tóxico que ver seus vizinhos serem assassinados a sangue frio e suas casas e seus negócios virarem cinzas?

Um século depois, a dor de Tulsa continua palpável, e artistas de todo o vasto espectro musical ainda compõem obras impactantes de comemoração e catarse.

Uma delas é *Fire in Little Africa*, um álbum de *hip-hop* lançado pelo selo Black Forum, da gravadora Motown Records, que o produtor executivo Stevie Johnson descreve como "uma desconstrução comunitária do trauma... a rosa que brota no concreto".

Outra é *Pity These Ashes, Pity This Dust*, uma peça de ópera, encenada no centenário do massacre por três grupos de artes cênicas e música de câmara de Harlem. "A história dos afro-estadunidenses neste país é uma história de sobrevivência", declara o compositor Adolphus Hailstork.

A Segunda Guerra Mundial ilustra as profundezas da crueldade e do sofrimento humano. No entanto, dois dos homens supercentenários mais antigos dos Estados Unidos, ambos falecidos em 2022, suportaram os horrores dos campos de batalha enquanto serviam em unidades racialmente segregadas, apenas para retornar a uma pátria onde os heróis de guerra de pele escura – e qualquer outra pessoa com a infelicidade de ter nascido negra na era Jim Crow – eram tratados, *na melhor das hipóteses*, como "separados, mas iguais". Ezra Edward Hill Sr., natural de Baltimore, que testemunhou a invasão da Normandia e foi ferido em combate, retornou a um país que ainda estava a muitos anos de dar à luz o movimento moderno pelos direitos civis. Contrariando todas as probabilidades, ele viveu até os 111 anos.

Lawrence Brooks, de Nova Orleans, serviu como soldado no 91º Batalhão de Engenheiros do Exército dos Estados Unidos, composto, sobretudo, por negros. Nascido em 1909, era um dos quinze filhos de um casal de meeiros. Recrutado poucas semanas após o ataque japonês a Pearl Harbor para integrar um exército ainda racialmente segregado, ajudou a construir estradas e pontes enquanto servia na Austrália, na Nova Guiné e nas Filipinas. "Tínhamos nossas barracas, e os brancos tinham as deles", contou Brooks ao *Military Times*. Ele gostou muito de seu tempo na Austrália, onde os soldados negros eram bem-aceitos, e lembra: "Fui muito mais bem tratado na Austrália do que (em casa) pelo meu próprio povo branco".

Brooks ansiava por estudar após a guerra, mas, de volta aos Estados Unidos, ele e outros veteranos de guerra negros condecorados tiveram negados, rotineiramente, os benefícios a que tinham direito de acordo com o GI Bill, o qual deveria proporcionar a todos os militares que retornavam instrução, empréstimos bancários a juros baixos, auxílio-desemprego, assistência na recolocação em empregos e uma entrada reduzida para a compra da casa própria. Se serve de algum consolo, ele viveu muito mais que os burocratas que carimbaram "REJEITADO" naqueles papéis, chegando à venerável e incrível idade de 112 anos.

Para piorar a situação ainda mais, até mesmo Hollywood ignorou, por muito tempo, a coragem e o sacrifício dos soldados negros na Segunda Guerra Mundial. Isso só mudou em 2008, quando o inovador *Milagre em Santa Anna*, de Spike Lee – baseado no romance homônimo de 2002 de James McBride –, tornou-se o primeiro grande filme a apresentar recrutas negros em um gênero notoriamente branco.

As humilhações e injustiças da Segunda Guerra Mundial e o derramamento de sangue irresponsável em Tulsa infligiram o tipo de estresse de nível elevado que a maioria de nós jamais experimentará. Como, então, pessoas como Fletcher ou Brooks conseguem suportar tais horrores e continuam a viver até os 108 ou 112 anos?

Truesdale explica: "Como seres humanos, temos muita dificuldade em pensar sobre probabilidade. Por exemplo, se você não fuma, isso não garante que você viverá até os 100 anos, mas torna esse feito mais provável. Tudo ajuda. Tudo ajuda um pouco. Não fumar ajuda um pouco. Não ser pobre ajuda um pouco. Ter recursos para poder comer bem ajuda um pouco. Tudo isso contribui de alguma forma, mas não garante nada. Assim, muito embora seja mais provável que morram mais jovens negros do que brancos nos Estados Unidos, você encontra exceções em ambos os lados. Embora os ricos tenham maior probabilidade de viver mais que os pobres em média, e as diferenças são grandes, há exceções. E, como as exceções muitas vezes são tão visíveis, achamos que elas não devem importar – você deve conseguir viver muito, custe o que custar."

"Nós vemos o professor de ioga com 80 anos e pensamos: 'Ah, só precisamos continuar trabalhando por mais tempo. É assim que você se mantém ativo'. Na realidade, não é assim que funciona para muitas, muitas pessoas. *Funciona* assim para um *pequeno* número de pessoas. Ótimo para elas. Mas não funciona assim para todos, e as tendências estão na direção oposta", explana Truesdale.

Ironicamente, a pesquisa seminal que expôs os efeitos brutais do estresse no trabalho começou com uma pesquisa sobre pessoas brancas.

Em um estudo marcante de 2015, Anne Case e o ganhador do Prêmio Nobel Angus Deaton, ambos economistas de Princeton, mostraram que as taxas de morte entre os estadunidenses brancos de meia-idade estavam subindo – revertendo décadas de declínio – não por causa de doenças cardíacas ou diabetes, mas por razões, em grande parte, autoinfligidas: suicídio, doenças hepáticas causadas pelo álcool e overdoses de opiáceos receitados por médicos.

Inicialmente, uma causa clara dessa autodestruição escapou deles. No entanto, à medida que o casal continuou a investigar, notaram que esses homens e mulheres brancos não hispânicos que estavam morrendo precocemente apresentavam algo em comum: não tinham um diploma universitário, o que significava mobilidade social e econômica reduzida. Traduzindo: aqueles de nós que nos encontramos presos em determinado degrau da escada econômica, em geral, não vivem tanto quanto aqueles que têm recursos para comprar uma casa ou mudar para um lugar com ar e água mais limpos, escolas melhores e outras comodidades. Nas últimas décadas, Anne e Angus observaram que os brancos que não concluíram um curso de bacharelado não podiam mais presumir que viveriam melhor que seus pais, o que era o padrão na geração precedente. Sua conclusão direta: "Sem um diploma universitário de quatro anos, é cada vez mais difícil construir uma vida significativa e bem-sucedida nos Estados Unidos". As pessoas com alguma instrução universitária e aquelas que ganham a vida com um ofício qualificado se saem melhor do que as que não vão além do ensino médio; além disso, são aquelas com diploma universitário que desfrutam da maior segurança econômica, do maior poder aquisitivo e da melhor saúde geral.

Pesquisas subsequentes mostram que a ausência de um diploma universitário corresponde a um aumento da mortalidade em todos os grupos raciais e étnicos, não apenas nos brancos. Isso significa que esse problema vai muito além da classe trabalhadora branca. É um problema que afeta os estadunidenses em geral.

E algo mais está acontecendo. Até o início dos anos 2010, as taxas de mortalidade entre negros e latinos vinham melhorando, encurtando bastante a distância entre brancos e não brancos em termos de expectativa de vida. A mortalidade de negros e latinos voltou a aumentar, e a diferença entre eles e os brancos continua grande e persistente. Ao longo da vida, os afro-estadunidenses têm taxas de mortalidade muito mais altas e uma saúde muito pior que os brancos, seja qual for a medida utilizada. É uma grande desigualdade.

No final dos anos 1970 e início dos anos 1980, eu mesmo paguei a minha faculdade com os rendimentos de meu trabalho em uma série de empregos braçais, recebendo sempre um salário mínimo. Abasteci carros; trabalhei como ajudante de pedreiro, misturando argamassa e transportando tijolos e blocos de concreto até minha coluna precisar de gelo; fiquei em pé por horas fazendo trabalho braçal em uma gráfica; e dirigi um caminhão por três estados para um distribuidor de cerâmica. Aprendi não apenas a reconhecer meu privilégio de homem branco – para mim, o trabalho duro por um salário minguado era apenas temporário –, mas também a valorizar e respeitar o sangue, o suor e as lágrimas que muitas pessoas derramam todos os dias ao longo da vida para alimentar a si mesmas e a seus filhos e terem condições para realizar seus sonhos.

O que guardo comigo desde então é como a situação dessas pessoas introduz ainda mais dessa perturbadora desigualdade no cálculo de quem vive mais tempo. O dinheiro não pode comprar amor, mas, aparentemente, pode ajudar a viver mais. Como isso pode ser justo?

Os Estados Unidos, na metade da década de 2020, deveriam ser um lugar de oportunidades incomparáveis. Em vez disso, muitos trabalham em dois ou mais empregos para, simplesmente, poder sobreviver. Truesdale, cujo trabalho de uma vida inteira envolveu manter um olhar atento sobre essas tendências, vislumbra uma conexão entre as dificuldades econômicas e a diminuição da expectativa de vida. "Tornamos essas coisas mais difíceis pela forma como organizamos o trabalho", diz ela. Um exemplo importante: os milhões de estadunidenses que trabalham em turnos. Alguns não sabem seu horário até dois dias antes de começarem a trabalhar; outros têm de fechar o estabelecimento à noite e reabri-lo algumas horas depois, pela manhã. "Tudo isso tem um custo físico. O controle que você tem sobre seu tempo afeta muito a sua saúde. Como sociedade, decidimos permitir que os empregadores imponham aos trabalhadores esses tipos de horários de última hora, que são insustentáveis. Como sociedade, poderíamos decidir fazer algo a respeito."

Outras coisas que poderíamos fazer incluem não julgar apressadamente as pessoas que estão fisicamente diferentes do padrão ou menos ativas que alguns de nós. Se você está a uma curta distância a pé ou mesmo de carro de um supermercado, considere-se afortunado, porque milhões de estadunidenses vivem em desertos alimentares, sem acesso fácil a itens básicos. Ter acesso a um bom supermercado não garante que você viverá até os 100 anos, assim como não ter acesso a um desses estabelecimentos não significa que você morrerá jovem, mas influencia o resultado.

Caitlin Daniel, socióloga da Universidade da Califórnia, em Berkeley, realizou pesquisas intrigantes sobre por que os pais de baixa renda tendem a comprar alimentos menos saudáveis para os filhos do que os pais de renda mais alta. Além das questões de custo, acesso, desertos alimentares e do tempo e energia necessários para preparar refeições saudáveis sem um horário de trabalho estável, Caitlin entrevistou pais de baixa renda em supermercados e perguntou o que estavam comprando e por quê. Ela descobriu que os pais cuja renda é mais alta podem se dar ao luxo de comprar brócolis 20 vezes – mesmo que seus filhos se recusem a comê-lo 19 vezes e ele seja jogado no lixo – para ensiná-los, aos poucos, a apreciar e a consumir alimentos saudáveis. Os pais cuja renda é baixa, por outro lado, não podem se dar ao luxo de desperdiçar comida, então compram algo menos nutritivo que eles têm certeza de que os filhos irão comer.

É o mesmo conjunto de fatores que leva uma mãe solteira que trabalha em dois empregos a recorrer a um *drive-thru* de *fast-food*, apenas porque é barato e porque ela sabe que seus filhos vão comer. Milhões de estadunidenses tomam essas decisões todos os dias – não necessariamente porque querem, mas porque é um caminho acessível de menor resistência. A longo prazo, isso prejudica a saúde. E a maneira como os privilegiados veem esses padrões é prejudicial, se não flagrantemente racista.

Perguntada sobre o que precisamos fazer para lidar com tudo isso, Beth Truesdale faz uma longa pausa e, em seguida, estabelece uma conexão direta com a política. Ela é categórica em dizer que, se vamos dar passos significativos para melhorar a saúde dos estadunidenses e promover igualdade de condições em termos de quem entre nós tem chance de chegar aos 100 anos, isso exigirá uma democracia funcional e que responda às necessidades dos cidadãos comuns. "E agora estamos em uma situação em que isso não é garantido. A política gera políticas. Elas têm consequências, mais adiante, para a saúde das pessoas", menciona ela.

O que está em jogo: diferenças ainda maiores na expectativa de vida entre ricos e pobres.

Por exemplo, pesquisadores constataram que, nos Estados Unidos, homens que se encontram na faixa de renda 25% mais alta aos 40 anos podem esperar chegar até cerca de 87 anos, em média. E os homens que se encontram na faixa de renda 25% mais baixa? Dez anos a menos. Essa diferença preocupante entre renda e expectativa de vida é semelhante, embora um pouco menor, para as mulheres. É, sem dúvida, a desigualdade mais flagrante de todas: os ricos têm mais tempo.

Para aqueles que se sentem moralmente ofendidos e exigem mudanças, sociólogos e centros de estudo apresentam algumas opções práticas. Para começar, elevar a renda das pessoas com rendimentos inferiores à média por meio de um salário mínimo mais alto. Fornecer uma rede de segurança mais robusta para pessoas com deficiência e desempregadas. Dar aos trabalhadores uma voz mais expressiva, em parte com a revitalização dos sindicatos, que, até seu surpreendente ressurgimento no início dos anos 2020, haviam perdido relevância em décadas recentes. E encontrar maneiras de ajudar mais pessoas a desfrutar dos benefícios da expectativa de vida quando se possui um diploma universitário, que vão além da conta bancária do indivíduo. A instrução ajuda você a falar por si mesmo. Pessoas com instrução universitária têm mais probabilidade de serem levadas a sério em um consultório médico e de cuidar da própria saúde. Têm, também, menos probabilidade de fumar do que aquelas que não possuem diploma.

Outra vantagem emergente que os brancos ricos têm sobre as pessoas negras com menos recursos: é mais fácil para eles se afastarem de áreas ameaçadas pelos efeitos da mudança climática.

Pesquisadores concluíram que pessoas que trabalham em condições de altas temperaturas – como agricultura, construção, paisagismo – sofrem com uma saúde pior e vivem menos que aqueles com empregos em edifícios com ar-condicionado. É uma questão que a Agência de Saúde e Segurança Ocupacional (OSHA, na sigla em inglês) está tentando abordar. Contudo, a agência federal está acostumada a lidar com perigos mais claros e iminentes no local de trabalho, como máquinas capazes de decepar o braço de um trabalhador. Responder aos efeitos um pouco mais abstratos da mudança climática como uma ameaça no local de trabalho já é difícil, e fica ainda mais complicado quando se acrescenta o elemento do envelhecimento. Os trabalhadores mais velhos são mais suscetíveis ao calor. Como um obreiro de 55 anos se sairá ao construir um edifício em temperaturas de 43°C? Era menos complicado, em comparação, quando esse trabalhador tinha 25 anos e as temperaturas não passavam muito dos 32°C.

Lidar com um clima desfavorável – sobretudo quando somos mais velhos – é uma luta milenar. Até Hipócrates percebeu isso. Quatro séculos antes de Cristo, ele escreveu sobre pessoas que viviam em áreas úmidas e pantanosas:

"As crianças são particularmente suscetíveis a hérnias, e os adultos a varizes e úlceras nas pernas, de modo que pessoas com tais constituições não conseguem viver muito tempo, mas antes do período usual entram em um estado de velhice prematura."

SE TODAS ESSAS TENDÊNCIAS CONTINUAREM, OS CENTENÁRIOS BRANCOS — sem qualquer culpa por isso — correm o risco de ampliar as divisões raciais apenas por existirem.

Considere o seguinte: o Censo projeta que, em pouco mais de duas décadas a partir de agora, em 2045, os Estados Unidos serão uma nação de "minoria branca". Brancos comporão 49,7% da população; hispânicos, 24,6%; negros, 13,1%; e asiáticos, 7,9%. Pessoas que se identificam como multirraciais comporão os 3,8% restantes. Isso significa mais pessoas não brancas com expectativa de vida reduzida observando seus vizinhos brancos viverem por muito mais tempo.

Marcella Alsan, médica e economista de Harvard, investiga os papéis desempenhados na perpetuação das disparidades raciais em saúde pelos legados deixados pela discriminação e pela desconfiança dela resultante. A pandemia de covid, segundo ela, colocou essa desigualdade em destaque. Um número desproporcional de pessoas negras e pardas não podia trabalhar em casa em virtude de seus empregos nas áreas de saúde, construção civil ou supermercados. Como eram muito mais propensos que os brancos a não ter seguro-saúde e licença médica remunerada, sua exposição ao vírus foi maior — com frequência exagerada, o que tem consequências fatais —, e as vacinas salvadoras de vidas não estavam tão acessíveis a eles quanto estavam nas comunidades brancas mais abastadas. Para pesquisadores como Alsan, esse conjunto de fatores representa uma crítica forte ao estado atual do país.

"As disparidades de saúde nos Estados Unidos são profundas", enuncia ela. "Acho que médicos e economistas ainda estão encontrando dificuldades para entender o papel que o racismo estrutural desempenhou na distribuição de recursos e nas consequências sobre a saúde."

Então, como podemos reduzir essa diferença? Nossa expectativa de vida ameaça exacerbar a divisão entre os que têm e os que não têm no planeta? Até agora, até mesmo nossos maiores pensadores – mentes como as de Duflo e Banerjee, do MIT – não encontraram respostas. "Ninguém sabe como transformar o Quênia em uma Coreia do Sul", admite o casal acadêmico em um comentário para a *Foreign Affairs*.

Isso nos leva de volta ao lugar onde começamos, dos 70,8 anos – a expectativa de vida média de um afro-estadunidense. Acontece que exatamente esse mesmo número, 70,8, ressurge com conotações de desigualdade na literatura médica.

Quando a Pesquisa Nacional de Entrevistas sobre Saúde, o programa de coleta de dados dentro do CDC, perguntou às pessoas como elas avaliavam a própria saúde e a de suas famílias, 70,8% dos brancos não hispânicos a avaliaram como excelente ou muito boa. Os hispânicos e negros não hispânicos ficaram significativamente atrás, com 57,8% e 56,9%, respectivamente.

E ainda dizemos que cada um faz a própria sorte.

Gostemos ou não, estamos todos avançando coletivamente em direção a um mundo que envelhece muito rápido e não consegue abandonar a obsessão pela juventude. O que acontecerá quando a onda vindoura de longevidade extrema colidir com as águas inebriantes e sedutoras da mítica porém duradoura Fonte da Juventude?

Já entrevistei presidentes, primeiros-ministros e papas, e Herlda Senhouse é, de longe, uma das pessoas mais incríveis que já conheci em mais de 40 anos como jornalista. Será que as gerações mais jovens concordarão – ainda mais se todos nós, integrantes do coletivo humano, jovens e idosos, estivermos competindo por recursos e influência em uma sociedade onde predomina o etarismo?

Perdão pelo clichê, mas é verdade: o tempo realmente dirá.

5

Envelhecer em uma sociedade etarista e obcecada pela juventude

São três horas da manhã e ainda estou acordado, olhando para o teto de novo, tentando em vão encontrar o momento em que me tornei o homem de ontem.

Por muito tempo, fui um cara do tipo pau para toda obra, embarcando em aviões para cobrir turbulências políticas em quatro continentes, cúpulas que reuniam líderes mundiais e atos tanto de terror quanto divinos. Às vezes, era demais – eu nem conseguia lavar minha roupa antes de embarcar para realizar a próxima missão distante. Era exaustivo e, não vou mentir, emocionante.

No entanto, ultimamente, no crepúsculo de uma conceituada e prazerosa carreira jornalística de quarenta anos – ainda batendo um bolão e com três idiomas estrangeiros em minha bagagem –, as oportunidades desapareceram. Ninguém nunca disse nada. Ninguém jamais diria. Mas, de repente, há uma opção de aposentadoria antecipada na mesa e, no mundo agitado dos noticiários de 24 horas, onde as linhas entre percepção e realidade muitas vezes se confundem, me pego pensando em algo que muitos funcionários em fim de carreira como eu já se perguntaram: meu prazo de validade já expirou? Como poderia ter expirado se a dra. Jane Goodall tem 89 anos e trabalha mais do que nunca?

Enquanto eu sofro para decidir se fico ou saio mais cedo, pelo menos ainda tenho controle da situação. Será uma decisão minha, ninguém a tomará por mim. Lisa LaFlamme, uma das âncoras televisivas mais conhecidas da América do Norte, não pode dizer o mesmo.

POUCOS ÍCONES DA CULTURA POPULAR SÃO TÃO UNIVERSAIS OU INSTANTA-neamente reconhecíveis quanto Wendy, o rosto estilizado e sardento da cadeia de lanchonetes homônima. Portanto, quando as tranças características da mascote ficaram grisalhas por um dia nos restaurantes canadenses da empresa, isso desencadeou uma comoção nas redes sociais.

Praticamente todos no Canadá sabiam exatamente o que estava acontecendo, mesmo sem ler o tuíte da gigante dos hambúrgueres: "Porque uma estrela é uma estrela, independentemente da cor do cabelo". Telespectadores de todas as dez províncias e três territórios se indignaram com a demissão abrupta de LaFlamme, uma âncora de notícias extremamente popular. A razão de sua demissão não foi fabricação de notícias, viés, insubordinação ou qualquer outra causa legítima. Em vez disso, a jornalista de 59 anos, tão conhecida no Canadá quanto Diane Sawyer nos Estados Unidos, afirma que a Bell Media a demitiu depois de 35 anos na CTV News porque – *que horror!* – ela havia deixado seu cabelo ficar naturalmente grisalho.

LaFlamme diz que parou de tingir o cabelo durante a pandemia de covid-19, quando ir ao cabeleireiro era arriscado e se viu borrifando tintura nas raízes antes de entrar no ar. Em uma transmissão de fim de ano, em 2020, ela disse aos telespectadores: "Por que se incomodar com isso? Estou ficando grisalha. Sinceramente, se eu soubesse que o isolamento poderia ser tão libertador nesse aspecto, teria parado de pintar meu cabelo muito antes".

Muitos telespectadores, sobretudo as mulheres mais velhas, aplaudiram LaFlamme – só que o seu empregador, não. Após o jornal *The Globe and Mail* informar que um executivo da CTV havia questionado abertamente a decisão dela de deixar o cabelo naturalmente grisalho, acusações indignadas de etarismo se seguiram.

"O setor de notícias é um dos mais discriminatórios em relação à idade – sobretudo a TV, mas todo o resto do jornalismo também", afirma Sonni Efron, jornalista veterana do *Los Angeles Times* e ex--presidente e diretora de operações da National Press Foundation em Washington, D.C.

A discriminação por idade "costuma ser tão insidiosa que nem a notamos", acrescenta Debra Whitman, vice-presidente executiva e diretora de política pública da AARP. Sua organização pergunta com regularidade a pessoas com 65 anos ou mais se elas testemunharam ou vivenciaram pessoalmente o etarismo; três em cada quatro responderam com um enfático, embora amargo, sim. E, assim como a pandemia expôs e exacerbou os conflitos em torno do racismo arraigado, ela inflamou a discriminação por idade. "Houve conversas sobre ter que estar abaixo de uma certa idade para ter acesso a protocolos de suporte de vida. Houve conversas sobre como as pessoas mais velhas deveriam se sacrificar pelo bem da economia e de seus netos", lembrou Whitman.

O sofrimento de LaFlamme destaca essa realidade sobre o envelhecimento extremo ou, na verdade, o envelhecimento em qualquer escala: estamos todos envelhecendo em uma cultura que venera a juventude muito mais do que reverencia os mais velhos. Se muitos de nós estão destinados a viver até os 100 anos, como será experimentar isso em uma sociedade que valoriza os jovens mais que os idosos? Nossa espécie se tornou obcecada com o mito da Fonte da Juventude muito antes da famosa busca realizada pelo explorador espanhol Ponce de León no início dos anos 1500.

Não sei quanto a você, mas sempre achei bela e elegante uma mulher de cabelos grisalhos. (Revelação completa: sou casado com uma, e ela é vibrante, juvenil e festeira.) "Os cabelos brancos são uma coroa de glória", insiste o Livro dos Provérbios. Então, por que alguém deveria se envergonhar deles?

Goodall certamente não se envergonha. Seu rabo de cavalo característico – antes loiro, agora branco – é sua marca registrada. A idade cronológica que se dane: ela é uma das pessoas mais jovens que já tive o privilégio de entrevistar. (Ela abriu um recente evento em Denver gritando e grunhindo como um chimpanzé, e depois dizendo à multidão: "Isso simplesmente significa 'Esta sou eu – esta é Jane'".) E ela continua indo muito bem, trabalhando mais agora do que quando era mais jovem, sem a menor intenção de parar. Sua motivação e determinação destacam como, para alguns, 89 anos são os novos 59.

Nós a encontramos no Capítulo 1 e vamos visitá-la de novo no Capítulo 10. Enquanto isso, analisaremos seriamente a crescente lacuna entre as virtudes da juventude e a extrema velhice na cultura do século XXI.

Em Cocoon, filme de 1985 dirigido por Ron Howard, um grupo de idosos entra sorrateiramente em uma piscina, onde de repente se sentem revigorados e com juventude. "Eu me sinto incrível! Estou pronto para enfrentar o mundo!", grita um deles entre mergulhos. "Nunca ficaremos doentes, não envelheceremos e nunca morreremos", maravilha-se outro. Há apenas um problema muito grande: esse efeito só está ocorrendo porque casulos alienígenas estão no fundo da piscina. É um filme divertido, mas com uma mensagem perturbadora – em uma determinada idade, apenas um encontro com o sobrenatural pode nos fazer sentir jovens de novo, e apenas uma viagem a um planeta distante onde ninguém envelhece pode nos manter jovem. Como disse um idoso ao *Los Angeles Times*: "Essa é a solução final para os problemas dos idosos: colocá-los em uma nave espacial e enviá-los para Marte".

Você pode decidir por si mesmo se *Cocoon* é etarista, mas uma coisa é certa: o etarismo está por toda parte. Não acredite apenas na minha palavra: um relatório de 2021 da Organização Mundial da Saúde (OMS) adverte que a discriminação por idade já está prejudicando nosso bem-estar e nossa saúde. Isso levanta uma questão preocupante: o que acontecerá quando o mundo tiver muito mais pessoas excepcionalmente idosas do que jamais teve?

"Para as pessoas mais velhas, o etarismo está associado a uma vida mais curta, saúde física e mental piores, recuperação mais lenta de incapacidades e declínio cognitivo", adverte a OMS. "O etarismo reduz a qualidade de vida dos mais velhos; aumenta o isolamento social e a solidão (ambos associados a problemas graves de saúde); restringe a capacidade de expressar a sexualidade; e pode aumentar o risco de violência e abuso contra pessoas mais idosas."

Por que tudo isso importa? Porque, segundo William Beach, ex--comissário da Secretaria de Estatísticas Trabalhistas dos Estados Unidos, os estadunidenses, sobretudo os *baby boomers*, estão vivendo e trabalhando por mais tempo. Aqueles com 70 anos ou mais que participam da força de trabalho atualmente representam 9% do total, acrescenta Beach, e espera-se que essa cifra aumente para cerca de 16% até 2035. "A geração *baby boomer* é a mais rica e saudável que já caminhou sobre a Terra", declara ele. Mas isso é uma generalização, ele logo adiciona, observando que muitos não terão qualquer opção senão continuar a trabalhar, apenas porque suas economias para a aposentadoria são insignificantes. A quantia média de dinheiro que os estadunidenses guardam para quando, mais tarde, pararem de trabalhar é lamentavelmente insuficiente: apenas 30 mil dólares. "Estamos agora enfrentando a realidade de ver muitas pessoas mais velhas trabalhando. Talvez elas prefiram trabalhar, mas, muitas vezes, é porque precisam do dinheiro", observa Beach.

A própria ideia de aposentadoria é, em essência, um fenômeno pós--Segunda Guerra Mundial. A primeira pensão paga nos Estados Unidos ocorreu em 1879 e fazia parte de um plano comercializado por uma empresa de seguros. Aqueles que se aposentavam antes de 1860 eram pessoas que tinham patrimônio, como Benjamin Franklin. É incrível notar que um dos inventores, cientistas, estadistas, gráficos, editores e pais fundadores mais famosos dos Estados Unidos chegou aos 84 anos, considerando suas atividades extracurriculares. (*Você* empinaria uma pipa em meio a uma tempestade de raios?) Franklin, no entanto, era um homem de muitos adjetivos, com destaque para "rico". Praticamente indigente no começo da vida, o homem cujo busto hoje aparece na nota de cem dólares era o equivalente a um multimilionário em sua época. Ao contrário de mim, ele não precisou fazer contas para saber se podia se aposentar. Ele simplesmente diminuiu o ritmo.

"Se voltássemos três gerações atrás, veríamos que aposentadoria não era muito comum, e quatro gerações atrás não era nada comum. As pessoas que se aposentavam tinham ativos; caso contrário, homens e mulheres viviam a vida usando seus corpos principalmente como ferramenta de produção", diz Beach. Antes da industrialização, quando quase todos trabalhavam na agricultura, muitos homens desenvolviam significativos problemas musculares, esqueléticos e vasculares antes de chegar aos 40 anos. Se vivessem até essa idade, tinham boas chances de chegar aos 55, complementa Beach: "E parava por aí. Seus últimos anos poderiam ser passados na pobreza porque a maioria das pessoas era pobre. As famílias eram pobres. As pessoas não tinham ativos para cuidar dos mais velhos".

Apenas para enfatizar como a expectativa de vida no século XVIII era incerta, considere o renomado historiador, escritor e parlamentar inglês Edward Gibbon. O primeiro dos seis volumes que compõem sua obra mais aclamada, *Declínio e queda do Império Romano*, foi publicado em 1776 – o mesmo ano em que os Estados Unidos surgiram como nação independente. É incrível, mas esse Edward era o *sexto* Edward Gibbon a nascer de seus pais, Edward e Judith Gibbon, que continuaram nomeando os filhos de Edward e assistindo a sua morte na infância.

Os Gibbons depositaram sua confiança nos médicos, assim como fazemos hoje. Será que essa confiança está equivocada?

O etarismo está dolorosamente bem documentado entre médicos, enfermeiros e outros profissionais de saúde. Na verdade, tornou-se uma parte enraizada da equação para determinar quem recebe o tratamento mais eficaz (leia-se: caro). No entanto, à medida que um número significativamente maior de nós vive até os 100 anos e além, precisamos repensar como aplicamos nossos cuidados médicos mais avançados e caros. Em algum momento, um centenário vai precisar de um coração ou de um rim. Se sua saúde geral estiver boa e seu prognóstico for favorável, quem somos nós para negar-lhe?

À medida que nosso planeta envelhece, a sociedade está cada vez mais preocupada em exigir que as pessoas mais velhas sejam tratadas com dignidade e respeito.

Os idosos, outrora reverenciados, estão cada vez mais sendo desprezados. O gerontólogo Robert Butler, vencedor do Prêmio Pulitzer, cunhou o termo "etarismo" em 1969, e infelizmente a estereotipagem sistemática e a discriminação com base na idade nunca saíram de moda.

O papa Francisco é um dos mais recentes a opinar sobre esse tema complicado. Não é difícil entender por quê: enfraquecido pela fragilidade e pelo declínio físico à medida que se aproxima dos 87 anos, o pontífice, nascido na Argentina, tem usado uma cadeira de rodas e se apoiado nos braços de seus auxiliares, e até mesmo mencionou a possibilidade de seguir seu antecessor, Bento XVI, em algo equivalente à aposentadoria precoce para um papa octogenário. Em uma peregrinação recente ao oeste do Canadá, Francisco instou a humanidade a construir "um futuro no qual os idosos não sejam descartados porque, do ponto de vista 'prático', eles não são mais úteis... um futuro que não seja indiferente à necessidade dos idosos de serem cuidados e ouvidos".

É um refrão que o papa enfatizou repetidas vezes. Em *Sobre o céu e a terra*, livro de 2010 que precedeu seu papado, o então cardeal Jorge Bergoglio comparou a negligência das necessidades de saúde dos idosos à "eutanásia disfarçada". Muito mais recentemente, Francisco tem evocado a longevidade extrema na Bíblia, incluindo nosso amigo Matusalém, e refletido sobre a condição humana com a passagem do tempo. "Quando você volta para casa e encontra um avô ou uma avó que talvez não esteja mais lúcido ou, sei lá, tenha perdido parte da capacidade de falar, e você passa tempo com ele ou com ela, você está 'perdendo tempo', mas essa 'perda de tempo' fortalece a família humana", diz o pontífice. "Você sabe como perder tempo com os avós, com os idosos?... Os idosos têm muito a nos ensinar sobre o significado da vida."

É uma mensagem bastante suave, mas não se engane: Francisco conclama o arremesso de fogo e enxofre sobre aqueles que são indiferentes, ou pior, às necessidades dos idosos. Ao assumir o cargo de Bento XVI, após o papa emérito se aposentar em 2013, Francisco condenou aquilo que chamou de "cultura do descarte" que trata os idosos como lixo.

Para muitos empregadores, isso faz sentido, pelo menos no que diz respeito ao resultado financeiro. A socióloga Beth Truesdale, a quem fomos apresentados no Capítulo 4, foi coeditora de *Overtime: America's Aging Workforce and the Future of Working Longer* ("Hora extra: a força de trabalho envelhecida da América e o futuro com trabalho por mais tempo", em tradução livre). O livro inclui uma entrevista com Henry, um *barman* de Nova York na casa dos 70 anos que adora seu trabalho, as pessoas, o espetáculo. Ele é excepcionalmente bom nisso, e sejamos sinceros: os *bartenders* são trabalhadores essenciais. São como assistentes sociais, padres e pastores; recebem e ouvem nossas confissões. O único pecado de Henry: sua idade. Quando precisou procurar um emprego novo, as oportunidades secaram abruptamente. "Quem vai contratar um sexagenário quando se pode ter uma jovem bonitinha de 25 anos?", pergunta retórica feita por Truesdale.

É claramente ilegal e, irritantemente, quase impossível de provar. "Menos de 10% das queixas de discriminação por idade são resolvidas a favor dos reclamantes, e a maioria delas é simplesmente rejeitada", relata Ruth Finkelstein, diretora executiva do Centro Brooklyn de Envelhecimento Saudável da Universidade da Cidade de Nova York.

Raymond Peeler, advogado associado da Comissão de Oportunidades Iguais de Emprego (EEOC, na sigla em inglês) do governo federal, explica por quê: "É raro termos alguma prova irrefutável". Peeler me informa que, das 60 mil reclamações que a EEOC analisa a cada ano, a agência escolhe com cuidado quais batalhas levar adiante, intervindo com uma ação judicial em apenas cerca de duzentos casos por ano, aqueles em que a agência acredita ser possível fazer uma diferença. Advogados particulares entram com muitas outras ações, mas dezenas de milhares de estadunidenses que estão convencidos de que foram prejudicados em um emprego nunca têm a oportunidade de apresentar seu caso em um tribunal.

Segundo Bill Rivera, o principal litigante da AARP, aqueles que esperam meses ou anos por justiça "não são fracos".

Apesar do fato de que pessoas com mais de 50 anos injetam mais de 8 trilhões de dólares por ano na economia dos Estados Unidos – coletivamente alimentando um motor turbinado que deve chegar a 12,6 trilhões de dólares até 2030 e a incríveis 28,2 trilhões de dólares até 2050 –, a maioria das empresas não inclui a idade em seus programas de diversidade, equidade e inclusão.

A Lei de Discriminação Etária no Trabalho (ADEA, na sigla em inglês) foi promulgada em nível federal em 1967 e cobre os estadunidenses com 40 anos ou mais. (Ela requer uma atualização urgente: os especialistas observam, com ironia, que, em certas partes da economia, como no Vale do Silício, onde a juventude é muito valorizada, você pode ser marginalizado aos 30 anos.) Candidatos mais velhos, cuidado: os anúncios de emprego podem conter mensagens cifradas que revelam a preferência de uma empresa por trabalhadores mais jovens: "procuramos nativos digitais" ou "incentivamos recém-formados a se candidatar".

Em 2009, uma decisão da Suprema Corte dos Estados Unidos erodiu severamente as proteções contra a discriminação por idade no emprego, tornando muito mais fácil para os empregadores demitirem ou rebaixarem trabalhadores por causa da idade. Funcionários mais velhos que vão à justiça para contestar a demissão ou o rebaixamento agora precisam atender a exigências mais rígidas de comprovação.

Jack Gross, executivo de uma seguradora de Des Moines, no estado de Iowa, entrou com um processo após ser rebaixado aos 55 anos. O desempenho de Gross estava entre os 5% mais altos na FBL Financial Services, e ele havia recebido promoções constantes e mais responsabilidades na função – até se tornar um homem de certa idade, e tarefas-chave foram entregues a um colega muito mais jovem. Quando o caso chegou à Suprema Corte, esta decidiu por cinco a quatro contra Gross, contrariando, dessa forma, o pleito da ADEA. Antes da decisão do tribunal, alguém como Gross só precisava mostrar que a idade havia desempenhado um papel *significativo* em uma ação discriminatória no emprego. Agora, o queixoso precisa provar que a idade foi o fator *decisivo*. É um padrão jurídico substancialmente mais elevado que o exigido por qualquer outro tipo de discriminação – incluindo casos envolvendo raça, sexo ou religião – e os advogados dizem que é quase impossível de comprovar.

A maioria conservadora da corte – liderada pelo ministro Clarence Thomas, cujo voto foi acompanhado pelo presidente do tribunal, John G. Roberts Jr., e pelos ministros Antonin Scalia, Anthony M. Kennedy e Samuel A. Alito Jr. – disse que cabe aos trabalhadores o ônus de comprovar que a idade foi o fator motivador do rebaixamento ou da demissão. Os empregadores, é claro, nunca anunciam que estão discriminando alguém por causa da idade. O ministro John Paul Stevens escreveu uma divergência inflamada, denunciando a decisão como "especialmente irresponsável". Uma década e meia depois, essa decisão teve um efeito arrepiante: ganhar um processo por discriminação etária é um acontecimento raro.

O Congresso tem procurado restaurar algumas dessas proteções perdidas. Um projeto de lei que passou na Câmara com amplo apoio bipartidário permite que os trabalhadores afetados entrem com reclamações com base em "motivação mista" – alegações de discriminação por idade contra empregadores que se escondem por trás de outros fatores, como uma reorganização ou redução de pessoal. Outro, também apoiado tanto por democratas quanto por republicanos na Câmara, torna ilegal perguntar aos candidatos sua data de nascimento.

Entretanto, à medida que as soluções legislativas permanecem estagnadas, os abusos contra os trabalhadores mais velhos continuam se acumulando.

Em uma investigação marcante para a *ProPublica*, copublicada, em 2018, pela *Mother Jones*, o jornalista Peter Gosselin revelou a discriminação flagrante e descarada por idade perpetrada pela IBM contra seus funcionários mais idosos. E não é apenas a IBM. "Cinquenta e seis por cento daqueles que entram na casa dos 50 anos e estão em empregos estáveis são demitidos pelo menos uma vez ou deixam seus empregos em circunstâncias financeiramente prejudiciais, o que sugere uma tomada de decisão involuntária", diz Gosselin. Nove em cada dez deles, acrescenta ele, sofrem uma perda de renda da qual nunca se recuperarão – mesmo que tenham a sorte de encontrar um novo emprego, o que está longe de ser garantido –, o que significa que, por fim, serão aposentados sem as reservas que planejaram para viver.

A realidade nua e crua: não importa a idade que você tenha, caso se candidate *on-line* a um emprego, a inteligência artificial revelará sua idade. E, se não for a ideal, será muito difícil ser entrevistado. A IA é etarista, descobriu recentemente uma análise da Organização Mundial da Saúde, a qual concluiu que os algoritmos que a moldam tendem a não levar em conta os mais velhos; em vez disso, ela favorece os mais jovens.

Não consigo deixar de me perguntar se isso explica o silêncio recebido por minhas candidaturas para vagas em outros grandes veículos midiáticos, praticamente idênticas ao trabalho que venho fazendo há uma década. Para me dar uma chance mínima, revisei, com muito cuidado, meu currículo de modo a omitir quaisquer datas que tornassem óbvia minha idade, mas nem sequer consegui uma entrevista. Será que a IA leu nas entrelinhas e se recusou a levar minha candidatura adiante? Jamais saberei e, se você tem a minha idade e se encontra em uma situação semelhante, também não saberá.

Não acredita? Experimente este teste: passe um tempo explorando o Glassdoor,* *site* em que as pessoas postam avaliações anônimas e francas a respeito de seus empregadores atuais e anteriores, compartilhando informações sobre salário, benefícios e condições de trabalho. Quando se trata de etarismo percebido, uma queixa comum entre os estadunidenses trabalhadores, não pode ser tudo manipulação psicológica. Onde há fumaça, há fúria.

No aclamado documentário de 2020 de Shalini Kantayya, *Coded Bias*,** Joy Buolamwini, pesquisadora do MIT Media Lab, investiga os vieses dos algoritmos após descobrir falhas na tecnologia de reconhecimento facial. É uma situação assustadora: a tecnologia não visualiza os rostos de pele escura com precisão. Os recrutadores de profissionais e os departamentos de recursos humanos usam, claramente, diferentes tipos de algoritmos para selecionar milhares de currículos e filtrar o número de candidatos para uma vaga de emprego. Mas é tudo código de computador e, se o código for tendencioso ou de alguma forma defeituoso, temos um problema.

Imagine que você está destinado a viver por mais de 100 anos; sente a necessidade de ganhar dinheiro aos 70, 80 ou até mesmo 90 anos; e a tecnologia, juntamente com as vicissitudes normais e os desafios da idade, está conspirando contra você.

_____
*. Veja mais em: https://www.glassdoor.com/index.htm.
**. "Viés cifrado". (N.T.)

Paul Irving, ex-presidente do centro de estudos não partidário Instituto Milken e presidente fundador do Centro para o Futuro do Envelhecimento, prevê que o envelhecimento da população será a segunda maior preocupação global após a mudança climática. "A mudança demográfica mudará tudo. E as empresas inteligentes perceberão isso: 'O cliente do futuro é mais velho. O funcionário do futuro é mais velho'", afirma ele.

Irving, que está na casa dos 70 anos, enxerga duas visões conflitantes do nosso planeta que envelhece: uma de tristeza, doenças crônicas, demência, solidão e isolamento; e outra de exagero sobre viver vidas satisfatórias de 200 anos ou até mesmo viver para sempre. "E eu acho que a verdade está em algum lugar no meio", pondera.

"Não somos apenas uma sociedade segregada por raça e classe – somos uma sociedade segregada pelo etarismo", acrescenta. Isso flui em ambas as direções: não é apenas a geração do milênio que expressa seu desdém pelos mais velhos através da expressão "OK, *boomer*", mas também os *baby boomers* que fazem piadas sobre os *millennials* e comentários depreciativos sobre a suposta fragilidade dos integrantes da geração Z.

Nas Nações Unidas, enquanto líderes mundiais se revezavam fazendo discursos que expõem o que consideram as preocupações mais urgentes da humanidade, o presidente da Bolívia passou parte de seu tempo no pódio denunciando a ausência de um tratado universal de proteção aos idosos. No entanto, Luis Alberto Arce Catacora é uma exceção. Poucos membros daquela entidade mundial abordam o envelhecimento, mesmo que o Alto Comissário das Nações Unidas para os Direitos Humanos tenha denunciado enfaticamente o mau tratamento de idosos que foram, em suas palavras, "privados de sua liberdade", sobretudo aqueles confinados em instalações apertadas em casas de repouso.

Nos Estados Unidos, uma nação onde o racismo estrutural e o etarismo se sobrepõem, dois mundos entraram em colisão. O preconceito por idade não afeta apenas as pessoas que precisam de cuidados de enfermagem – afeta também aquelas que foram contratadas para alimentá-las, banhá-las e esvaziar seus penicos.

Robyn Stone, ex-vice-secretária assistente de política de envelhecimento e cuidados de longo prazo do Departamento de Saúde e Serviços Humanos dos Estados Unidos e agora pesquisadora sênior no *campus* de Boston da Universidade de Massachusetts, afirma que os milhões de pessoas que trabalham como cuidadores de idosos são cronicamente mal remunerados "por causa de um sentimento oculto de etarismo".

"Trabalhar com adultos mais idosos é pouco valorizado. Eles vão desenvolver demência. Todos acabarão por morrer. Você não tem como aumentar os salários e os benefícios se ninguém valoriza o trabalho", explana ela.

Dr. Timothy Farrell, que preside o comitê de ética da Sociedade Americana de Geriatria, concorda: "Neste país, temos uma longa história de racismo, etarismo e uma interseção de racismo estrutural e etarismo que afeta a qualidade dos cuidados de saúde, incluindo acesso deficiente e resultados precários", argumenta ele.

Pesquisadores da Universidade de Michigan perguntaram a pessoas com idades entre 50 e 60 anos sobre suas experiências com o etarismo no dia a dia. Oito em cada dez entrevistados disseram ter encontrado uma ou mais formas dele. Alguns também disseram ter lutado contra o etarismo internalizado – pensamentos do tipo "sou mais velho; não posso fazer isso; isso é para os mais jovens".

A colunista de opinião do *New York Times* Pamela Paul expressa essa situação com perfeição:

> "São todos estes pequenos momentos: acordar depois de uma boa noite de sono e se sentir pior do que quando foi para a cama na noite anterior. Você não pula da cama, mas se ergue com estalos audíveis. Descobre que pode infligir uma lesão grave ao próprio corpo apenas por se esticar da

maneira errada para alcançar o despertador. Sabe que, quando acabar na fisioterapia, não será por causa de uma maratona ou do esqui aquático, mas por algo que aconteceu em uma calçada.

Os *baby boomers*, sabemos, não gostaram de envelhecer. Foram eles que começaram toda essa luta contra o envelhecimento. Mas, como membro da geração X, tenho que reconhecer que o nosso caso é pior. Nossa vida inteira é construída em torno de uma aura de juventude mal ajustada. Não nos vejo nos adaptando, gradualmente, a palavras como 'experiente' ou 'maduro'. Os *millennials* certamente se rebelarão contra a idade quando chegar a vez deles, mas essa não é uma cruz que precisamos carregar."

Nem mesmo a cultura popular consegue chegar a uma conclusão sobre se a longevidade é algo bom. Para cada Bob Dylan ("Forever Young" [Sempre jovem]), Oasis ("Live Forever" [Viver para sempre]) ou Pearl Jam ("Immortality" [Imortalidade]), há um Queen ("Who Wants to Live Forever" [Quem quer viver para sempre?]) ou uma Taylor Swift ("I Don't Wanna Live Forever" [Não quero viver para sempre]).

Em um mundo que envelhece com rapidez, onde cada vez mais de nós teremos uma chance expressiva de chegar aos 100 anos, de fato, precisamos superar marcos puramente artificiais, como os 65 anos.

"Sessenta e cinco anos não é velho!", afirma Karon Phillips, uma gerontóloga de saúde pública do Trust for America's Health. "Pensamos nos 65 anos como a idade de aposentadoria, mas nem esse é mais o caso. Algumas pessoas continuam a trabalhar ou, quando se aposentam, vão trabalhar como consultores. O envelhecimento não é um monólito. Não estamos todos envelhecendo da mesma maneira".

UMA ESTRATÉGIA, RECONHECIDAMENTE NÃO MUITO ATRATIVA PARA muitos de nós: se você está trabalhando agora, não pare.

Ela é um exemplo imperfeito, porque viveu uma vida de imensos privilégios, mas a rainha Elizabeth II da Grã-Bretanha tinha 96 anos e era soberana há 70 anos quando faleceu em 2022. "Um de seus legados é o significado de envelhecer, manter-se atualizado e permanecer relevante", diz Gary Officer, presidente e CEO do Centro de Inclusão na Força de Trabalho em Silver Spring, Maryland, que defende as necessidades dos trabalhadores com 50 anos ou mais. Esse é um bloco considerável e crescente: até 2024, os trabalhadores com idades entre 50 e 54 anos representarão o maior segmento isolado da força de trabalho estadunidense.

Existem exemplos convincentes de pessoas comuns que ainda estão felizes em seus empregos, mesmo após atingirem ou ultrapassarem os 100 anos.

Um exemplo marcante é Ginny Oliver. Essa nativa do Maine, aos 103 anos, ainda coloca iscas em armadilhas e mede e classifica lagostas retiradas das águas geladas da baía de Penobscot – um trabalho que ela começou quando tinha 8 anos. Juntamente com um de seus filhos – Max, o "caçula" de 80 anos –, a pescadora credenciada mais velha do estado embarca três manhãs por semana no *Virginia*, um barco que leva seu nome, para cuidar de suas armadilhas. "Fiz isso a vida inteira, então é melhor continuar fazendo... Vou me aposentar quando morrer", declarou ela.

Joe Smith é um espírito semelhante. Você poderia esperar que, depois de 57 anos no emprego na imobiliária St. Clair em Bakersfield, Califórnia, ele tivesse se aposentado bem antes de se tornar um centenário. Mas você teria errado: quando completou 100 anos, Smith descartou qualquer hipótese de aposentadoria. "Gosto de manter minha mente ocupada", diz o veterano da Força Aérea da Segunda Guerra Mundial, que começou a trabalhar aos seis anos na fazenda da família no Arkansas.

Talvez nenhum trabalhador centenário tenha desafiado tanto os sentimentos etaristas enraizados quanto Carmen Herrera, uma artista abstrata, nascida em Cuba, que faleceu em seu apartamento, em Manhattan, em 2022, aos 106 anos. Herrera trabalhou na obscuridade durante a maior parte da vida, finalmente alcançando fama internacional aos 89 anos. "Num mundo artístico que adora tudo que é novo e jovem, a sra. Herrera avançou na velhice ignorada pelos mercados comerciais, saboreando apenas os prazeres solitários de todos os artistas batalhadores: criar maravilhas pelo simples prazer de criar", escreveu o *New York Times* em seu obituário.

Dagny Carlsson, uma sueca apelidada de blogueira mais velha do mundo, trabalhou até poucas semanas antes de sua morte aos 109 anos. Ela escreveu sobre sua vida com base em uma premissa simples: nunca pense que você é velho demais para fazer o que quer. Carlsson lançou seu blog quando completou 100 anos e atraiu milhares de seguidores. Em sua última postagem, na qual disse estar ansiosa para comemorar o 110º aniversário, deu uma demonstração de seu senso de humor e vontade de viver: "Sou como um gato, tenho pelo menos sete vidas".

Não faltam celebridades que seguem os exemplos desses centenários notáveis que "não podem e não vão parar", o que sugere que seremos inspirados durante décadas. A provocante e, às vezes, maliciosa comediante da TV Betty White liderou o caminho e, quase até o final, a estrela de *Supergatas* nos fazia rir. (O hilário é que ela riu por último: quando faleceu, aos 99 anos, duas semanas antes de se tornar centenária, a revista *People* já estava nas bancas com uma capa chamativa, porém prematura: "Betty White faz 100 anos!")

Beverley Johnson, uma das primeiras supermodelos, fez história há quase 50 anos ao se tornar a primeira mulher negra a estampar a capa da edição estadunidense da revista *Vogue*. Aos 70 anos e avó, ela desfilou na passarela durante a Semana de Moda de Nova York em 2022, esbanjando elegância, classe e, sim, beleza. Houve gritaria e aplausos entusiasmados.

O ator e autor de *Jornada nas Estrelas* William Shatner continua criando aos 92 anos. O homem conhecido por milhões como capitão Kirk está descobrindo que a idade, não o espaço, é a última fronteira.

Em questão de meses, ele não apenas decolou para o espaço em um dos foguetes da Blue Origin, de Jeff Bezos, mas também lançou *Boldly Go* ("Com audácia, vá", em tradução livre), um novo livro sobre essa experiência e inúmeras outras ao longo de mais de nove décadas. ("Então, fui para o espaço", diz ele, de maneira irônica, antes de se expressar poeticamente: "Descobri que a beleza não está lá fora; está aqui embaixo, com todos nós".)

Aos 91 anos, o lendário compositor John Williams, o gênio musical que nos deu trilhas sonoras de filmes como *Um violinista no telhado*, *Tubarão*, *Guerra nas estrelas*, *A lista de Schindler* e outros campeões de bilheteria, tornou-se o indicado ao Oscar mais idoso de todos os tempos pela trilha sonora do filme de Steven Spielberg *Os Fabelmans*.

Doze anos mais velha que Williams, a dinâmica freira conhecida como irmã Jean inspirou pessoas dentro e fora das quadras como capelã da equipe de basquete masculino da Universidade Loyola de Chicago que chegou às finais do torneio NCAA em 2018. Aos 103 anos, ela lançou uma bem-sucedida autobiografia, *Wake Up with Purpose! What I've Learned in My First Hundred Years* ("Acorde com um propósito! O que aprendi ao longo de meus primeiros 100 anos", em tradução livre).

E Angela Lansbury, estrela de *Assassinato por escrito*, que faleceu cinco dias antes de seu 97º aniversário, nos entreteve por quase todo esse tempo. Embora fosse escalada com frequência para papéis mais idosos, a mulher que cantou a música-tema do filme animado *A Bela e a Fera* se recusava a interpretar "mulheres velhas e decrépitas". "Quero que mulheres da minha idade sejam representadas como são, ou seja, membros vitais e produtivos da sociedade".

O que todos eles têm em comum: a recusa em aceitar a noção preconceituosa de que, uma vez que você atinge os 50, 60 ou mais anos, está acabado. Angela Lansbury era bela, não uma fera. Mas essa não é a mensagem que nossa cultura envia para pessoas da idade dela.

SE VOCÊ PERCORRER AS GÔNDOLAS DE CARTÕES COMEMORATIVOS EM papelarias ou supermercados, verá o que quero dizer. Zombar dos idosos está liberado. Cartões de aniversário nos declaram "ultrapassados" e nos retratam curvados e enrugados, usando bengalas ou andadores.

Quando fiz 50 anos, um amigo me deu um cartão que continha um conjunto em miniatura de dentaduras postiças. Outro me deu um cartão que escondia um pequeno tubo de creme para hemorroidas. Imagine se essas piadas grosseiras zombassem da cor da pele, deficiência ou orientação sexual das pessoas. Pense nos conflitos que causaríamos em nossa sociedade.

Changing the Narrative, um grupo sem fins lucrativos que faz campanha para mudar atitudes em relação ao envelhecimento, tem instado os *designers* de cartões comemorativos a abandonar estereótipos negativos e depreciativos, os quais ridicularizam e marginalizam os idosos como "sonolentos, rabugentos e fracos" e, em vez disso, celebrar essas pessoas e suas contribuições, bem como destacar os papéis vitais que desempenham na sociedade. "Precisamos de mensagens mais inteligentes e divertidas, sem todos os ataques etaristas que envolvem partes do corpo flácidas e a crescente irrelevância", afirma.

Não é apenas o setor de cartões comemorativos. Em 2018, a plataforma de investimentos E*TRADE veiculou um comercial incrivelmente insensível e depreciativo no Super Bowl,* retratando trabalhadores de 85 anos fracassando miseravelmente em seus empregos.

Martha Boudreau não está dando risada. Como vice-presidente executiva e diretora de comunicações e *marketing* da AARP, está determinada a persuadir a sociedade em geral, e os anunciantes em particular, a parar de usar estereótipos preconceituosos ofensivos e simplesmente imprecisos em relação à idade.

---

*. Nota da Editora: Super Bowl é o jogo final da NFL, liga esportiva profissional de futebol americano nos Estados Unidos.

Na maioria das agências de publicidade, os diretores criativos estão na casa dos 30, diz ela, mas poucos tiveram acesso a uma análise confiável do público de mais de 50 anos, muito menos dos contingentes com mais de 60 ou 70 anos. Isso não faz sentido, argumenta ela, porque são justamente aqueles entre nós com mais de 50 anos que estão impulsionando a economia da longevidade. "Independentemente do que você estiver vendendo, as pessoas com mais de 50 anos estão comprando. Por que os profissionais de *marketing* não entendem isso?", acrescenta Boudreau.

Pelo menos uma empresa merece elogios da AARP: a Airbnb. A gigante dos aluguéis de curto prazo veiculou um comercial mostrando um casal na casa dos 70 anos, em uma romântica casa de campo, dançando e bebendo champanhe e, na manhã seguinte, o homem de pijama, deitado na cama e tomando café. "*Uau!*", exclama Boudreau. "É simplesmente incrível. A Airbnb sabe exatamente quem aluga esse tipo de casa. Eles estão monitorando os dados e vendo quem eles querem atrair, com base nas pessoas que alugam suas propriedades."

A revista *Allure* também ganhou admiradores por tentar mudar os termos da conversa ao banir o termo "antienvelhecimento" de suas páginas desde 2017, mesmo que publique anúncios de dezenas de produtos de cuidados com a pele e a beleza vendidos às mulheres como formas de rejuvenescer por meio de cosméticos.

"Quer saibamos ou não, estamos sutilmente reforçando a mensagem de que o envelhecimento é uma condição de saúde que precisamos combater – pense em medicamentos antiestresse, *software* antivírus ou *spray* antifúngico", sugeriu na época Michelle Lee, ex-editora-chefe da revista. "Se existe alguma coisa inevitável na vida, é que estamos envelhecendo. A cada minuto. A cada segundo... Sim, os estadunidenses colocam a juventude em um pedestal. Mas, convenhamos, apreciar a exuberância da juventude não significa que nos tornamos repentinamente horrendos à medida que os anos passam."

Boudreau, da AARP, quer que o setor de publicidade use sua enorme influência para o bem em relação ao envelhecimento, da mesma forma que suas campanhas anteriores ajudaram a reduzir o tabagismo e a promover o uso do cinto de segurança. "As imagens importam. As pessoas se veem ou não se veem", diz ela, aplaudindo empresas como a L'Oréal, que ostentam embaixadores da marca como Jane Fonda, de 85 anos, e Maye Musk, de 75 anos (sim, a mãe do Elon). "Sua marca é flexível o suficiente para abranger um espectro etário mais amplo com produtos diferentes. Tudo muda quando você percebe que vai viver metade de sua vida após os 50."

No entanto, de uma forma um tanto constrangedora, até a AARP reconhece que não coloca pessoas reais na capa de sua própria revista – nem mesmo aquelas tão notáveis como a irmã Madonna Buder, uma freira de 93 anos que se tornou a mulher mais velha a completar um triatlo Ironman, aos 82 anos. Por quê? Porque são exemplos extremos e não, como Boudreau coloca, "reproduzíveis em circunstâncias normais". Em vez disso, a organização destaca celebridades, incluindo estrelas que tendem a estar na extremidade mais jovem de seu público-alvo: Adam Sandler, Viola Davis, George Clooney, Tyler Perry. "É uma pergunta antiga: 'Por que vocês não colocam pessoas reais na revista?' Porque, na verdade, as pessoas não querem ver isso. Elas querem pegar uma revista e exclamar: 'Ah, uau'", diz ela.

Como sociedade, um caminho a trilhar pode ser combinar jovens e idosos onde e quando possível. Viver a vida juntos, integrando as gerações, para que *baby boomers*, geração Z e todos os outros possam compartilhar o melhor que todos têm a oferecer.

O Japão, tão frequentemente inovador no campo do envelhecimento, está trabalhando para conectar os muito velhos com os muito jovens. Um lar de idosos na cidade de Kitakyushu, na província de Fukuoka, emprega 32 "babás" – todas com menos de quatro anos – que brincam, pulam e riem na presença dos idosos moradores da instituição, os quais ficam radiantes. Os idosos iniciam conversas com as crianças e vice-versa; os pais ou responsáveis pelas crianças são compensados com fraldas, fórmulas infantis e outros presentes.

"Não tenho a oportunidade de ver meus netos com frequência, então as babás são uma grande alegria", disse Kyoko Nakano, de 85 anos, moradora do lar de idosos, ao *New York Times*.

Talvez seja um desejo ingênuo, mas é difícil imaginar o etarismo continuar a se consolidar e se proliferar se, como os organizadores do experimento no lar de idosos japonês, nos dedicarmos mais deliberadamente a criar espaços de deleite e apreciação mútua entre gerações.

Em Providence, que possui uma população latina grande e vibrante, muitas famílias ocupam os três andares das numerosas habitações multifamiliares da cidade, e isso é algo bonito de ver. O avô e a avó, *abuelo* e *abuela*, vivem em um andar, cuidando dos filhos de seus filhos durante o dia de trabalho, sabendo que, quando chegar a hora de eles serem cuidados, seus filhos e netos cuidarão deles. Três gerações sob o mesmo teto partilham refeições e vivem a vida juntos. Talvez seja hora de o restante do país, incluindo os subúrbios ricos povoados por brancos, seguir esse exemplo. Certamente resolveria muitos problemas relacionados aos cuidados com os idosos e ao envelhecimento em seu local de residência – um final feliz desejado por muitos de nós, mas que, com frequência, se torna um sonho esquivo.

Alguns dizem que é um sonho que se torna realidade em Bridge Meadows, uma comunidade multigeracional financiada de forma privada e pública nos arredores de Portland, Oregon, que oferece habitação acessível para idosos, crianças adotivas e suas famílias. Derenda Schubert, diretora-executiva da Bridge Meadows, diz que a atmosfera é de convivência em um vilarejo, onde as famílias vivem intergeracionalmente em casas geminadas. É a sua resposta – na verdade, mais uma repreensão – ao fato de os Estados Unidos terem se tornado um lugar onde as gerações não vivem nem trabalham mais nas mesmas comunidades, muito menos fazem qualquer dessas coisas juntas.

"Quando as pessoas vivem perto umas das outras, e existe proximidade e disposição, é mais provável que formem relacionamentos muito importantes, os quais se tornam, ao longo do tempo, como os de uma família. Estamos eliminando o etarismo porque a criança agora enxerga o idoso como alguém que ama e do qual quer cuidar, sendo seu dever envolver-se com essa pessoa", diz Schubert.

Em uma escala mais ampla, porém, os Estados Unidos não são o Japão – nem mesmo Portland ou Providence – quando se trata de sensibilidade em relação ao envelhecimento.

"Os Estados Unidos não são um país conhecido por valorizar e celebrar os idosos por sua sabedoria. São um país mais orientado para a juventude", escreve o eminente psiquiatra estadunidense H. Steven Moffic em um comentário para o *Psychiatric Times*. "Países onde os idosos são valorizados, como o Japão, têm as expectativas de vida mais altas do mundo... Há mais de cinco séculos, o explorador Ponce de León dizia estar procurando encontrar a Fonte da Juventude. Agora, finalmente, encontramos uma dessas fontes, mas não é uma bebida, é uma crença que transborda, uma crença no valor do envelhecimento. Vamos chamá-la de 'Atitude da Juventude'."

Linda Fried, diretora do Centro de Envelhecimento Robert N. Butler da Universidade Columbia, concorda. Os Estados Unidos, segundo Fried, são a sociedade mais segregada por idade do mundo – o que não é nada bom quando, entre nós, uma parcela maior do que nunca terá a oportunidade de comemorar o 100° aniversário.

"Na verdade, fizemos o impensável e acrescentamos 30 anos à expectativa de vida humana – talvez até mesmo 40 anos. Como lidamos com o fato de que temos uma sociedade que não foi projetada para ter vidas mais longas?... Precisamos uns dos outros em todas as gerações. Estamos todos juntos nisso", arremata ela.

Começamos por invocar Jane Goodall, cuja energia inesgotável aos 89 anos encarna o que a vida pode ser na nona década e além. Sua determinação, inspiradora e contagiante, lembra outra incansável octogenária de 89 anos: alguém que dedicou as últimas três décadas da própria vida lutando contra o etarismo e outros males sociais que cercam as pessoas mais velhas.

Em uma época em que ninguém a culparia por se retirar silenciosamente para a obscuridade e o desespero, Maggie Kuhn, aos 65 anos, reagiu à aposentadoria forçada, de um emprego que amava no United Presbyterian Office of Church and Society, fundando um movimento. Não há no inferno fúria igual à de uma ativista desprezada. Em vez disso, Maggie redirecionou sua raiva ao fundar os Gray Panthers [Panteras grisalhos], uma série informalmente organizada de redes locais de defesa multigeracionais. Desde 1970, os Panthers vêm confrontando o preconceito etarista e outras questões de justiça social e, meio século depois, seguem lutando, tentando mudar a forma como o mundo enxerga os idosos. Maggie faleceu em 1995, aos 89 anos, exatamente a idade que ela esperava alcançar. Uma de suas citações mais memoráveis ressoa até hoje: "Diga o que pensa, mesmo que sua voz trema".

Não é fácil abandonar o trabalho de toda uma vida, mas, após uma considerável reflexão e algumas conversas esclarecedoras com família, amigos e colegas, decidi sair enquanto ainda tenho algum controle sobre a situação. São mulheres como Jane Goodall e Maggie Kuhn, e minha própria esposa, filho e filha, que acenderam em mim a empolgação de continuar criando e contribuindo em um ritmo mais suave, mais razoável. O estresse tóxico é inimigo da longevidade, e o setor de notícias está repleto disso. Deixarei com prazer a administração de uma redação de jornal para trás.

Não sou místico, mas um poema de um colega jornalista está me ajudando a encontrar a paz com essa decisão, e estou desfrutando da deliciosa ironia disso tudo. Peter Prengaman recita "Have You Done

What You Wanted to Do?" em uma espécie de cadência de *rap* no estilo de Eminem, e estaria mentindo se dissesse que não tem me afetado profundamente neste momento crucial da minha vida:

Você fez o que queria fazer?
Pergunto porque o tempo está chegando para você
Ele está passando para mim também
Como seres humanos, nosso tempo é limitado
Para fazer o que queremos fazer
Feche os olhos; segundos, minutos e horas passam
A marcha do tempo é implacável, muito rápida
O presente é tudo o que temos
Mas ainda assim apostamos no futuro
É um chamariz, uma cura, pensar
"Farei isso ou aquilo no futuro, com certeza"
Mas você fará mesmo? Ou seu tempo terminará
Antes de fazer o que quer fazer?

Segue nesse mesmo tom, e depois ele canta este terceto telepático que simplesmente não consigo tirar da cabeça:

Dentro de você, você sabe o que buscar
Mesmo que exija uma revolução pessoal
Um golpe de Estado autoinventado

Na medicina, assim como nas ciências sociais, muitos fenômenos acabam se interligando.

Os especialistas os chamam de *determinantes sociais da saúde*: estabilidade econômica; acesso e qualidade da educação; acesso e qualidade dos cuidados de saúde; vizinhança e ambiente; relações sociais e interações. Você não sofre apenas um ataque cardíaco; você sofre um ataque cardíaco em razão de seus genes, sua dieta, sua atividade física e seus níveis de estresse. Todas essas coisas dependem de eventuais dificuldades para colocar comida na mesa; não poder pagar por opções alimentares frescas e nutritivas; não ter tempo para se exercitar porque está trabalhando em dois empregos; e preocupar-se tanto em pagar as contas que o estresse desencadeia inflamações em todo o corpo, prejudicando o coração e as artérias no longo prazo.

Da mesma forma, o etarismo não é apenas injusto, prejudicial e imoral – é também uma das principais causas da solidão.

A dra. Becca Levy, professora da Universidade Yale e uma das principais especialistas em psicologia do envelhecimento bem-sucedido, defende que uma solução para abordar a solidão nos níveis individual e estrutural é reduzir o etarismo. Levy diz que começamos a formar estereótipos negativos sobre as pessoas mais velhas quando temos apenas quatro anos de idade; esses estereótipos se transformam e intensificam à medida que envelhecemos, até que, por fim, começamos a acreditar nas distorções e mentiras que ouvimos dos outros e de nós mesmos. "Descobrimos que os estereótipos negativos relacionados à idade podem levar a problemas de saúde mental, como depressão e até mesmo demência", diz ela.

Alguns centenários sofrem de solidão e isolamento. Outros, de alguma forma, conseguem superá-los. Se estamos destinados a viver até os 100 anos, existe algo tangível que podemos fazer enquanto somos mais jovens para nos preparar para a camaradagem e a conexão com outras pessoas?

Continue lendo: as respostas talvez sejam surpreendentes.

6

O lado sombrio da idade avançada

A casa em que cresci costumava pulsar com o caos alegre da disfunção diária da vida. Hoje, uma vez que a única ocupante é minha mãe, ela fica silenciosa a maior parte do tempo, exceto pelo murmúrio de uma televisão com o volume baixo que está quase sempre ligada em algum canto.

Há três telas: uma na cozinha, outra na varanda dos fundos e uma terceira no quarto da minha mãe. Meu irmão mais novo e eu a visitamos uma ou duas vezes por semana, mas ela está com 92 anos, então essas TVs são suas companheiras mais fiéis. Meu pai morreu há mais de duas décadas e, tragicamente, perdemos nosso irmão do meio faz dois anos.

Para minha mãe, que enterrou ambos os pais, um marido, um filho, três irmãos, vários sobrinhos e sobrinhas e amigos e vizinhos demais para contar, a longevidade vem acompanhada de uma maldição. É a dor persistente e incômoda da solidão – refletida em cada retrato de família emoldurado; em cada calendário personalizado; em cada foto Polaroid desbotada e oxidada, presa na lateral da geladeira. Eles se foram, e ela ainda está aqui.

"Vê aquela TV ali? É minha companheira. Ela me faz companhia", ela me diz, virando as cartas de baralho dispostas em fileiras sobre a mesa da cozinha enquanto conclui uma partida de paciência. Pousadas no peitoril da janela, acima da pia, estão duas de suas canecas de café favoritas. Uma delas diz: "Que dia lindo... até algum degenerado estragá-lo". A outra transmite uma verdade singular que ela repetiu durante toda a nossa vida, a ponto de a vermos como um imperativo bíblico – um "Não farás" do século XXI, entregue por Moisés diretamente do Sinai: "Garotas de Nova Jersey não abastecem o carro".*

Você deve se recordar de que a mãe dela viveu quase até os 104 anos, e minha mãe – magra, ágil e ativa – parece ter herdado pelo menos um pouco da longevidade de minha avó. No entanto, juntar-se às fileiras dos centenários é um pensamento que ela considera bastante desanimador. Nossa conversa sobre o assunto começa da seguinte maneira:

> "Mãe, como você se sente com relação a viver até os 100 anos?"
> "<resposta censurada>"

Como vimos, alguns pesquisadores da superlongevidade acreditam que temos o potencial de viver até 150 anos, embora, mesmo que isso seja possível, provavelmente ainda está muito longe de acontecer.

Muitos na comunidade científica compreensivelmente se distanciam das declarações feitas pelos defensores exagerados da extrema longevidade. Refiro-me a pessoas como o gerontólogo biomédico britânico Aubrey de Grey, cuja teoria da "matusalidade" prevê um dia – talvez já em 2036 – em que a tecnologia médica eliminará a morte por causas relacionadas à idade. Falo também do inventor e futurista estadunidense Ray Kurzweil, o qual acredita que, se o genoma humano

---

*. Em 2023, Nova Jersey se tornou o único estado dos Estados Unidos a continuar proibindo o autoatendimento nas bombas de gasolina. (N.T.)

for basicamente um computador rodando um *software* desatualizado, a imortalidade pode ser alcançada por meio da atualização de nossos sistemas operacionais com a edição de genes e de outros meios. (A partir de 2029, o engenheiro do Google prevê que os avanços médicos acrescentarão um ano – a cada ano – à nossa expectativa de vida.)

Parece que as tendências científicas convencionais se deslocam nessa direção. Em um estudo de 2021, publicado na revista científica de revisão por pares *Demographic Research*, Michael Pearce e Adrian Raftery, da Universidade de Washington, concluem que é "extremamente improvável" que alguém alcance uma idade entre 135 e 140 anos até o final deste século. Contudo, eles também acreditam que existe uma alta probabilidade de que alguém viva entre 125 e 132 anos até 2100. A pesquisa é alimentada pelo Banco de Dados Internacional sobre Longevidade, criado pelo Instituto Max Planck de Pesquisa Demográfica em Rostock, Alemanha, que acompanha supercentenários no Canadá, Japão, Estados Unidos e dez países europeus: Alemanha, Áustria, Bélgica, Dinamarca, Espanha, Finlândia, França, Inglaterra e País de Gales, Noruega e Suécia.

Outra equipe, liderada por Timothy Pyrkov, cientista russo que mora em Singapura e trabalha com colegas no Reino Unido e nos Estados Unidos, também publicou um trabalho, em 2021, o qual sugere uma faixa de longevidade humana máxima entre 120 e 150 anos. Um estudo feito no ano anterior por geneticistas e outros cientistas, na Escola de Medicina de Harvard e no Instituto de Ciência e Tecnologia de Skolkovo, em Moscou, revelou um limite máximo de vida estranhamente preciso: 138 anos.

O que os pesquisadores não discutem tanto é se vale a pena alcançar os 150 anos.

Ninguém na história registrada jamais viveu tanto tempo. Imagine sobreviver até mesmo aos seus entes queridos mais velhos por até meio século. Mesmo aqueles que atingiram os 100 anos dizem que as desvantagens podem facilmente superar as vantagens: condições de saúde debilitantes, perda de independência e a solidão decorrente de sobreviver a cônjuges, filhos e amigos. Com a passagem do tempo, à medida que um número maior de nós atinge a marca dos 100 anos, teremos mais companhia. Entretanto, uma sociedade em que 100 anos é a norma está a décadas de distância – e, até então, muitos centenários terão de lidar com algum grau de solidão.

"Eu fui esquecida por nosso bom Deus", disse Jeanne Calment, da França, quando se aproximava dos 122 anos, tendo sobrevivido dolorosamente aos entes queridos mais próximos. Católica devota, a mulher que alguns geriatras apelidaram de "Michael Jordan do envelhecimento" muitas vezes passava as manhãs em oração, fazendo a Deus uma pergunta simples e plangente – que nunca saberemos se Ele respondeu:

Pourquoi? Por quê?

Do outro lado do Atlântico, a maioria dos estadunidenses com 65 anos ou mais diz que gostaria de viver até os 100 anos e além, mas apenas sob certas condições, e mais da metade se preocupa com a possibilidade de a velhice ser arriscada demais para valer a pena. Uma pesquisa de opinião pública, realizada pela Harris Poll com 2.022 adultos dos Estados Unidos, observou que uma em cada nove pessoas com 65 anos ou mais gostaria de alcançar os 100 anos apenas se pudesse ter corpo e mente saudáveis. Oito em cada dez dizem que gostariam de se tornar centenários se seus cônjuges ou parceiros ainda estivessem vivos. E, para que não pensemos que a vaidade desaparece com a idade, sete em cada dez dizem que estariam bem com 100 anos, desde que aparentassem ser mais jovens que a idade. No entanto – e aqui está o problema –, 59% acham que simplesmente existem incógnitas demais para que valha a pena viver tanto tempo.

Parte do problema, declaram dois acadêmicos da University College London, está na maneira como pensamos sobre o envelhecimento extremo. "A velhice muito avançada, quando comentada, é apresentada como se fosse uma espécie de competição de esportes extremos", escrevem Paul Higgs, professor de sociologia do envelhecimento, e Chris Gilleard, pesquisador visitante em psiquiatria, em um ensaio para o *The Conversation* sobre o lado mais sombrio de viver até os 100 anos. "Os centenários são celebrados pelo simples fato de atingirem os 100 anos. Os nonagenários aparecem nas notícias quando correm alguns quilômetros, escalam uma montanha ou pilotam um avião. Caso contrário, reina o silêncio... As redes sociais dos idosos frágeis, quer vivam em casa ou num lar de idosos, tendem a ser muito menores que as do restante da população. A maioria das pessoas com mais de 80 anos vive sozinha. Muitas vezes, têm poucas pessoas com quem falar. Idosos vivendo em desespero silencioso não são raros."

All the lonely people. Os Beatles acertaram em cheio com a letra de "Eleanor Rigby".*

O prolongamento da vida, ainda em grande parte teórico, complica a equação. No passado, os ricos sempre estiveram em posição muito mais privilegiada que o restante de nós para aproveitar tudo que prolonga a vida, seja através de criogenia, tratamentos experimentais ou bioimpressão em 3D de partes do corpo. Precisa de um coração, fígado, pulmão ou rim? Esqueça as filas de transplantes e a escassez de doadores – basta pedir a seu médico para clicar com o botão direito do *mouse* e enviar esse trabalho para a impressora. Estamos passando rapidamente da ficção científica para a realidade: em 2022, uma mexicana de 20 anos, nascida com uma orelha direita subdimensionada e deformada, passou por uma cirurgia bem-sucedida para enxertar uma cópia de tecido vivo em 3D de sua orelha esquerda. Foi impressa em dez minutos por bioengenheiros da 3DBio Therapeutics, uma empresa de medicina regenerativa sediada no Queens, em Nova York, usando uma "tinta biológica" à base de colágeno que continha algu-

---

*. A faixa "Eleanor Rigby", do álbum *Sgt. Pepper's Lonely Hearts Club Band*, dos Beatles, aborda a vida de várias personagens solitárias e tem como refrão: "All the lonely people!" [Todas as pessoas solitárias]. (N.T.)

mas das células do próprio paciente para garantir que a orelha nova regenerasse a cartilagem. Quanto custará um implante assim no dia em que tais procedimentos se tornarem mais comuns? Claro, a empresa não dirá, deixando que especulemos sobre a futura disponibilidade em massa de órgãos vitais impressos em 3D quando eles se tornarem viáveis mais tarde.

As pesquisas capturam consistentemente um ceticismo arraigado quanto à possibilidade de qualquer pessoa que não seja rica ter acesso a essas descobertas que prolongam a vida. A maioria dos entrevistados em uma enquete do Pew Research Center expressou a crença de que todos deveriam ter a possibilidade de receber tratamentos de prolongamento de vida, mas dois em cada três disseram acreditar que, na prática, apenas os ricos teriam acesso.

John K. Davis, professor de filosofia na Universidade Estadual da Califórnia, em Fullerton, escreveu extensamente sobre a ética do prolongamento da vida. Ele propõe uma reflexão não tão hipotética: imagine que há vizinhos ricos que podem pagar procedimentos caros para o prolongamento da vida e viverão até os 190 anos. Você não pode, e está morrendo aos 80 anos, quando esperava chegar pelo menos aos 90. A sua morte não é tão ruim assim, porque você está perdendo poucos anos, ou a sua morte agora é muito pior, porque, se você ao menos tivesse acesso ao mesmo tratamento de prolongamento de vida que os ricos da porta ao lado, poderia viver até os 190 anos? Sua perda é de 10 anos ou de 110?

Um número recorde de estadunidenses dizem que não fizeram uso de cuidados de saúde no último ano porque não tinham condições de pagar, mas os ricos estão gastando milhões em tratamentos supostamente rejuvenescedores com células-tronco. "Em um mundo onde o dinheiro pode comprar quase tudo, chegar a esse extremo para prolongar a própria vida enquanto tantos estadunidenses sofrem sem assistência médica pode ser a forma suprema de consumo ostentatório", escreve a colunista do *Washington Post* Helaine Olen.

Outros membros da comunidade científica adotam posições ainda mais francas. "A pesquisa com o objetivo explícito de prolongar a expectativa de vida humana é indesejável e moralmente inaceitável", conclui Martien Pijnenburg, um eticista médico da Universidade Radboud, em Nijmegen, nos Países Baixos. Sua queixa principal: como pode alguém justificar o prolongamento da vida de ocidentais ricos quando bilhões no mundo em desenvolvimento já perecem prematuramente como resultado do processo que se tornou conhecido como morte desigual?

Em uma tese acadêmica que poderíamos chamar de desapaixonada, sobre os prós e os contras de manipular artificialmente o sistema para ganhar mais alguns anos, Pijnenburg aborda, de forma comovente, a essência da questão da solidão: "Os seres humanos não podem viver sem relações significativas com os outros. Os bens que são essenciais para uma vida boa, como a amizade, são profundamente ligados às dimensões sociais da vida".

Os sociólogos Iliya Gutin e Robert A. Hummer, da Universidade da Carolina do Norte em Chapel Hill, concordam com essas ideias e advertem contra tentativas injustas de prolongar a expectativa de vida "em uma sociedade de alta renda, mas tremendamente desigual, como os Estados Unidos, onde os fatores sociais determinam quem é mais capaz de maximizar a sua expectativa de vida biológica". Isso quer dizer que, se uma distopia da longevidade nos aguarda, é possível que nos encontremos entre dois extremos desagradáveis – a extensão elitista da vida financiada pelo tamanho da conta bancária e a indignação popular de "comer os ricos [idosos]".

Refletindo sobre sua carreira aos 83 anos enquanto morria de câncer, Jack Thomas, o falecido repórter e colunista do *Boston Globe*, recordou uma de suas histórias mais memoráveis, sobre uma centenária que sobreviveu aos filhos. "Entrevistei uma senhora doce, com 101 anos, que estava irritada com Deus, e ela pretendia reclamar com Ele. Seu maior pesar não era sua morte iminente, mas o fato de ter sobrevivido aos quatro filhos. 'Não consigo imaginar o que Deus tinha contra mim para levá-los antes de mim', exprimiu ela. Da estante sobre a lareira, com a mão trêmula, ela pegou uma fotografia de cada filho e beijou-a."

Enfatizando o quanto precisamos uns dos outros – e como essa interdependência afeta nosso bem-estar físico e emocional –, o cirurgião geral dos Estados Unidos Vivek Murthy proclamou a solidão uma crise global de saúde pública. Um em cada três adultos mais idosos se sente solitário, confirma a Organização Mundial da Saúde. Todo esse isolamento está cobrando um preço de nossas mentes e de nossos corpos, o qual os especialistas comparam aos efeitos mortíferos da obesidade ou do alcoolismo. O Instituto Nacional do Envelhecimento afirma que os riscos para a saúde causados pelo isolamento prolongado são equivalentes a fumar 15 cigarros por dia e podem encurtar a vida em até 15 anos. Da mesma forma que o estresse, o isolamento pode desencadear inflamação em todo o corpo e níveis elevados de cortisol e outros hormônios, os quais podem fazer subir a pressão arterial.

"A solidão age como um fertilizante para outras doenças. A biologia da solidão pode acelerar o acúmulo de placas nas artérias, ajudar as células cancerígenas a crescer e provocar metástase, além de promover a inflamação no cérebro, levando à doença de Alzheimer. A solidão causa diversos tipos de desgaste no corpo", explica Steve Cole, diretor do Laboratório Central de Genômica Social da UCLA, ao Instituto.

A solidão, a propósito, não é a mesma coisa que estar sozinho. Introvertidos como eu podem atestar o poder restaurador de se afastar dos outros para recarregar as baterias. Quando preciso de uma pausa do restante de vocês, faço uma corrida longa, uma viagem solitária de veleiro pela baía de Narragansett ou me retiro para pescar com anzol em um lugar onde ficamos só eu e a truta – todas são atividades solitárias. Porém, essas são escolhas pessoais. A solidão é a angústia interior que surge quando necessitamos de companhia e camaradagem, mas somos privados delas. Os pesquisadores encontraram evidências de maior probabilidade de depressão, suicídio, demência, doença de Alzheimer, comprometimento do sistema imunológico e um aumento acentuado de ataques cardíacos e derrames entre idosos que se queixam de se sentirem solitários. Eles também têm mais probabilidade de desenvolver baixa autoestima e sentimento de culpa ou inutilidade. Os extrovertidos, em geral, conforme demonstrado em vários estudos, tendem a viver mais que os introvertidos – ótima notícia para minha esposa, que gosta de socializar; para mim, nem tanto.

"Certamente, você pode estar sozinho sem se sentir solitário", diz Janine Simmons, psiquiatra e neurocientista do Instituto Nacional de Envelhecimento. No entanto, a solidão se configura em uma constância e, como praticamente tudo que é extremo na vida, o excesso de solidão nos esgota. É por isso que algumas sociedades e muitos estadunidenses consideram o confinamento solitário utilizado em prisões dos Estados Unidos uma punição cruel e incomum; é por isso também que os idosos confinados em suas casas com pouco ou nenhum contato humano podem se sentir da mesma forma. "Precisamos de conexões com outras pessoas para sobreviver e prosperar", pontua Simmons.

"A falta de conexões sociais pode aumentar o risco de mortalidade prematura por todas as causas", acrescenta Julianne Holt-Lunstad, professora de psicologia e neurociência na Universidade Brigham Young e especialista em solidão e isolamento social.

Tudo bem. Mas os centenários, por definição, já desafiaram a morte. Para eles, é mais uma questão de qualidade de vida. Mesmo que tenham poucos anos pela frente, não estão menos interessados na vida, na liberdade e na busca da felicidade. É verdade que, dadas as adversidades físicas, mentais e emocionais que enfrentam, essas metas podem ser elusivas.

Em sua festa de aniversário de 120 anos, madame Calment declarou, estoicamente, aos repórteres: "Enxergo mal, ouço mal, não consigo sentir nada, mas está tudo bem". Ela pedalou sua bicicleta em Arles até completar 100 anos e viveu sozinha até os 110, passando, no entanto, os últimos sete anos confinada a uma cadeira de rodas; sua mobilidade e sua independência, longevas, ficaram para sempre para trás.

Pesquisadores da Universidade Cambridge, no Reino Unido, estavam curiosos sobre o bem-estar psicológico dos centenários; estudaram então 97 pessoas com idades entre 100 e 108 anos para investigar qual era o papel desempenhado pela ansiedade em sua vida diária – sobretudo, se estavam sentindo ansiedade em níveis "clínicos relevantes" para sua saúde geral. Quase metade tinha ansiedade em níveis clínicos significativos, o que resultava em pior percepção da própria saúde, maior número de enfermidades, preocupações financeiras com o custo do tratamento e solidão. "Sentir-se solitário pode predispor centenários a desenvolver ansiedade significativa e ter um impacto importante sobre seu bem-estar geral", concluíram os pesquisadores.

Um estudo muito mais amplo de adultos mais velhos em Amsterdã descobriu que a solidão social estava significativamente associada a uma redução na probabilidade de as mulheres alcançarem a idade de 90 anos. Os homens não pareciam ser tão afetados, talvez porque as mulheres têm mais probabilidade de enviuvarem e acabarem vivendo sozinhas. "Isso indica que, para as mulheres, uma rede pessoal extensa e diversificada em uma idade mais avançada pode aumentar a probabilidade de alcançar a longevidade", concluem os pesquisadores, embora afirmem que mais estudos são necessários.

Nossa forma padrão de pensar sobre a vida é: mais é melhor. Como poderia não ser assim, nos perguntamos. Considere John Keats, o grande poeta romântico inglês, que não viveu para completar seu 26º aniversário, ou o pintor renascentista Rafael, que morreu aos 37. Certamente, a brevidade de suas vidas nos privou de ainda mais beleza. Mesmo assim, considerando as desvantagens e os contratempos de viver muito mais que nossos contemporâneos, isso realmente vale a pena?

É complicado, segundo a dra. Lisbeth Nielsen, diretora de pesquisa comportamental e social do Instituto Nacional do Envelhecimento.

Quase 14 milhões de estadunidenses idosos vivem sozinhos, mas muitos deles não são nem solitários nem estão socialmente isolados, explana Nielsen. Os cientistas ainda estão tentando entender como a solidão afeta a saúde e por que muitos centenários, de alguma forma, conseguem lidar com ela e superá-la em sua jornada para alcançar idades excepcionais.

"Os centenários são vulneráveis e resilientes ao mesmo tempo", conclui uma equipe de pesquisadores da Universidade Fordham que estudou os efeitos da solidão e do isolamento social em centenários e em quase centenários. Enquanto isso, um estudo na Nova Zelândia revelou que os centenários têm 32% menos probabilidade de se sentirem solitários do que as pessoas em contingentes de idosos mais jovens, como aqueles com 65 anos ou mais – talvez em virtude da resistência mental e da habilidade para lidar com adversidades adquirida ao enfrentar mais dificuldades na vida.

E existe um subconjunto de idosos que não foi isolado involuntariamente pela sociedade. Trata-se da escolha de um estilo de vida, para o bem ou para o mal, que eles escolheram e abraçaram para si.

Minha mãe é um pouco assim. Pedimos a ela inúmeras vezes que se mudasse para nossa casa. Minha esposa e eu até compramos nossa casa atual pensando nela – tem um quarto espaçoso, no térreo, uma suíte com chuveiro –, mas ela não aceita. Está contente em viver de forma independente na casa em que criou seus filhos, pelo tempo que puder. A recusa de minha mãe em deixar que cuidemos dela expõe uma divisão geracional irreconciliável encontrada na maioria das famílias estadunidenses: muitos da minha geração, os *baby boomers*, estão mais que dispostos a acolher os pais idosos e poupar-lhes as indignidades de um lar de idosos; e muitos da geração dela, a geração silenciosa (em geral, definida como pessoas nascidas entre 1928 e 1945), prefeririam morrer a sentir que são um fardo para os filhos.

As redes sociais podem proporcionar um certo grau de conexão, por mais frágil e superficial que seja. Contudo, para pessoas de uma certa idade, como minha mãe, essas redes são um mistério que elas nunca se deram ao trabalho de desvendar. Ainda é difícil imaginar, até para mim, seu filho, mas, ao longo de seus 92 anos, ela nunca teve um computador ou um *smartphone*, nem enviou ou recebeu um único *e-mail*, muito menos adicionou ou seguiu alguém ou "curtiu" algo *on-line*. A casa dela está conectada à televisão a cabo, mas não à internet. Certos dias, fico chocado; em outros, com inveja. Afinal, ela foi completamente poupada das idiossincrasias de ser sugada para o vórtice das redes sociais impessoais, com toda a falta de sentido e desinformação associadas. Ao contrário dela, os nativos digitais de hoje – futuros nonagenários – viverão seus 90 anos e além de forma totalmente conectada.

No filme indicado ao Oscar de 2015 *Um homem chamado Ove*, baseado no romance homônimo de Fredrik Backman (recentemente refilmado pela Sony Pictures como *O pior vizinho do mundo*, estrelado por Tom Hanks), o protagonista é um rabugento isolado que passa seus dias visitando o túmulo da esposa e odiando praticamente todo mundo. "O que quer que façamos nesta vida, ninguém sai dela vivo", resmunga ele. Felizmente para Ove, uma família jovem que se muda para a casa ao lado e não aceita um não como resposta insiste em fazer contato até que ele os acolhe, literal e figurativamente.

Não que os idosos sejam os únicos a combater a solidão. Os *millennials* e a geração Z já estavam sofrendo em silêncio antes da pandemia de covid-19, que levou o isolamento social de todos a um nível ainda mais alto. A pesquisa mostra que pessoas com idades entre 18 e 24 anos correm um alto risco de sofrerem de solidão e também são as menos propensas a agir: uma combinação perigosa.

Pelo menos dois países – Reino Unido e Japão – estão respondendo à solidão sempre e onde quer que ela seja encontrada, tornando-a uma relevante prioridade governamental. Ambos os países criaram um "Ministério da Solidão", no mesmo nível dos demais gabinetes, para abordar o isolamento em todos os grupos da população. No Japão, a conversa assumiu um tom macabro: tantos idosos estão morrendo sozinhos – seus corpos, às vezes, não são descobertos até semanas ou meses mais tarde, exigindo uma cara e rigorosa desinfestação de seus apartamentos – que os locadores estão exigindo que eles usem dispositivos vestíveis capazes de transmitir seus sinais vitais e outras informações a agências que monitoram seu bem-estar.

No Reino Unido, "ainda estamos em uma fase crítica quando se trata de enfrentar a solidão", afirma a baronesa Diana Barran, primeira pessoa a ocupar o cargo de ministra da Solidão de seu país, sugerindo que, coletivamente, podemos chegar a um lugar mais confortável na escala de solidão da sociedade quando muitos de nós forem mais velhos.

O esforço britânico tem se concentrado fortemente no TikTok e em *hashtags* populares, como a #LetsTalkLoneliness (em tradução livre, #VamosFalarSobreSolidão), divulgados em outras plataformas sociais – não exatamente lugares onde centenários e outros indivíduos excepcionalmente idosos, em geral, se reúnem. Pelo menos, é um reconhecimento público da solidão que múltiplas gerações sofreram na escuridão e no silêncio. Em uma clara indicação de sua sinceridade e determinação em abordar a questão e eliminar o estigma em torno dela, tanto o Reino Unido quanto o Japão – demograficamente uma das sociedades mais velhas do mundo – se comprometeram a realizar encontros periódicos e a aprenderem um com o outro. Barran e seu equivalente no Japão, o ex-ministro Tetsushi Sakamoto, encaram a solidão como um importante desafio internacional, e a conexão com a família, os amigos e os vizinhos como um passo vital para superá-la.

Clamores por uma abordagem semelhante estão surgindo em outros países, incluindo a Coreia do Sul, que tem uma das taxas de suicídio mais altas entre as nações desenvolvidas. "Existe uma demanda crescente de que a Coreia do Sul, como sociedade, aborde a questão da solidão", diz Noh Woong-rae, legislador do Partido Democrático.

Eddy Elmer, um gerontólogo canadense-holandês cuja pesquisa constatou que a solidão "causa desgastes no corpo que se tornam mais pronunciados com a passagem do tempo", adverte que mesmo os esforços intencionalmente direcionados a idosos muitas vezes não funcionam, pela simples razão de que segmentos-chave da população idosa são deixados de fora. "Ao tentar promover a conexão social, grande parte do nosso foco foi nos 'alvos mais fáceis', como as pessoas em centros de idosos", diz Elmer, que mora em Vancouver, na Colúmbia Britânica. "Ignoramos aqueles que desejam estar socialmente conectados, mas estão confinados em casa, são introvertidos ou não se consideram idosos. As cidades devem se concentrar cada vez mais em se comunicar com os idosos onde quer que estejam."

Na cidade de Vancouver, progressista e inovadora, onde meu filho e a esposa moram e trabalham, as autoridades têm tentado apoiar "comunidades de aposentados que ocorrem naturalmente" – comunidades consideráveis de idosos que decidem envelhecer no local em que vivem em vez de se mudarem para lares de idosos. Para aqueles que se encontram isolados em prédios altos, Vancouver tem um programa chamado "Ei, Vizinho", que remunera moradores que estejam dispostos a servir como *concierges* sociais, ajudando a coordenar transporte e serviços domiciliares para idosos, informando-os sobre passeios e eventos sociais no prédio. "Podemos conceder incentivos às incorporadoras imobiliárias para incluir um *design* sociável em edifícios novos, como salas de convivência, áreas ao ar livre e caminhos que se cruzam. E carteiros, policiais e bombeiros podem começar a conhecer as pessoas em seus bairros por meio de eventos comunitários. Em uma era de déficits fiscais, essas iniciativas podem parecer um luxo, mas, para aqueles sem contato social, podem salvar vidas", diz Elmer, membro do conselho da Associação de Psicogeriatria da Colúmbia Britânica.

Desde os primeiros dias da civilização humana, temos tentado resolver esse problema da solidão. Talvez ninguém personifique isso mais que o pobre Jó, figura do Antigo Testamento que perde os filhos, a riqueza, a saúde e quase a sanidade mental:

> "Vou por aí na escuridão, sem nenhuma luz do sol; levanto e peço ajuda.
> Minha voz é triste e solitária como os gritos de um chacal ou de um avestruz."

Jeanne Calment nasceu em 1875, ano em que Leo Tolstói publicou os primeiros capítulos de *Anna Karenina*, considerado por muitos o maior romance de todos os tempos. Depois que a personagem-título comete adultério, ela é desprezada pela alta sociedade e definha no isolamento social:

> "Como eles me olhavam, como se fosse algo terrível, incompreensível e estranho!...
> Não havia resposta, exceto a resposta geral que a vida dá a todas as perguntas mais complexas e insolúveis. Essa resposta é: deve-se viver para as necessidades do dia; em outras palavras, ignorar."

As incógnitas e potenciais desvantagens de viver até os 100 anos e além fazem de minha mãe uma centenária em potencial relutante.

Ela nasceu em 1931, em Paterson, Nova Jersey, filha de pais de sólida linhagem siciliana. Meu avô, Joseph Sansone, emigrou da Sicília quando jovem e serviu no exército durante a Primeira Guerra Mundial. Mais tarde, trabalhou como merceeiro, pintor de casas e vendedor de árvores de Natal. Eu tinha apenas sete anos quando ele faleceu, aos 67 anos, mas ainda me lembro da risada efervescente do Vovô Joe e de como ele começava espontaneamente a cantar. No entanto, era minha avó, Concetta Marie Mercurio, nascida no Brooklyn, quem tinha carisma – e longevidade. Quando jovem, ela foi pianista em filmes mudos e uma bailarina clássica talentosa que se apresentava em palcos de Nova York. Ela acabaria sobrevivendo ao marido por quase quatro décadas, algo que seus pais sicilianos nunca teriam imaginado. E agora sua filha, Marie "Nadine" Kole, está seguindo o próprio caminho, inconformada, rumo aos 100 anos.

"Não me sinto como se tivesse a minha idade. Eu me sinto muito mais jovem que a minha idade. Talvez com 60 anos. Ainda faço as minhas coisas. Ainda vou às compras. Faço as minhas obrigações e dirijo até o supermercado", ela me diz, mostrando uma certa irritação quando menciono que ela tem 90 e poucos.

Isso me deixa muito nervoso. Quando minha mãe fez 91 anos, sua carteira de habilitação expirou; por isso, ela foi ao Departamento de Veículos Automotores de Massachusetts para renová-la. Eu esperava que ela tivesse que fazer um teste prático para avaliar suas habilidades. Secretamente, torcia por isso. Mas não – fizeram apenas um exame de vista usual e, como ela não demonstrou necessidade de lentes corretivas, emitiram uma nova carteira de motorista que não expirará por *cinco anos*. A essa altura, ela terá 96 anos. Será que eles vão renovar sua habilitação, de novo, para que ela possa dirigir legalmente quando tiver 101 anos? Como isso pode ser uma política pública sensata?

Com base na estatística, embora os condutores com idade igual ou superior a 80 anos se envolvam em menos acidentes no geral, estão envolvidos no maior número de mortes no trânsito por quilômetro percorrido. Apenas dois estados, Illinois e New Hampshire, exigem que aqueles com 75 anos ou mais façam um teste prático na hora de renovar suas carteiras. Os outros estados confiam em um sistema mais liberal de "autosseleção" – esperando que os condutores mais velhos desistam de dirigir por conta própria quando não tiverem mais confiança em sua força física, habilidades cognitivas ou tempo de reação. Francamente, isso parece duvidoso, sobretudo no caso dos idosos mais velhos em áreas rurais ou suburbanas, onde o transporte público é limitado ou inexistente. Há alguns anos, minha mãe parou, por livre e espontânea vontade, de dirigir à noite e em autoestradas, e limita suas viagens a um raio de cerca de oito quilômetros de sua casa, uma área que, deve-se dizer, é densamente povoada. Mas esperar que ela entregue as chaves do carro para sempre? Isso não é realista em um país onde mobilidade e independência estão inexoravelmente ligadas. À medida que todos nós avançamos, coletivamente, em direção à expectativa de vida de 100 anos, a mobilidade dos idosos é uma questão que precisamos abordar em nível estadual e nacional.

Tenho uma memória vívida da minha avó quando ela tinha cerca da mesma idade da minha mãe, no início de seus 90 anos, e estávamos todos na pista de dança no casamento do meu irmão. Lá, para nossa surpresa, ela levantou a perna até a altura de nossos ombros, fazendo movimentos que eu não conseguia fazer quando estava na casa dos 30. "Que mulher incrível. Era uma pessoa maravilhosa. Acho que qualquer um gostaria de ser como ela, sinceramente", minha mãe me diz.

No entanto, ela tem sentimentos ambivalentes sobre viver até os 103 anos: "Eu não penso em viver tanto tempo. Apenas aproveito a vida. Quando chegar a hora, será a hora. É isso."

Quando será essa hora? – pergunto.

"Como saber? Eu não sei."

Quando será a *minha* hora?

"Ah, Deus, espero que ainda demore muito tempo... Nós nunca sabemos essas coisas. Talvez seja melhor nem pensar nisso."

Explorando mais as suas apreensões sobre alcançar o status de centenária, é o fator solidão que mais a faz hesitar.

Isso faz sentido, diz Anne Basting, fundadora da TimeSlips, uma rede internacional de artistas e cuidadores comprometidos em trazer mais alegria e significado para pessoas no crepúsculo de suas vidas. Ela faz parte de um movimento crescente de organizações que estão investindo tempo e recursos em pessoas idosas, independentemente do seu valor percebido para a economia. Quando seres humanos de qualquer idade deixam de contribuir para a produtividade econômica global e saem do foco da lente do capitalismo, menciona ela, não sabemos como valorizá-los. É quando começamos a vê-los através da lente imperfeita e estreita do sistema médico, em vez de como pessoas com experiências e conhecimentos extraordinários – são almas talentosas que podem ser voluntárias, mentoras, e elevar os outros a novos patamares.

"O grande problema é evitar o isolamento", adverte Basting. Os Estados Unidos, observa ela, não são nada bons em fornecer transporte para idosos e em fazer melhor uso de sistemas já existentes – desde serviços postais até entrega de refeições, chamadas de bem-estar por telefone e até mesmo votação – para gerar o que ela denomina "criação de significados" e conectividade para os cidadãos mais idosos. "Somos uma espécie faminta por significados", enuncia ela.

"Simplesmente diga 'olá' e lembre-se de que são as pequenas coisas que podem fazer a diferença – na vida de adultos mais velhos que vivem sozinhos", diz Sandra Harris, copresidente da Força-Tarefa de Massachusetts para Acabar com a Solidão e Construir Comunidade. "Sabemos como estar conectado é importante." No mesmo espírito de fazer pequenas coisas para fomentar a conexão, a cidade de Salem, Massachusetts – tomando emprestada uma estratégia barata, porém eficaz, que foi bem-sucedida no Reino Unido –, instalou uma dúzia de bancos com o escrito "Vamos conversar" em parques públicos. É uma designação que permite que idosos solitários e outras pessoas saibam que o estranho que está sentado naquele banco específico está disposto a conversar.

Alguns países, sobretudo o Japão – onde, como vimos, quase um terço da população tem 65 anos ou mais –, estão usando inteligência artificial, carinhosamente conhecida como *agetech*, tecnologia para idosos, para ajudá-los a manter-se mentalmente envolvidos. Os arquitetos do sistema japonês chamam-no de Sociedade 5.0, e veem a robótica e a IA como respostas aos desafios duplos de uma sociedade em rápido envelhecimento e uma força de trabalho em declínio. O governo japonês articula a sua visão de se tornar "uma sociedade superenvelhecida e superinteligente" por meio da integração de tecnologia nos cuidados com idosos. Cada vez mais, em razão da escassez crônica de cuidadores, sensores monitoram o bem-estar dos moradores de lares de idosos, bem como daqueles que envelhecem na própria casa. A IA é até capaz de iniciar uma chamada telefônica para um médico ou assistente social se os sensores perceberem que algo está errado.

Será que a IA é um substituto realista e prático para o toque humano real, a empatia, as lágrimas, os risos e a seiva da bondade humana? Basting não tem tanta certeza. "A criação de significados pode ser auxiliada pela IA, mas ela precisa de um componente humano em algum lugar. Quando você elabora uma arquitetura em torno desses sistemas que lidam com a criação de significados e a solidão, essa significância precisa estar presente em algum lugar", afirma ela. Além disso, Basting levanta questões mais existenciais, as quais nenhuma tecnologia futurista e espantosa do mundo jamais será capaz de responder.

"O grande desafio quando se chega aos 90 anos e aos 100 é o 'porquê'", discorre ela. "Por que me foram concedidos esses anos? Como os utilizo? Será suficiente apenas assistir à TV, ou envolver-me com um companheiro de IA, uma foca robótica ou um boneco bebê? Qual é o 'porquê'? A solidão é diferente em diferentes fases da vida. Pode haver um sentimento, como 'Deus se esqueceu de mim, todos os meus amigos estão mortos, toda a minha família se foi'. Algumas pessoas sobrevivem até a to dos os filhos. Esse tipo de solidão é diferente, e temos de entendê-lo com uma lente diferente."

Se serve de algum conforto para aqueles de nós destinados a sobreviver aos nossos entes queridos, eles nunca vão embora de verdade – enquanto os carregarmos dentro de nós. Se, aos 100 anos, tiraremos consolo suficiente das nossas memórias daqueles que nos precederam na morte, é claro, dependerá de nós.

Até a grande Elisabeth Kübler-Ross, psiquiatra suíço-estadunidense cujo estudo pioneiro sobre perda nos apresentou às cinco fases do luto – negação, raiva, barganha, depressão e aceitação –, afirmou, na última parte da vida, haver se conectado espiritualmente com entes queridos falecidos há muito tempo. No final, ela até, de certa forma, renunciou à fase de aceitação do luto, porque descobriu que seus entes queridos ainda estavam com ela em um nível místico. Basting lembra Kübler-Ross: "Eles ainda estão aí com você. São significativos para você. Acolha-os e converse com eles. Se as pessoas estão presentes na sua memória, isso é algo muito interessante."

Uma virtude de envelhecer no mesmo local – algo que exploraremos com mais profundidade no Capítulo 9 – é que, nas circunstâncias certas, a solidão nem sequer precisa fazer parte da equação da longevidade extrema. Em muitos enclaves de imigrantes, comunidades negras e outros bolsões de nossa população, as residências multigeracionais são comuns: os idosos vivem bem próximos dos filhos e netos, os quais não apenas cuidam deles, mas também conversam com eles. Pode ser – e muitas vezes é – uma solução bonita e elegante para todas as partes envolvidas, não apenas para os idosos.

Em Bridge Meadows, as gerações se revezam para ajudar uns aos outros. "São avós criando netos", conta a diretora Schubert. Depois, os papéis se invertem: as crianças da comunidade visitam os mais idosos e cuidam deles. "Quando as pessoas vivem perto umas das outras, são sociáveis e determinadas, há maior probabilidade de desenvolverem esses relacionamentos realmente importantes, os quais se tornam, com o passar do tempo, parecidos com as relações familiares. Tem a ver com criar uma rede de apoio de vizinhos que auxiliam vizinhos. Estamos cuidando uns dos outros", explica ela.

Esse apoio, na verdade, pode ser parte do segredo por trás das zonas azuis que examinaremos em mais detalhes no último capítulo deste livro – aqueles poucos lugares que, por razões não inteiramente compreendidas, parecem produzir idosos muito mais velhos e muito mais saudáveis. A única zona azul dos Estados Unidos, como vocês devem se lembrar do Capítulo 3, é Loma Linda, na Califórnia, um centro da Igreja Adventista do Sétimo Dia, cujos membros tendem a viver uma década a mais que outros estadunidenses. Tom Perls, nosso especialista em longevidade do Estudo dos Centenários de Nova Inglaterra, observa que os adeptos daquela religião incorporam vários hábitos saudáveis. A maioria é vegetariana ou vegana, não bebem nem fumam, e os *sabbath* semanais são verdadeiramente um dia de descanso. Entretanto, o traço compartilhado que mais o interessa é que eles interagem constantemente uns com os outros em grupos sociais estendidos. "Eles tendem a passar bastante tempo com a família e a religião, o que pode ajudá-los a gerir melhor o estresse do que outras pessoas", diz ele.

À MEDIDA QUE ENVELHECEMOS, NOSSA RESILIÊNCIA EMOCIONAL — AQUELE fator X enigmático que ajudou sobreviventes do Holocausto a reconstruírem suas vidas e aqueles que sobreviveram a terremotos ou mesmo a abusos físicos e emocionais a se reerguerem — é algo que podemos aproveitar para lidar com quaisquer desafios que uma vida de 100 anos possa nos apresentar.

A dra. Laura Carstensen, diretora do Centro de Longevidade da Universidade de Stanford, conduziu um estudo que examinou o bem-estar de pessoas idosas durante a pandemia de covid-19. A pandemia, é claro, teve um impacto terrível nos idosos — de longe, suas vítimas mais frequentes e numerosas. "Descobrimos que os mais velhos relataram menos emoções negativas em sua vida e mais emoções positivas que os mais jovens. Não estamos dizendo que não existem pessoas mais velhas que passam por dificuldades emocionais, mas há muito menos delas com esse problema do que pessoas jovens", relatou Carstensen ao programa "On Point", da rede de rádio NPR. É ainda mais complexo que isso: "As pessoas mais velhas têm emoções mais oscilantes. É mais provável que elas demonstrem a alegria com uma lágrima nos olhos do que os mais jovens. Vemos uma certa apreciação e valorização — é isso que expressa a experiência emocional. Não é uma felicidade uniforme e simplista."

Carstensen elabora essa ideia:

As pessoas mais velhas são afetadas por coisas terríveis, assim como as mais jovens. Mas elas confrontam essas situações com experiência e perspectiva. E, se eu puder dizer umas poucas palavras sobre ambos os grupos, a experiência que vem com a idade nos permite saber que os tempos ruins passam. Quando algo ruim acontece, existe uma sensação de que tudo isso já aconteceu no passado e que, desta vez, também passará. Existe outra mudança que ocorre com a idade, e é que nos tornamos cada vez mais cientes da nossa própria fragilidade. Tornamo-nos cientes da nossa própria mortalidade à medida que amigos e entes queridos morrem, à medida que reconhecemos que a vida não dura para sempre. E, se existe um paradoxo do envelhecimento, é que quando reconhecemos as limitações da vida, em vez de ficarmos ansiosos e deprimidos, apreciamos essas limitações. Sabemos que os momentos difíceis passam e os bons também. Portanto, os momentos bons são saboreados... E temos um tipo de força que é difícil de alcançar em uma vida muito curta. Temos a força das conexões sociais e das experiências que nos permitem enfrentar tempos muito, muito difíceis.

Perls também notou que os centenários são inspiradoramente positivos. A maioria daqueles que vivem até os 100 anos ou mais tendem a lidar bem com o estresse e são bem-humorados e otimistas. (O último capítulo aborda muito mais sobre a relação entre positividade e longevidade extrema.)

Existe um segmento da população que é muito suscetível à solidão, e vem crescendo e envelhecendo: os idosos LGBTQIAP+.

Os estadunidenses mais velhos que se identificam como não binários, sobretudo aqueles que vivem em áreas rurais, sofrem vários tipos de discriminação, afirma o Centro Nacional de Recursos sobre Envelhecimento LGBTQIAP+, a única organização desse tipo nos Estados Unidos que se concentra especificamente em melhorar a qualidade do apoio e dos serviços oferecidos a lésbicas, *gays*, bissexuais, transgêneros ou *queer* idosos, suas famílias e seus cuidadores.

Em 2010, de acordo com o Centro, havia cerca de 3 milhões de idosos não binários nos Estados Unidos; até 2030, estima-se que esse número aumentará para 7 milhões – um aumento superior a 100%. O Reino Unido também está lidando com uma comunidade LGBTQIAP+ em rápido crescimento que, da mesma forma, está desproporcionalmente vulnerável à solidão. Autoridades afirmam que britânicos que se identificam como *gays* ou lésbicas têm uma probabilidade uma vez e meia maior de se sentirem solitários, e aqueles que se identificam como bissexuais têm duas vezes e meia mais chances de se sentirem assim também.

O isolamento pode ser brutal, e muitos têm poucas oportunidades de acesso a cuidados de saúde e serviços sociais que sejam abertamente inclusivos para idosos LGBTQIAP+. "Isso leva muitos idosos LGBTQIAP+ a sentir que precisam esconder quem são para se beneficiarem dos programas de saúde e serviços sociais", revela Sherrill Wayland, diretora de iniciativas especiais do Centro Nacional de Recursos. "Muitos não se sentem à vontade em revelar sua orientação sexual ou sua identidade de gênero." Ser não binário em uma cidade nem sempre ajuda: um em cada quatro idosos LGBTQIAP+ em Nova York afirma não ter a quem recorrer em caso de emergência.

Em um ensaio impactante publicado no *Washington Post*, Steven Petrow descreve como, para muitos idosos LGBTQIAP+, os últimos anos são muito mais difíceis que dourados. "Somos duas vezes mais propensos que nossos homólogos heterossexuais a ficarmos solteiros e vivermos sozinhos, o que significa que somos mais propensos a ficar isolados e solitários. Somos quatro vezes menos propensos a ter filhos. Somos mais propensos a enfrentar pobreza e falta de moradia, além de termos uma saúde física e mental precária. Muitos de nós relatam adiar ou abrir mão de cuidados médicos necessários em razão da discriminação ou de maus-tratos por parte dos prestadores de cuidados de saúde. Se você é *queer* e trans ou uma pessoa negra, essas disparidades são ainda mais acentuadas", escreve ele.

Imani Woody, defensora de longa data das mulheres, das pessoas negras e da comunidade LGBTQIAP+, está construindo a Casa para Idosos da Mary na cidade em que passou a infância. A organização sem fins lucrativos de Washington, D.C., cria ambientes acolhedores e inclusivos para idosos LGBTQIAP+ e os ajuda a lidar com o isolamento social e a solidão, em parte, por meio da convivência comunitária. "É difícil ser velho e *gay*", declara Woody, que recebeu o Prêmio Determinação da AARP. Ela adverte que alguns idosos que amam pessoas do mesmo gênero "estão voltando para o armário por desespero, medo e isolamento. É muito triste".

"Sei quais são as dificuldades que acompanham o envelhecimento de uma pessoa *gay*, porque *sou* uma pessoa *gay*, e *estou* envelhecendo", acrescenta.

Tanto para os idosos *gays* quanto para os heterossexuais, o envelhecimento também inclui, com frequência, perda auditiva, o que acentua o sentimento de isolamento e solidão do indivíduo afetado. "À medida que envelhecemos, as chances de desenvolver perda auditiva relacionada à idade são quase certas", sentencia o dr. Justin Golub, especialista em otorrinolaringologia e pesquisador de perda auditiva relacionada à idade na Universidade Columbia. Ainda assim, essa questão raramente é tratada ou coberta pelo seguro de saúde – algo que Golub considera "muito difícil de entender".

Os afetados "se afastam da sociedade... Ficam em seus quartos e olham para o teto". Ele cita Helen Keller,[*] que dizia: "A cegueira nos separa das coisas, mas a surdez nos separa das pessoas". Um ponto positivo: a recente regra dos reguladores de saúde dos Estados Unidos que permite que os estadunidenses comprem aparelhos auditivos sem receita médica – uma medida muito aguardada que procura tornar esses dispositivos mais acessíveis a milhões de pessoas com problemas auditivos.

---

[*]. Helen Keller (1880-1968) era cega e surda. Foi autora e ativista em defesa dos deficientes físicos. (N.T.)

E SE, COMO JÁ DISCUTIMOS, NÃO HOUVER DATA DE VALIDADE PARA A existência humana? Isso tornaria nossas vidas melhores ou apenas mais longas?

Mackenzie Graham, pesquisadora em filosofia na Universidade Oxford, sugere que precisaremos contrapor o prazer do tempo adicional à dor: "Pode haver muitas circunstâncias em que acabaremos vivendo por tempo demais. Às vezes, pode ser melhor morrermos mais cedo do que continuarmos a viver, se isso for mais consistente com a história de vida que queríamos para nós mesmos, a saber, sermos ativos e independentes ao longo da vida".

As observações de Graham me levam de volta ao início dos anos 1990, quando eu trabalhava como jornalista em Detroit e escrevi extensivamente sobre o falecido dr. Jack Kevorkian, sua máquina de suicídio e o acalorado debate nacional sobre decisões individuais de terminar a vida. Kevorkian, um patologista aposentado, ajudou cerca de 130 pessoas doentes, muitas das quais sofriam de dor crônica e debilitante, a terminar suas vidas. A sociedade estadunidense não estava pronta para aceitar a ideia do suicídio auxiliado por médicos, mesmo em casos tão desesperadores, e Kevorkian, demonizado por alguns como "dr. Morte", ficou preso por oito anos. Hoje, ele recebe amplo reconhecimento por ajudar a popularizar os cuidados paliativos na medicina tradicional. Nunca esquecerei o dia em que sentei no escritório do advogado dele e assisti a vídeos desfocados de duas mulheres frágeis e deficientes que desejavam desesperadamente morrer e o fizeram em uma cabana isolada de Michigan com o auxílio de dispositivos inventados por Kevorkian. Entre lágrimas e risos, elas reafirmaram sua decisão na véspera de suas mortes. Uma das mulheres disse algo tão forte e dilacerante que não consigo deixar de recordar sempre que ouço um pastor conservador ou um comentarista de rádio falar com desdém sobre a suposta imoralidade da eutanásia: "Tentei carregar uma arma, mas não sabia como fazê-lo. Quando você faz tudo sozinho, não sabe o que está fazendo". Outra coisa que nunca vou esquecer é algo que o próprio Kevorkian disse certa vez sobre o tabu que obscurece a noção da morte com dignidade: "Morrer não é um crime".

Será que a solidão dolorosa, o declínio físico acentuado e uma morte penosa e prolongada dominarão os "melhores momentos" de nossa vida até os 100 anos? Não necessariamente.

À medida que a população como um todo continua a envelhecer, todos se beneficiam, deixando em aberto a possibilidade dessa realidade alternativa tentadora (e, vamos ser francos, bem mais animadora): podemos nos ver envelhecendo bastante na companhia de nossos contemporâneos. E, se for assim, tudo muda.

Principalmente, como exploraremos no próximo capítulo, à medida que nosso corpo *e* nossa mente resistem aos estragos do envelhecimento extremo.

7

Corpos de três dígitos; mentes de dois dígitos

Todas as terças-feiras, religiosamente, eu recebia um convite de Jesus Cristo. Era o final dos anos 1990; eu era chefe do escritório da Associated Press na Holanda, e uma de nossas máquinas de fax, já obsoletas, dava sinais de vida antes de regurgitar uma única folha de papel manchada de tinta que instantaneamente se enrolava como um pergaminho do Mar Morto. Sempre dizia a mesma coisa, em holandês claro e formal: Jesus estaria realizando sua coletiva de imprensa semanal em Haia às 11 horas da manhã. Ele discutiria eventos atuais e o fim do mundo, e estaria disponível para responder a perguntas. Eu estava cordialmente convidado.

Nunca fui e, mais de uma vez, brinquei que espero jamais me arrepender dessa decisão. As pessoas sempre riem, assim como fazem quando conto sobre a ex-jornalista mais velha que conheci na Holanda, a qual, no crepúsculo da vida, foi de bar em bar, toda arrumada em um vestido de baile, e se apresentou em voz alta como a rainha da Inglaterra. E o bostoniano excêntrico que me enviou *e-mails* semanais durante um ano, insistindo que agentes federais haviam alugado o apartamento embaixo do dele e estavam passando cabo de fibra óptica pelo teto – ou seja, o chão dele – para mantê-lo sob vigilância.

Eu também dou gargalhadas. Ao longo dos anos, da mesma maneira que muitos jornalistas, acumulei centenas de anedotas como essas em um arquivo que só faz crescer, intitulado "coisas estranhas". Em determinado momento, até cogitei escrever um livro sobre os encontros mais incomuns que tive com autodenominados profetas celestiais e outros personagens não convencionais. O título seria: "Loucuras do Jornalismo".

Mas, para ser sincero, não é engraçado. Não há nada de cômico na doença mental ou nos delírios, sobretudo naqueles que se manifestam na velhice. Com muita frequência, a névoa da perda de memória, confusão e desorientação pode se transformar em demência avançada, às vezes com mudanças drásticas na personalidade. É a mais cruel das piadas: degradante para os pacientes privados de sua essência, devastador para as famílias e um verdadeiro pesadelo para os cuidadores.

O emocionante filme de Florian Zeller *Meu pai*, vencedor do Oscar de 2020, lança luz sobre as tensões e turbulências de navegar por esse mundo. Em uma atuação comovente, a qual lhe rendeu um Oscar de Melhor Ator, o octogenário Anthony Hopkins captura o desconcerto de uma descida real para a demência completa, com conversas com indivíduos imaginários enquanto o tecido da realidade se desfaz:

"[Soluçando] Quero minha mamãe. Quero minha mamãe. Quero sair daqui. Quero que ela venha me buscar. Quero ir para casa. [...]

Sinto como se estivesse perdendo todas as minhas folhas. [...] Os galhos e o vento e a chuva. Não sei mais o que está acontecendo. Você sabe o que está acontecendo?"

Minha avó foi poupada do pior disso em sua lenta marcha em direção aos quase 104 anos, mas há algo sobre o qual minha família raramente fala: no final de sua vida majestosamente longa, ela não conseguia mais reconhecer minha mãe.

Pelo menos ela conseguiu evitar o início da demência por uma década e meia a mais do que as estatísticas sugerem que a maioria de nós pode esperar fazê-lo. A idade média do início dos sintomas nos Estados Unidos é de 83,7 anos. Os médicos afirmam que aqueles que desenvolvem demência também correm maior risco de ter outros problemas de saúde graves, como diabetes e AVC.

No entanto, à medida que somos empurrados em direção a uma nova era de longevidade excepcional, existe uma esperança crescente de que alguns – talvez muitos – de nós experimentarão o padrão ouro da superlongevidade: atingir os 100 anos com uma forma física razoável e a agilidade mental de alguém com metade dessa idade, sem sinais significativos de demência.

Você se lembra de Herlda Senhouse, que tem 112 anos, e que conhecemos no Capítulo 4? Ela já tomou as providências necessárias para doar o cérebro para a ciência após a morte. Com base na conversa animada que tivemos no apartamento dela sobre comida, fé e política, os pesquisadores não encontrarão as placas e os emaranhados que constituem o cartão de visita do Alzheimer e de outras doenças cerebrais degenerativas. E, se encontrarem, descobrirão que ela escapou incólume de seus efeitos.

Ela é a prova viva de que a deterioração mental e a demência não precisam fazer parte da equação da longevidade extrema. Pesquisadores chamam centenários e supercentenários como Herlda de "*superagers* cognitivos" e, embora a idade surpreendente a torne excepcional, um número espantoso de pessoas com 100 anos ou mais compartilha de sua acuidade mental.

O que essas pessoas fazem para viver tanto tempo e permanecer tão lúcidas? Entre outras coisas, descobriu-se que a maioria dos que atingem idades excepcionais demonstra uma resiliência extraordinária diante do estresse, afirma Emily Rogalski, especialista em super-longevidade da Faculdade de Medicina Feinberg da Universidade Northwestern, que há uma década estuda pessoas com idades entre 80 e mais de 100 anos. "Os cérebros dos *superagers* parecem indistinguíveis daqueles de um grupo de pessoas saudáveis de 50 a 60 anos. Eles realmente parecem estar em uma trajetória diferente", diz Rogalski. Seu trabalho mais recente envolve a avaliação das histórias de vida dos *superagers* para entender melhor como eles lidaram com o estresse, seja sobrevivendo a um campo de concentração nazista, lidando com a morte de um filho ou enfrentando um câncer. Ela notou o surgimento de algo em comum: "Todos nós enfrentamos o estresse e temos a oportunidade de reagir de maneiras diferentes. Uma forma de reagir pode ser a superação, e parece que esses *superagers* são particularmente bons em identificar o que há de melhor em uma situação e descobrir como seguir em frente".

Ficamos ainda mais admirados com os *superagers* cognitivos por eles fazerem o que fazem apesar das mudanças tangíveis que ocorrem em nossos cérebros à medida que envelhecemos.

O cérebro de uma pessoa de 90 anos normalmente pesa entre 1.100 e 1.200 gramas, quase 10% a menos que o cérebro de uma pessoa de 40 anos. Esse encolhimento que experimentamos mais tarde na vida afeta, sobretudo, o córtex pré-frontal e o hipocampo, assim como o córtex cerebral, uma parte do cérebro usada para a elaboração de pensamentos complexos. No entanto, constatou-se que as pessoas que atingem idades excepcionais têm o córtex cingulado mais espesso, uma região que desempenha uma função importante no controle cognitivo, na atenção, na tomada de decisões e na memória. Demonstrou-se também que o córtex cerebral dos *superagers* inclui muitos mais neurônios de von Economo, em forma de parafuso, os quais estão envolvidos na transmissão rápida por todo o cérebro, e seus cérebros parecem lidar melhor com o desgaste do envelhecimento. O que ainda não está 100% claro: os centenários nascem com cérebros maiores e mais fortes? Ou, de alguma forma, eles conseguem ativar uma resposta ao envelhecimento que compensa a degradação cerebral que outras pessoas experimentam ao longo do tempo?

Um estudo recente com 340 centenários saudáveis da Holanda que vivem de forma independente observou que eles "não experimentaram declínio segundo as principais medidas cognitivas, exceto uma ligeira perda na função da memória", semelhante ao que seria de se esperar se estivessem na casa dos 70 anos. Alguns dos centenários estudados, na verdade, tinham cérebros que pareciam muito saudáveis e apresentaram desempenho de alto nível em testes cognitivos. Outros que morreram sem degradação discernível da memória ou de suas habilidades para se relacionar com os outros e resolver problemas tiveram seus cérebros examinados, e aqui está um fato impressionante: sua massa cinzenta estava tão danificada e cheia de cicatrizes quanto a de pessoas que morrem com Alzheimer avançado, mas sua função cerebral nunca esteve comprometida. E o mais velho desses indivíduos tinha 108 anos.

"Alguns indivíduos atingem idades acima dos 100 anos e se tornam centenários com funções cognitivas intactas, o que indica que o comprometimento cognitivo não é inevitável nas idades extremas", conclui a equipe da Universidade Vrije, em Amsterdã, liderada pelo dr. Henne Holstege. Como isso é possível? Eles não sabem. "Ainda não está claro em que medida os indivíduos que mantêm a saúde cognitiva até os 100 anos escapam do declínio ou o adiam", afirmam os pesquisadores, acrescentando que 40% de nós desenvolverão demência antes de completar 100 anos. Se isso parece sombrio, você pode se consolar com o fato de que 60% de nós escapará dessa doença.

No entanto, uma vez atingidos os 100 anos, o risco aumenta bastante. Uma pessoa que vive entre 100 e 102 anos tem a mesma probabilidade de desenvolver demência que uma pessoa que vive entre 70 e 95 anos. Em outras palavras: 25 anos de risco, naquela população um pouco mais jovem, diz a equipe de Holstege, se comprimem em dois anos no caso dos centenários. Isso também significa que os centenários que nunca chegam a desenvolver demência devem ser considerados ainda mais extraordinários.

Um estudo recente de uma equipe internacional de pesquisadores que analisou dados coletados de 101.457 cérebros, desde um feto de 16 semanas até um indivíduo de 100 anos, revela que o cérebro se ajusta à medida que envelhecemos para nos ajudar a enfrentar os desafios de cada etapa da vida.

"No caso daqueles que estão cognitivamente intactos aos 100 ou 101 anos, eles realmente parecem ter alcançado uma estabilidade por um período significativo. É como se tivessem demonstrado sua capacidade de serem resilientes ou até mesmo resistentes a uma doença. A essa altura, eles simplesmente seguem em frente. Atingem um platô. É apenas quando começamos a notar um declínio em sua função cognitiva que começamos a nos preocupar", explica Tom Perls, que tem acompanhado de perto o projeto holandês.

Perls diz que a experiência holandesa destaca estas realidades sobre a velhice extrema: a doença cerebral debilitante está longe de ser tão inevitável quanto parecia antes e muitos *superagers* parecem ser resistentes, resilientes ou ambos.

É uma boa notícia que a perda de função cognitiva à medida que envelhecemos não seja favas contadas, uma vez que a perda de memória, a doença de Alzheimer e a demência afetam mais de 50 milhões de pessoas em todo o mundo, e que 12% a 18% das pessoas com 60 anos ou mais vivem com algum comprometimento cognitivo leve. Quase 10 milhões de novos casos são diagnosticados a cada ano, embora um estudo recente da RAND Corporation afirme que a prevalência de todos os tipos de demência diminuiu em quase um terço nas pessoas com mais de 65 anos de 2000 a 2016. Apenas nos Estados Unidos, mais de 6,2 milhões de pessoas atualmente padecem de Alzheimer – um fardo nacional que os Centros de Controle e Prevenção de Doenças dos Estados Unidos preveem que mais que dobrará até 2060. Porém, seus efeitos não serão igualmente distribuídos: nos próximos 40 anos, os latinos devem ser responsáveis pela maior parte do aumento de casos. Um estudo recente adverte que a população latina dos Estados Unidos pode esperar um predomínio sete vezes maior de Alzheimer até 2060 – uma tendência que os pesquisadores acreditam estar ligada à alta incidência de diabetes e pressão alta entre alguns latinos. (Outro estudo oferece uma perspectiva positiva: nos Estados Unidos, muitos latinos são bilíngues, e existem indícios de que falar um segundo idioma cria uma "reserva cognitiva" que pode ajudar o cérebro a resistir melhor ao Alzheimer).

O Alzheimer, a causa mais comum de demência e a quinta principal causa de morte em adultos com mais de 65 anos, destrói lentamente a memória e as habilidades de pensamento. Por fim, a doença neurodegenerativa fatal rouba dos pacientes a capacidade de realizar as tarefas mais simples. Um número significativamente superior de mulheres em relação aos homens é diagnosticado com ela; a recente descoberta de um gene que parece colocá-las em maior risco pode explicar por que dois terços dos estadunidenses que estão batalhando contra o Alzheimer são mulheres. Uma pesquisa recente na Austrália, que examinou dados de 11 países e abrangeu quase 4.500 pessoas com 95 anos ou mais, sugere que as mulheres são especialmente vulneráveis no mundo inteiro. Pessoas que foram infectadas com a covid-19 também parecem estar em risco substancialmente maior – 82% maior no caso das mulheres e 50% maior no caso dos homens.

Ademais, os custos com assistência são enormes, estimados em 305 bilhões de dólares nos Estados Unidos em 2020. À medida que a população envelhece, espera-se que esse valor triplique e supere mais de 1 trilhão de dólares.

Esse cenário sombrio é o que motiva Perls e Stacy Andersen, uma neurocientista comportamental da Universidade Boston, a entender por que alguns centenários estão tão alertas e intactos do ponto de vista cognitivo quanto seus pares que têm 30 anos a menos, e por que o

Alzheimer não os afetou. Um dia, dizem eles, isso poderá levar a uma vacina contra a doença ou a um medicamento para tratá-la.

"Nem todos os centenários têm demência e, o que talvez seja ainda mais significativo, cerca de um quarto da população não tem qualquer comprometimento cognitivo", observa Andersen em um estudo de 2020 que os investigou como modelos de resistência. "Uma pessoa que está cognitivamente saudável aos 100 anos tem grande probabilidade de permanecer cognitivamente saudável até morrer."

Na verdade, os supercentenários – aquele grupo esquivo com 110 anos ou mais – passam, em média, apenas 5% de suas vidas lidando com alguma doença relacionada à idade. Por meio de um estudo que envolveu 500 centenários com alto grau de atividade, Perls, Andersen e George Murphy, codiretor do Centro de Medicina Regenerativa em Boston, estão trabalhando para desvendar como pessoas com 100 anos ou mais permanecem intactas.

"Embora o envelhecimento seja um dos fatores de risco mais fortes para o comprometimento cognitivo nos centenários, o envelhecimento é caracterizado por resiliência e, em alguns casos, resistência a deficiências relacionadas à idade", expõe Perls. "Nossa intenção é descobrir variantes genéticas e mecanismos biológicos que protegem contra as alterações cerebrais associadas ao envelhecimento e ao Alzheimer, e então transformar essas descobertas em estratégias e alvos das terapias."

Outro estudo ambicioso recente, liderado em conjunto por Perls, representando a Faculdade de Medicina Albert Einstein, e pela Federação Americana de Pesquisas sobre Idosos, está inscrevendo 10 mil pessoas com 95 anos ou mais em uma empreitada para aprender mais sobre a função da genética no envelhecimento lento, na longevidade e na mitigação de doenças debilitantes, como o Alzheimer. Esse estudo comparará as características dos *superagers* e de seus filhos com as características de adultos mais velhos cujos pais não alcançaram idades excepcionais e – o que também é importante – criará o maior banco de dados biorrepositório do mundo para pesquisas futuras sobre envelhecimento saudável. "Estamos tomando impulso agora. Os próximos anos serão marcados por uma tremenda quantidade de dados clínicos e biológicos", menciona Perls.

Esses *superagers* são, como discutimos, "cisnes negros" – seres excepcionais que, em teoria, não deveriam existir, mas ainda assim existem.

"Durante a maior parte da história humana, os centenários foram um fenômeno raro e imprevisível", afirma um grupo de geriatras italianos que examinam a população cada vez mais numerosa de pessoas com mais de 100 anos que, de alguma forma, conseguem permanecer mentalmente ágeis e fisicamente ativas. Os centenários saudáveis, dizem eles, "são um exemplo vivo de envelhecimento bem-sucedido, livres de doenças crônicas que causam lesões permanentes e de funções mentais e físicas reduzidas".

"Em geral, eles atingem 100 anos de idade com boa saúde e só depois dos 105 anos começam a manifestar alterações típicas da idade", relata a equipe, sediada na Universidade de Catania. Eles observam um fenômeno adicional: os supercentenários têm uma incidência de demência menor que os centenários "mais jovens". Quase como se fosse um aparte, a equipe adverte sobre os "enormes impactos sociais, econômicos e de saúde" à medida que milhões se aproximam dos três dígitos com a resiliência considerável derivada de uma saúde robusta. A sociedade, adverte, precisa empreender "uma drástica revisão das políticas de educação, saúde, emprego, aposentadoria, entre outras", se quisermos compreender melhor os impactos globais.

Os centenários também nos surpreendem com a resistência física. É algo a se pensar da próxima vez que você for tentado a ajudar aquela idosa ou idoso a atravessar a rua.

Virginia McLaurin, que faleceu recentemente aos 113 anos, personifica os feitos extraordinários de que os centenários são capazes. Ela tinha 107 anos quando surgiu na cena nacional ao dançar com os Obamas durante uma visita à Casa Branca. O vídeo de seu encontro improvisado viralizou; uma coisa boa, já que ela mal conseguia se sustentar financeiramente. Sua fama recém-adquirida fez com que estranhos, por meio de uma campanha de financiamento coletivo, doassem o suficiente para ela se mudar para um apartamento melhor, tratar os dentes e adquirir uma peruca nova.

Aos 106 anos, Earl Mallinger é um dos agricultores mais velhos dos Estados Unidos. Seu segredo para uma vida longa e saudável é muito parecido com a estratégia de Herlda Senhouse: não parar de se movimentar. Mallinger ainda planta beterrabas, trigo e soja em sua fazenda de 400 hectares em Oslo, Minnesota. Outros lidam com o trabalho no campo, mas ele continua dando as ordens. "Continue em movimento. Quando você para de se movimentar, desce ladeira abaixo muito rápido", recomenda Mallinger, que tem mais de 60 netos e bisnetos. Seu outro conselho: "Não dê bola para as pequenas coisas".

Esses centenários nos surpreendem, inspiram e confundem. Eles exemplificam o que está por vir: vidas excepcionalmente longas, excepcionalmente plenas e excepcionalmente fascinantes.

Mas sejamos realistas: poucos de nós, inclusive eu, nos imaginamos dançando, trabalhando em uma fazenda ou correndo maratonas aos 100 anos. Acredite em mim quando digo que é provável que não sentirei a necessidade de correr 42,2 quilômetros como centenário, embora, com certeza, adoraria poder sair de vez em quando para tomar um pouco de ar fresco e dar uma caminhada de 300 metros. Tenho quase certeza de que ficaria mais do que satisfeito em viver de forma independente e com saúde razoável, capaz de me locomover com relativa facilidade pela minha casa e pelo bairro em que moro, desde que ainda pudesse interagir emocional, intelectual e espiritualmente – em uma palavra, *plenamente* – com as pessoas em minha vida.

Isso é o que torna as pesquisas mais recentes tão encorajadoras. Por fim, existe alguma esperança realista de que medicamentos novos, ainda em desenvolvimento, possam retardar a progressão do

Alzheimer. Novos exames de sangue podem mudar a forma como abordamos o diagnóstico e o tratamento.

Contudo, qual é a diferença entre a perda de memória causada pelo envelhecimento comum e o início da demência ou do Alzheimer? É uma pergunta que tenho feito a mim mesmo enquanto acompanho de perto minha mãe.

AO AMANHECER DE UM DIA OUTONAL RECENTE, DEPOIS DE PASSAR A NOITE na casa de minha mãe, calcei os tênis e corri dez quilômetros rápidos antes de tomar banho, engolir uma xícara de café e correr até a estação para pegar o trem das 7h53 para Boston. Ao sair, desejei-lhe um ótimo dia.

Na hora do almoço, meu iPhone toca. É minha mãe, e ela parece ansiosa. "Billy? Você está bem? Você não voltou da corrida, por isso liguei só para saber onde você está". No espaço de algumas horas, ela havia esquecido que tomamos café e que eu tinha saído há horas para o escritório.

Muitos de nós tivemos interações como essa com nossos entes queridos mais velhos. Será que é demência? Um sinal precoce do Alzheimer? Ou apenas um leve esquecimento, comparável a perdermos as chaves do carro? A resposta frustrante, porém precisa, da Sociedade do Alzheimer é: depende. Os padrões oferecem muito mais descobertas do que qualquer incidente ou comportamento isolado.

Por exemplo, é normal esquecer, de vez em quando, um compromisso, o nome de um conhecido ou o número de telefone de um amigo e lembrar dessas informações pouco tempo depois. Alguém que convive com a demência, no entanto, pode esquecer as coisas com mais frequência ou ter dificuldade de lembrar informações que aprendeu recentemente. Uma coisa é sair de casa em um dia de inverno sem casaco ou luvas; outra, completamente diferente, é ficar parado diante do espelho, de repente, sem saber como se vestir. Qualquer um, de vez em quando, pode ter dificuldades de encontrar a palavra certa para expressar o que deseja dizer; alguém com demência pode esquecer palavras simples do dia a dia e substituir outras de uma forma que pode dificultar o entendimento. Todos nós já esquecemos, por um momento, que dia da semana é ou por que entramos em um cômodo; isso é diferente de nos perdermos em nossa rua, sem saber como chegamos lá ou como encontrar o caminho de volta para casa.

Existem muitas outras distinções desse tipo. Não consultar um médico imediatamente se não nos sentirmos bem é compreensível; deixar de buscar atendimento médico imediato se estivermos sangrando profusamente ou sentindo dor no peito pode ser um erro fatal. Calcular o saldo de sua conta a partir do canhoto de um talão de cheques pode confundir qualquer um por um certo tempo; esquecer o que são números e para que servem é um sinal de alerta de que algo mais profundo está errado. Quem nunca perdeu uma bolsa ou uma carteira? Isso é inofensivo; colocar o relógio de pulso na lata de café ou o ferro de passar roupas na geladeira não é. O mesmo vale para mudanças de humor súbitas e inexplicáveis, ou mudanças de personalidade pouco usuais, como quando um ente querido normalmente alegre fica confuso, desconfiado ou retraído. A maioria de nós, de vez em quando, se cansa de arrumar a casa ou de cumprir obrigações sociais por um intervalo breve; alguém com demência pode "se desligar" por períodos muito mais longos e precisar ser persuadido a se envolver novamente com os outros.

Não existe ambiguidade para aqueles que cuidam de um ente querido com demência. Eles sabem exatamente com o que estão lidando, e pode ser dilacerante.

Patti Greco, uma escritora que conheço, expressa esse sentimento poderosamente em "Este é o Nosso Longo Adeus", um blog evocativo sobre o luto por tudo o que ela e o pai perderam em seu declínio de vários anos rumo à demência:

O luto pela perda progressiva de uma pessoa com demência é como morrer pouco a pouco. Você assiste ao lento desaparecimento de seu ente querido, às vezes de maneiras perceptíveis apenas para você, outras vezes de maneiras que até um estranho notaria, e nunca sabe quando outro pedaço vai se desprender. Acontece, e você precisa aceitar isso e ajustar seu plano de cuidados, ou negar a situação e sofrer as consequências.

Mentalmente, ao aplicar a lista de identificadores estabelecida pela Sociedade de Alzheimer à minha mãe, percebo que ela está exibindo, na maior parte do tempo, os tipos de lapsos momentâneos típicos de muitas pessoas após os 90 anos. Isso é reconfortante, e a avaliação neurológica feita pelo médico dela é uma notícia melhor ainda: ela consegue, prontamente, recordar os detalhes básicos dos eventos importantes da vida dela, mesmo enquanto a memória de curto prazo enfraquece. E, com uma ideia genial, minha esposa sugere uma solução elegante para isso: agora anotamos, em um bloco de notas adesivas, aonde fomos, como um lembrete para ela. Até agora, vem funcionando maravilhosamente, embora minha mãe às vezes ache a ideia irritante.

"Tome um remédio para se acalmar", ela me diz.

Ironicamente, um remédio pode finalmente estar ao nosso alcance – para você e para mim, de qualquer forma, mas não para ela.

SERÁ POSSÍVEL INTERROMPER OU, PELO MENOS, DESACELERAR A PROGRESSÃO devastadora da doença de Alzheimer? Um novo medicamento experimental está aumentando nosso otimismo, embora, no passado, um dos laboratórios envolvidos já tenha nos jogado um balde de água fria.

Em 2021, a FDA dos Estados Unidos ignorou as objeções de dezenas de cientistas importantes e acelerou a aprovação do aducanumab, medicamento para Alzheimer intensamente aguardado da gigante de biotecnologia Biogen. Inexplicavelmente, a FDA liberou o medicamento, conhecido no varejo como Aduhelm, apesar da falta de evidências conclusivas de que ele retardasse o declínio da memória ou da função cerebral em pacientes com demência. Isso desencadeou comoção interna: Aaron Kesselheim, um pesquisador muito respeitado da Faculdade de Medicina de Harvard, renunciou, em protesto, ao seu assento em um comitê consultivo da FDA por considerar essa "provavelmente a pior decisão de aprovação de um medicamento na história recente dos Estados Unidos".

Pouco mais de um ano depois, a Biogen mudou de estratégia e celebrou uma parceria com a gigante farmacêutica japonesa Eisai para outro medicamento, o lecanemab. Um grande ensaio clínico com o tratamento de anticorpos, envolvendo quase 2 mil pessoas com Alzheimer em estágio inicial, sugere um impacto "clinicamente significativo" na cognição e na função cerebral. Houve um contratempo: dois participantes dos ensaios clínicos com a administração de lecanemab morreram. E existe um detalhe: as versões iniciais envolvem a administração de uma dose bissemanal por via intravenosa sob supervisão médica, o que é, óbvio, muito mais complicado que ingerir um comprimido. Mas, no mundo altamente incremental das pesquisas sobre Alzheimer, assim como na maioria das atividades científicas, até mesmo pequenos avanços são comemorados. Em meados de 2023, a FDA aprovou o lecanemab, também conhecido como Leqembi, citando evidências de que ele retarda, de forma modesta, os estágios iniciais da doença. O que é muito menos claro é: quem poderá pagar o preço estimado de 26.500 dólares por ano e qual parcela desse valor será coberta pelo Medicare e pelas empresas de seguro-saúde privadas?

Durante duas décadas de pesquisas envolvendo bilhões de dólares, o foco tem sido, sobretudo, nas placas de amiloide, as quais, acredita-se, desempenham papel importante na doença. A amiloide beta é uma proteína natural, mas, nos cérebros afetados pelo Alzheimer, ela se aglomera e forma placas e emaranhados que os pesquisadores acreditam prejudicar a comunicação entre nossos bilhões de neurônios. A mesma proteína também parece atuar na síndrome de Down, e os cientistas dizem que existem evidências crescentes de que pessoas com síndrome de Down têm maior risco de desenvolver Alzheimer à medida que envelhecem. (Elas também estão vivendo mais tempo: a expectativa de vida para uma pessoa nascida com síndrome de Down nos Estados Unidos era de apenas 25 anos em 1983; hoje, é de 60.)

Em muitos círculos científicos, no entanto, os especialistas reagem com ceticismo. O fracasso do Aduhelm da Biogen, substância que, como o lecanemab, visava a diminuir o acúmulo de amiloide, compreensivelmente deixou os cientistas ressabiados, e não apenas porque o medicamento não correspondeu a toda a propaganda. Cientistas identificaram outros culpados pelo Alzheimer além do amiloide, a saber, as micróglias, células imunológicas exclusivas do cérebro; descobriu-se que uma mutação em um gene chamado TREM2 enfraquece as micróglias e aumenta o risco de Alzheimer. Eles também estão repensando o papel da inflamação quando ela fica grande demais ou não desaparece. Com base em tudo isso, está surgindo um consenso de que uma combinação de medicamentos, provavelmente, será necessária – não apenas um único medicamento milagroso – para controlar a doença. Isso não significa que os cientistas não continuem se esforçando: pesquisadores estão experimentando a injeção de um gene protetor no cérebro dos pacientes, até agora com resultados promissores, embora inconclusivos.

Houve outras decepções também: no final de 2022, a Genentech, subsidiária do Grupo Roche, divulgou resultados desanimadores de seus ensaios com o gantenerumab, outro medicamento antiamiloide. Até agora, o melhor que conseguimos fazer – a duras penas, *talvez* – é retardar o declínio cognitivo provocado pelo Alzheimer, mas não curar a doença completamente.

Nesse sentido, há mais boas notícias em potencial, vindas de uma fonte inesperada: pesquisadores dizem que compostos naturais encontrados nos lúpulos de cerveja, que contêm propriedades antioxidantes, podem oferecer algum grau de proteção. Uma equipe da Universidade de Milão descobriu que os lúpulos liberam moléculas "bioativas" que atacam as proteínas amiloide beta e focam alguns dos primeiros eventos bioquímicos do cérebro que precedem o desenvolvimento do Alzheimer. Se os lúpulos *realmente* ajudarem a proteger contra o Alzheimer, isso confirmará uma verdade imortalizada em uma de minhas citações favoritas (não importa que seja, muitas vezes, atribuída erroneamente ao pai fundador e declarado apreciador de vinho Benjamin Franklin): "A cerveja é a prova de que Deus nos ama e quer que sejamos felizes".

Existem também indícios de que alimentos e bebidas que contenham flavonoides antioxidantes – como feijão, brócolis, couve, espinafre e chá – podem retardar o declínio da memória à medida que envelhecemos.

Enquanto a busca por uma cura prossegue, outros estão investigando os papéis que a atividade física e o treinamento cerebral podem desempenhar na redução do risco de desenvolver demência.

Estudos em grande escala mostraram que correr, pedalar, caminhar rapidamente, dançar e outros tipos de movimento vigoroso são importantes para diminuir o risco de demência. Até mesmo algo tão monótono quanto aspirar seu apartamento ou outras tarefas domésticas que o obrigam a se movimentar podem oferecer um benefício, sugerem algumas pesquisas recentes. Um estudo de 11 anos, que analisou os registros de saúde de mais de 500 mil britânicos que não tinham demência, revelou que aqueles que praticavam exercícios ou esportes tinham 35% menos probabilidade de desenvolvê-la. Os sujeitos menos ativos que informaram realizar tarefas domésticas com regularidade tinham risco 21% menor. A conclusão: se você passar três horas por semana aspirando, varrendo e esfregando com vigor suficiente para transpirar, é muito provável que esteja obtendo muitos dos mesmos benefícios cerebrais de alguém que dedica um tempo similar correndo em uma pista ou levantando pesos em uma academia.

Laura D. Baker, professora de gerontologia e medicina geriátrica na Universidade Wake Forest, na Carolina do Norte, estudou 300 adultos mais idosos com comprometimento cognitivo leve – uma condição de saúde que ela descreve como uma espécie de "zona cinzenta" entre a função cognitiva normal e a demência. Ao longo de um ano, alguns foram designados para realizar movimentos de alta intensidade, como exercícios aeróbicos; outros fizeram atividades de baixa intensidade que envolviam alongamento e equilíbrio. "O que descobrimos foi que nenhum dos grupos mostrou declínio. Isso nos surpreendeu. O exercício regular supervisionado pode proteger contra o declínio", diz ela.

Baker realizou outro estudo em que 2 mil pessoas receberam um multivitamínico ou um placebo todos os dias ao longo de três anos; aqueles que receberam a vitamina mostraram melhora mensurável na cognição, embora mais estudos sejam necessários para confirmar essa conexão. E sua equipe encontrou algo mais: garantir uma boa noite de sono, reduzir o consumo de açúcar, evitar o tabagismo, beber álcool com moderação ou não beber, e manter conexões sociais com outras pessoas também parecem ajudar a preservar a função cerebral saudável em adultos mais velhos. (Não ignore essa parte do sono. Uma boa noite de descanso parece desempenhar um papel fundamental em viver até os 100 anos. Mais da metade dos centenários em um estudo relataram dormir oito horas ou mais por noite, e os pesquisadores estabeleceram uma ligação entre a duração do sono e a diminuição do acúmulo de amiloide cerebral prejudicial.)

E quanto àqueles de nós que não podem fazer exercícios físicos vigorosos – uma situação com a qual quase todos, em algum momento, irão se deparar, dependendo de quanto tempo viveremos além dos 100 anos?

Os cientistas estão tentando descobrir se o "treinamento cerebral" – nos submeter a exercícios cerebrais no estilo dos *videogames* – pode retardar ou até mesmo impedir o início da demência. Um estudo pioneiro nos Estados Unidos, chamado Pointer (a sigla é um amontoado confuso de letras emprestadas da frase em inglês "Proteja a saúde cerebral através da intervenção no estilo de vida para reduzir o risco"), está inscrevendo 2 mil pessoas de 60 a 79 anos em todo o país para usarem um *software* projetado para testar e fortalecer o foco, a atenção, a agilidade de pensamento e a memória dos participantes. Os organizadores dizem que é uma tentativa de ampliar as descobertas de um estudo recente na Finlândia que relata que uma combinação de atividade física, orientação nutricional, treinamento cerebral e atividades sociais protegeu adultos mais velhos saudáveis com risco aumentado de declínio cognitivo.

Uma das minhas perguntas, enquanto observo minha mãe ler o jornal e jogar paciência, é se certos tipos de treinamento cerebral são mais eficazes que outros na redução do declínio cognitivo. Infelizmente, as respostas se mostram evasivas. Muitos idosos e alguns clínicos defendem as palavras cruzadas e outros quebra-cabeças de resolução de problemas, como o jogo-desafio Wordle, publicado diariamente no *New York Times*, mas estudos anteriores produziram evidências inconclusivas. Um estudo que acompanhou centenas de residentes de casas de repouso no Bronx, Nova York, descobriu que, entre eles, os entusiastas de palavras cruzadas atrasaram o início do declínio acelerado da memória, em média, dois anos e meio. Outro estudo que seguiu uma abordagem semelhante com pessoas em idade avançada que viviam de forma independente na Escócia não encontrou qualquer diferença.

No entanto, um estudo inovador publicado em 2017 – o primeiro a demonstrar que qualquer tipo de intervenção, física ou comportamental, era capaz de reduzir o risco de demência – revelou que idosos saudáveis que passaram por um tipo específico de treinamento cerebral conhecido como "velocidade de processamento" tinham probabilidade quase 30% menor de desenvolver demência após dez anos do que as pessoas em um grupo de controle que não haviam feito o treinamento. O treinamento expõe os adultos mais velhos a imagens projetadas, de forma repetitiva e breve, em uma tela de computador, e tem como objetivo aprimorar a velocidade e a precisão de suas respostas.

A instrução parece influenciar quando uma pessoa começa (ou se vai começar) a experimentar o declínio mental. Pesquisadores observaram que pessoas com diplomas universitários têm menos probabilidade de desenvolver Alzheimer e outras condições neurodegenerativas, e existem indícios de que a educação continuada – mesmo estudos realizados mais tarde na vida – oferece alguma proteção. Obter novas informações e habilidades ao longo da vida, dizem eles, é uma maneira de prolongá-la.

Elly Pollan, uma ex-contadora aposentada e bisavó que mora em Nova York, não precisa ser convencida disso: aos 92 anos, recebeu um diploma em humanidades pela Universidade Lasell nos subúrbios de Boston. "Eu queria continuar a estudar. É maravilhoso, na verdade. Isso nos mantém alertas e interessados", disse ela ao *Boston Globe*.

Para aqueles que desenvolvem demência, a inteligência artificial e a aprendizagem de máquina estão sendo cada vez mais usadas para mantê-los cognitivamente engajados, e uma nova geração de aplicativos para *smartphones* está ajudando a orientá-los nas tarefas diárias. Um deles, o MapHabit, usa mapeamento visual e "pontos" de áudio para orientar os pacientes com demência a fazer atividades simples, porém essenciais, como tomar banho, escovar os dentes e tomar medicamentos, e depois transmite essas informações aos cuidadores. O Instituto Nacional do Envelhecimento elogiou os criadores do MapHabit e concedeu-lhes um prêmio de 250 mil dólares por projetar o aplicativo de modo a explorar uma região relativamente durável do cérebro que controla a memória habitual, em vez do hipocampo, o qual controla a memória de curto prazo e, em geral, é afetado desde o início em casos de Alzheimer. Outro aplicativo, o Lumosity, oferece 50 jogos e atividades destinadas a melhorar a memória, a atenção e a resolução de problemas. Milhões de pessoas baixaram esses programas e outros similares nos últimos anos, agarrando-se a uma tábua de salvação digital que será exponencialmente mais frequente à medida que a tecnologia nos oferecer novas maneiras de envelhecer com dignidade.

Enquanto isso, se estiver angustiado sobre se você ou alguém que você ama tem Alzheimer, existem novos exames de sangue simples que podem confirmar o diagnóstico. Os testes detectam quantidades minúsculas de amiloide e outras proteínas suspeitas no sangue. Algumas ressalvas: eles são caros; em geral, não são cobertos pelos planos de saúde; e, se você ou seu ente querido testar positivo, não há muito o que fazer até que a medicina ofereça tratamentos eficazes.

E, algum dia, uma cura.

Por favor, Deus, eu me pego rezando, *faça com que essa cura futura seja permanente.* Tenho sido assombrado por cenários em que a regressão segue a progressão desde a aula de inglês da quarta série, quando lemos a história de Daniel Keyes, *Flores para Algernon*, vencedora do Prêmio Hugo,[*] sobre um homem com deficiência cognitiva que se torna um gênio – temporariamente – após passar por uma cirurgia experimental:

> "Apenas me deixe em paz. Não me sinto bem.
> Estou desmoronando, e não quero você aqui."

O ator Chris Hemsworth, estrela do filme *Thor*, é um dos que se submeteram a uma bateria mais elaborada de testes genéticos projetados para avaliar o risco de doenças neurodegenerativas em indivíduos. Os resultados de Hemsworth mostram que ele carrega dois exemplares – um da mãe e outro do pai – do gene APOE4, o qual foi associado a um aumento no risco de Alzheimer. Apenas 2% a 3% da população tem dois exemplares, uma espécie de duplo risco genético indesejável quando se trata de Alzheimer.

---

[*]. Tradicional prêmio concedido a obras de ficção científica. (N.T.)

Hemsworth, que decidiu fazer o teste como parte de *Sem limites*, nova série documental na Netflix que explora os aspectos positivos da longevidade, disse à *Vanity Fair*: "Foi muito intenso lidar com esse tema. A maioria de nós prefere evitar falar sobre a morte na esperança de que a evitemos de alguma forma. Todos temos essa crença de que vamos encontrar uma maneira de resolver isso. Então, de repente, sermos informados de que, na verdade, alguns indicadores importantes apontam para isso como o caminho que vamos percorrer... nós nos damos conta da realidade. A própria mortalidade."

É como se Hemsworth, na vida real, estivesse assumindo traços de seu personagem no grande sucesso de 2017, *Thor: Ragnarok*:

> "Eu escolho correr em direção aos meus problemas e não fugir deles. Porque é isso que os heróis fazem."

HÁ MUITO EM JOGO PARA TODOS NÓS NA MINIMIZAÇÃO DA INCIDÊNCIA de doenças neurodegenerativas, e isso é verdadeiro sobretudo para aqueles entre nós que esperam continuar contribuindo de maneira significativa para a sociedade aos 100 anos.

Atrasar ou evitar o declínio mental é fundamental. Basta perguntar ao dr. Howard Tucker – aos 101 anos, o médico em atividade mais velho do mundo. Pouco depois do 100º aniversário, ele foi infectado com covid-19 no hospital em Cleveland, Ohio, onde ainda trabalha longas horas, e continuou a ensinar seus residentes em neurologia via Zoom. "Eu realmente amo o que faço. O desafio de analisar um caso e poder ajudar os pacientes, além de ensinar a próxima geração de neurologistas, nunca perde o encanto", expressa Tucker, que começou a carreira médica em 1947, quando Harry Truman era presidente.

Tudo bem, mas *ele está* envelhecendo. Isso levou outro médico, o cardiologista Sandeep Jauhar, a fazer uma pergunta direta em um ensaio controverso para o *New York Times*: "Como você se sentiria em relação a um médico de 100 anos?" Quase um em cada três médicos estadunidenses tem 60 anos ou mais, e muitos não pretendem se aposentar. Jauhar não defende uma idade obrigatória de aposentadoria para médicos ao atingirem 65 ou 70 anos, ou alguma outra idade predeterminada. Contudo, ele vê sentido na ideia de exigir que eles se submetam a uma avaliação de competência e habilidades que, por precaução, pode incluir testes para identificar comprometimento cognitivo abaixo do normal. "É importante ser franco sobre o envelhecimento", escreve Jauhar, e acrescenta: "A idade pode ser apenas um número, mas está muito correlacionada com o declínio físico e mental". (A resposta animada do médico centenário: "Após 75 anos, ainda tenho prazer no contato com os pacientes... Às vezes, os pacientes solicitam uma segunda opinião. Digo aos residentes que não devem se preocupar se um paciente perguntar: 'Posso consultar um médico mais velho, com mais experiência?' Com o passar do tempo, eles acabarão ouvindo os pacientes perguntarem: 'Posso consultar alguém um pouco mais jovem que conhece todas as informações mais atualizadas?').''

Viva tempo suficiente, no entanto, e qualquer coisa é possível. Esse é um princípio com o qual todos nós estaremos contando à medida que os anos se acumulam e os 100 anos se aproximam.

Wilfred den Dunnen, renomado neuropatologista holandês, viveu uma situação semelhante. Quando realizou uma avaliação extensiva de Hendrikje van Andel-Schipper, de 112 anos, ela não apenas não apresentava sintomas associados ao comprometimento cognitivo, como se saiu tão bem quanto alguém saudável de 60 a 75 anos. Den Dunnen descreveu-a como "uma senhora alerta e assertiva, cheia de interesse pelo mundo ao redor, incluindo a política nacional e internacional". Logo após a morte da sra. van Andel-Schipper, aos 115 anos e 62 dias, a pessoa mais velha do mundo na época, den Dunnen realizou um exame patológico exaustivo de seu corpo.

Ela havia contatado a Universidade de Groningen aos 82 anos para garantir que seus restos mortais fossem doados à ciência e, quando fez 111 anos, telefonou, de novo, para perguntar se eles ainda teriam interesse em um espécime tão antigo. Claro, responderam os pesquisadores, tentando não parecer animados demais. Eles descobriram que ela praticamente não tinha acúmulo de placas nas artérias nem emaranhados semelhantes ao Alzheimer no cérebro. Na morte, assim como na vida, ela impressionou: aos 112 anos, tinha neurônios em abundância, em números que seriam encontrados em pessoas saudáveis de 60 a 80 anos.

"Existem limites para a duração da vida com alta qualidade? Existem limites para a vida saudável de um cérebro humano?", pergunta, retoricamente, den Dunnen.

Nenhum que fosse evidente no caso da sra. van Andel-Schipper. Sua vida improvavelmente longa teve um começo precário: ela pesava apenas 1.360 gramas quando nasceu, em 29 de junho de 1890, meio século antes das unidades modernas de terapia intensiva neonatal darem aos bebês prematuros uma chance razoável de sobrevivência. No entanto, ela sobreviveu e prosperou. Na infância, em 1898, celebrou a coroação da rainha Guilhermina da Holanda; mais de um século depois, quando se tornou oficialmente a pessoa mais velha dos Países Baixos, foi convidada de honra na corte da rainha Beatrix, neta de Guilhermina.

Uma fanática por futebol que torcia pelo Ajax de Amsterdã, essa mulher cheia de energia, conhecida por familiares e amigos simplesmente como Tia Henny, enfrentou dificuldades: precisou vender todas as joias para comprar comida durante a ocupação alemã na Segunda Guerra Mundial, e seu marido morreu em 1959, deixando-a sem filhos e sozinha. Imperturbável, ela ganhava a vida ensinando bordado, e viveu sozinha até os 106 anos, creditando sua longevidade ao consumo diário de arenque e um copo de suco de laranja (acredito que não ao mesmo tempo). Nove anos depois, ela ainda estava feliz e saudável.

Ela morreu tranquilamente enquanto dormia, do jeito que todos gostaríamos de partir.

Causa da morte: velhice e um tumor no estômago que ela nem sabia que tinha.

VAMOS SUPOR POR UM MOMENTO QUE VOCÊ ALCANÇARÁ OS 83,7 ANOS COM plena capacidade cognitiva, ou que já tenha alcançado. Quais são as esperanças e os sonhos para os anos que ainda lhe restam? Essa questão tem sido objeto de um debate coletivo entre os estadunidenses, com pessoas tomando partido nesta questão polêmica e nada hipotética: é uma ideia razoável alguém ser presidente dos Estados Unidos com essa idade?

Caso seja reeleito em 2024, o octogenário presidente Joe Biden poderá descobrir. Assim como milhões de estadunidenses, incluindo alguns democratas, que acham que a casa dos oitenta é simplesmente velha demais. Biden já é o líder mais velho a ocupar a Casa Branca. Se ainda for presidente quando atingir 83,7 anos, estará se preparando para as eleições de meio de mandato de 2026. E, se completar um segundo mandato, terá 86 anos quando deixar o cargo.

Para aqueles que questionam abertamente a vitalidade e a agudeza mental de Biden, o presidente responde com duas palavras: "Observe-me". No entanto, existem considerações que vão muito além da competência. A idade média dos estadunidenses é de 38,5 anos, e muitos líderes importantes têm mais que o dobro dessa idade.

Poucos parecem interessados em seguir o exemplo do rei Lear de Shakespeare, que professou sua intenção de

"Retirar da nossa idade afazeres e cuidados
Para outorgá-los a forças mais jovens, enquanto,
Aliviados, rastejamos para a morte"

Quando pensamos em centenários, a palavra "frágil" costuma surgir. Todavia, nossos idosos mais velhos têm um poder político formidável – e ele só vai crescer.

8

Excepcionalmente idosos e com uma extraordinária influência

Joseph Robinette Biden Jr. tinha 78,1 anos quando prestou juramento como o mais velho chefe de Estado dos Estados Unidos. Fato divertido: minha própria modesta e, felizmente, breve carreira política também fez história, mas, no meu caso, foi por causa de minha juventude.

Em meados da década de 1970, com a tenra idade de 16 anos, me tornei a mais jovem autoridade municipal da cidade de Foxborough, Massachusetts, quando de minha nomeação para integrar o Comitê Consultivo do Estádio. Eles não poderiam ter encontrado alguém menos adequado para os assuntos cívicos do que aquele estudante de ensino médio com cabelos compridos, calçando tamancos e que fumava maconha. Mas, por ser músico, eu tinha um vasto conhecimento de uma área da qual meus anciãos rabugentos e de sobrancelhas espessas no comitê reconheciam, prontamente, não ter a menor ideia: o rock'n'roll.

A função do comitê era orientar a polícia, os bombeiros e os paramédicos sobre os tipos de multidão que eles poderiam esperar no Estádio Schaefer, o antecessor brutalista do reluzente Estádio Gillette dos dias de hoje, à medida que os proprietários do estádio começavam, cautelosamente, a diversificar para além dos jogos em casa do New England Patriots e passaram a sediar concertos. Minha tarefa, como o único membro do painel com conhecimentos da cultura musical contemporânea, era oferecer opiniões bem informadas sobre assuntos tão importantes quanto: qual a probabilidade de os fãs da banda Fleetwood Mac ignorarem os banheiros químicos e urinarem nos jardins dos moradores da cidade? Os fãs de Jimmy Buffett são agitados? E quanto a essas multidões de fãs do Grateful Dead vestidos de *tie-dye* – será que *todos* eles vão fumar maconha? (Eu tive dificuldade de responder a essa pergunta sem cair na gargalhada.)

Sou o primeiro a admitir que minha atuação como servidor público não foi nada brilhante. Eu não era exatamente uma versão juvenil do presidente assassinado John F. Kennedy. Na verdade, é provável que tenha sido positivo para minha pequena cidadezinha que qualquer discurso que eu possa ter empregado para incentivar a expansão das vendas de cerveja no estádio tenha sido ignorado. No entanto, a decisão deliberada dos anciãos da cidade de inserir minha jovem voz no discurso do governo local – prontamente reconhecendo que eles não sabiam aquilo que não sabiam – foi uma solução elegante e um experimento inicial, em pequena escala, na política intergeracional.

À medida que a sociedade envelhece profundamente, corremos o risco de nos transformarmos em uma verdadeira gerontocracia indiferente aos sonhos, necessidades e desejos das gerações mais jovens.

Nos *Estados Unidos da Grisalhamérica*, é possível que já tenhamos chegado a essa conjuntura.

Os Estados Unidos tiveram 46 presidentes ao longo de sua história de quase dois séculos e meio. A idade média entre eles é de 55 anos. O presidente mais jovem a assumir o cargo foi Theodore Roosevelt, seis semanas antes de completar 43 anos. O segundo mais velho: o antecessor de Biden, Donald Trump, cujo mandato começou poucos meses após ele completar 70 anos.

Biden agora é um dos 12 milhões de octogenários estadunidenses, e ele terá 82 anos ao final do primeiro mandato. Se for reeleito para um segundo mandato, deixará o cenário político nacional aos 86 anos. Dependendo de sua idade e perspectiva, isso pode ser considerado inspirador ou deprimente. De qualquer forma, é melhor ir se acostumando: o domínio dos estadunidenses mais velhos sobre os cargos públicos vai se intensificar ainda mais à medida que os *baby boomers* envelhecem e chegam aos 100 anos.

As pessoas com idade igual ou superior a 65 anos já formam o maior contingente de eleitores na maioria dos estados. Entre hoje e 2040, a população idosa deverá crescer 44%, ao passo que a população de 18 a 74 anos crescerá apenas 6%. Muitos desses idosos não terão qualquer problema em manter políticos mais velhos no cargo. Como observa Eric Adams, prefeito de Nova York, as pessoas ativas em redes sociais não escolhem candidatos – são os aposentados que escolhem.

O desejo de Biden de prolongar sua influência reacendeu um acalorado debate nacional sobre a idade máxima apropriada para servir como chefe de Estado. O público parece dividido sobre esse tema ser uma preocupação legítima ou um pensamento antiquado.

"O estereótipo de 'velho gagá' faz parte de seu futuro, mas não deixe isso abalar você", escreve Colbert King, colunista do *Washington Post* e apoiador octogenário de Biden. Em sua carta aberta ao presidente, King continua: "Com certeza, sr. Presidente, há aqueles entre nós que sofrem bastante de doenças e debilidades. Mas olhe ao redor e você verá um número enorme de mulheres e homens na casa dos oitenta anos que estão ativos, levando vidas independentes e dinâmicas".

Norm Abelson, jornalista, memorialista, colunista e poeta com mais de 90 anos que vive em Maine – o estado dos Estados Unidos com a população mais idosa –, sugere que o debate está mal direcionado. Em vez disso, propõe uma pergunta alternativa: qual é a idade mínima para assumir o que é, provavelmente, o cargo mais difícil do mundo?

Escreve ele: "Existe um provérbio africano que diz: 'quando um homem idoso morre, uma biblioteca arde em chamas'. Quando eu era criança, meus pais me disseram que, quando uma pessoa mais velha entrasse na sala, eu deveria me levantar como sinal de respeito. Não é que todos nós, mais velhos, sejamos mais inteligentes, mas sim que a própria experiência de vida, com todos os seus altos e baixos, promove equilíbrio e perspectiva. Isso dá a oportunidade de aprender com os erros, crescer e amadurecer".

Abelson acrescenta: "A Constituição estabelece 35 anos como a idade mínima para assumir a presidência. Sabiamente, não estabelece uma idade máxima. Estar nos últimos anos da vida não desqualifica uma pessoa para liderar. E ser jovem não necessariamente torna um candidato mais qualificado para ocupar o Salão Oval ou qualquer outro cargo de responsabilidade. O critério não deve ser se alguém viverá o suficiente para concluir um mandato; deve ser o que as pessoas são capazes de realizar e a graça de sua liderança no tempo que lhes resta na Terra".

Os políticos costumavam beijar bebês para conquistar o apoio das famílias jovens e ganhar votos. Em nosso futuro centenário, dada a crescente influência política dos *superagers*, eles provavelmente precisarão demonstrar sua atenção e afeto pelos mais velhos.

No entanto, outros estão fazendo perguntas igualmente relevantes sobre a ética de eleger líderes muito velhos – perguntas que não dizem respeito apenas à capacidade cognitiva real ou percebida, mas também às consequências do subsequente desprezo, intencional ou não, de pontos de vista mais jovens.

No Congresso, os *baby boomers* e a geração silenciosa exercem um domínio quase inabalável sobre o topo da pirâmide de influência há muito tempo. Vistos da perspectiva dos *millennials* e dos membros da geração Z, a maioria dos altos funcionários do governo dos Estados Unidos são velhacos. Deixados por conta própria, alguns desses políticos parecem determinados a se igualarem ao mais longevo de todos eles: o senador Strom Thurmond, da Carolina do Sul, que havia usufruído apenas seis meses de aposentadoria quando morreu aos 100 anos.

O líder do Partido Republicano do Senado, Mitch McConnell, assim como Biden, está na casa dos 80 anos. O senador de Iowa Chuck Grassley, que acaba de ser reeleito, terá 95 anos no final de seu oitavo mandato. A senadora da Califórnia Dianne Feinstein, que tem 90 anos, decidiu não buscar a reeleição em 2024 em razão de crescentes preocupações com sua memória e saúde cognitiva.* No total, um em cada quatro membros do Congresso tem mais de 70 anos – a idade média mais avançada que ambas as câmaras já tiveram, marcando o auge, até agora, de uma tendência iniciada na década de 1990. As eleições de meio de mandato de 2022 injetaram um pouco mais de juventude, ao reduzir a idade média dos legisladores federais de 61,7 para 59,2 anos. Suas idades, contudo, ainda não se alinham bem com a demografia dos Estados Unidos: enquanto metade da nação tem menos de 40 anos, apenas 5% do Congresso está nessa faixa etária.

"Não vai demorar muito para que muitas dessas pessoas estejam incapacitadas ou mortas. Quem assumirá o comando nessa altura, se os mais jovens não tiverem sido incluídos e preparados?", pergunta Katha Pollitt, colunista do *The Nation*. "E não refiro por mais jovens a pessoas na casa dos 60. Metade da população dos Estados Unidos tem menos de 40 anos. Com a maior boa vontade do mundo, alguém nascido durante o governo Truman mal consegue compreender como é a vida para eles."

Os Estados Unidos não estão sozinhos nesse aspecto. A rainha Elizabeth II, a monarca mais longeva da Grã-Bretanha, reinou por 70 anos antes de morrer aos 96; seu filho e sucessor, o rei Charles III, está na casa dos 70. Mahathir Mohamad, que exerceu dois mandatos

---

*. A senadora Feinstein acabou falecendo em 29 de setembro de 2023, enquanto ainda exercia seu mandato. (N.T.)

como primeiro-ministro da Malásia, tornou-se o líder mais velho do mundo aos 92 anos e foi candidato à reeleição aos 97. O presidente do Brasil, Luiz Inácio Lula da Silva, está se aproximando dos 80 anos. E, assim como os Estados Unidos, as outras superpotências do mundo estão nas mãos dos mais velhos: o primeiro-ministro indiano Narendra Modi, o líder russo Vladimir Putin e o presidente chinês Xi Jinping, todos ultrapassaram os 70 anos.

O curioso é que a Europa, demograficamente o continente mais idoso do mundo, ultimamente vem elegendo líderes mais jovens, na casa dos 34 anos, revertendo uma tradição secular de permitir que os muito velhos permaneçam no poder até esgotarem sua energia. Winston Churchill só renunciou ao cargo de primeiro-ministro da Grã-Bretanha aos 80 anos, e Charles de Gaulle, da França, só aos 79. Konrad Adenauer, primeiro líder da Alemanha no pós-guerra, tinha 87 anos quando finalmente deixou o cargo de chanceler, mas permaneceu como líder de seu partido, a União Democrata-Cristã, até um ano antes de sua morte, aos 91 anos. A capacidade de decisão extraordinária, a força e as faculdades mentais desses homens, no entanto, diferiam: Adenauer exibiu agudeza mental até o fim, enquanto Churchill sofreu de demência leve, porém progressiva, em seus últimos anos.

Se essa condição de saúde chegou a influenciar o temperamento rabugento do primeiro-ministro enquanto ele ainda estava no cargo – a Sociedade Churchill Internacional insiste que não –, ele manteve uma capacidade inabalada de proferir uma observação mordaz com uma tempestividade humorística impecável. Biógrafos afirmam que o filme de 2017 *O destino de uma nação* acertou quando retratou um momento constrangedor entre Churchill e um ajudante que bateu na porta do banheiro para transmitir uma mensagem de uma alta autoridade do governo britânico. Lá está Churchill, interpretado por Gary Oldman em uma atuação vencedora do Oscar, sentado no vaso sanitário da Câmara dos Comuns:

"Por favor, diga ao secretário privado que estou sentado na privada e só consigo lidar com uma merda de cada vez."

Churchill já era idoso e Elizabeth ainda era jovem quando o estadista e a soberana se encontraram pela primeira vez. No entanto, com o tempo, a rainha passou a admirar Churchill profundamente, prestando-lhe uma comovente homenagem final à medida que ele se aproximava do fim da vida. Ambos os extremos na evolução de seu relacionamento –Elizabeth de início, quando se incomodava com a diferença de idade entre eles, e depois, após superar essa barreira etária – são destacados de maneira emocionante na popular série dramática da Netflix *The Crown*:

(Elizabeth:) "Peço que responda levando em consideração o respeito que meu cargo e minha função merecem, não aquele que minha idade e gênero podem sugerir."

[E alguns anos depois...]

(Elizabeth:) "Onde estaria a Grã-Bretanha sem seu maior patriota? Que Deus o abençoe, Winston."

O aumento do número de líderes da geração X na Europa pode ter ajudado a fortalecer o espírito inovador do continente, evitando impotência política e colapso econômico. Um estudo exaustivo de sete países europeus – Dinamarca, Finlândia, França, Itália, Alemanha, Holanda e Reino Unido – liderado por Vincenzo Atella e Lorenzo Carbonari, da Universidade de Roma, e publicado no *Journal of Applied Economics*, constatou que as gerontocracias ficam atrás de nações cujas lideranças são mais jovens e ágeis quando se trata de crescimento econômico. Por quê? Porque suas elites políticas e econômicas tendem não apenas a manter as coisas do jeito que estão, segundo os pesquisadores, mas demonstram consistentemente uma incapacidade de aproveitar as oportunidades oferecidas por novas tecnologias e de fazer as melhores escolhas de longo prazo para a economia como um todo:

"Ao longo das três últimas décadas, muitas economias europeias caíram em uma armadilha da velhice, um mecanismo que se autoalimenta, por meio do qual as elites, que costumam ser compostas por indivíduos mais idosos, usaram o controle do sistema político para privar as novas gerações, que costumam ser a parte mais dinâmica e inovadora da população, do acesso ao poder."

Sua conclusão: "Quando pessoas relativamente jovens deixam de ser o motor de uma economia, o crescimento econômico de longo prazo fica prejudicado". (Eles também alfinetam a "obsolescência" dos líderes mais velhos. Essa doeu.)

O que pode resultar – sobretudo em lugares como a Europa, onde as taxas de natalidade baixas favorecem os cidadãos mais velhos, aumentando ainda mais seu poder – não é apenas a estagnação econômica, mas potencialmente algo muito mais significativo: a instabilidade política.

"Existem preocupações com relação a líderes idosos com muito tempo no cargo", afirma Thomas Klassen, professor da Faculdade de Políticas Públicas e Administração da Universidade York, no Canadá. Ele se preocupa que as lideranças idosas dos superpoderes possam representar uma séria ameaça à ordem mundial porque, em sua determinação de se agarrar ao poder, raramente têm planos de sucessão para assegurar uma transição pacífica quando chega a hora.

Além disso, eles estão desconectados das massas de outras maneiras.

"Eles podem estar desatualizados com relação às gerações mais jovens, as quais precisam representar", escreve Klassen em um comentário para *The Conversation*. "Soluções para dilemas políticos que funcionaram para eles em décadas passadas podem não ser mais aplicáveis hoje ou no futuro. Suas atitudes e perspectivas podem se tornar conservadoras ou inflexíveis... Eles provavelmente não têm filhos no jardim de infância e, portanto, não entendem como a política tem um impacto na vida real."

Contrariando essa tendência está Nancy Pelosi. Aos 82 anos, e possivelmente no auge de seu poder, a democrata generosamente decidiu deixar a presidência da Câmara de Representantes e abrir caminho para uma nova geração. Com isso, a tocha passou rapidamente para um homem três décadas mais jovem que ela: Hakeem Jeffries, deputado de Nova York, o primeiro negro a liderar um dos dois grandes partidos políticos no Congresso.

"Ela teve a coragem de se retirar, abrindo caminho para lideranças novas e ideias novas", diz Gerald Warburg, professor de política pública da Universidade da Virgínia.

As gerações mais jovens têm se mostrado inquietas, para dizer o mínimo.

Os memes da frase desdenhosa "OK, *boomer*" que se tornaram virais no TikTok e em outras plataformas sociais nos últimos anos não surgiram do nada. Eles refletem frustrações profundamente enraizadas que os *millennials* e a geração Z sentem quando encontram muitos estadunidenses mais velhos com segurança financeira e uma atitude percebida como passiva em relação a crises existenciais, como a mudança climática. E sejamos francos: os *baby boomers* que ousam criticar *piercings* ou arte corporal enquanto usam calças bem largas ou mais curtas apenas ampliam a distância entre as gerações e inflamam as guerras culturais. (Aos meus companheiros *baby boomers*: desculpem, mas que diabos aconteceu conosco? Será que esquecemos de nossos próprios protestos contra os poderes estabelecidos e os das contraculturas que criamos de forma tão bombástica nas décadas de 1960 e 1970? Alguns de nós merecem ser espetados com força pelos alfinetes em nossos broches enferrujados que ostentam os dizeres: "Não confie em ninguém com mais de 30 anos").*

---

*. Frase cunhada pelo ativista estudantil Jack Weinberg, que se tornou popular entre a juventude estadunidense nos anos 1960 e, no Brasil, pelo refrão da música "Com mais de 30", de Marcos Valle. (N.T.)

Uma consequência de lideranças mais velhas é que elas correm o risco de priorizar questões e preocupações dos idosos em detrimento daquelas dos cidadãos mais jovens. É verdade que isso talvez se torne menos problemático à medida que a população envelhece de maneira mais generalizada; mas, por enquanto, as pessoas entre a adolescência e os 40 anos podem se preocupar, com razão, por não estarem sendo consideradas.

Alguns alertam que, em uma gerontocracia, os legisladores tendem a dedicar mais tempo e recursos para fortalecer o financiamento da Previdência Social e dos benefícios do Medicare do que para lidar com a escalada vertiginosa dos custos de aluguel e do ensino superior. "A idade daqueles que detêm o poder executivo, legislativo e judiciário em Washington, D.C., serve como alerta", afirma Thomas Klassen, da Universidade York. "Os políticos estadunidenses são muito mais generosos com os mais idosos do que com os mais jovens. Afinal, o país tem um sistema de saúde pública [universal], mas apenas para aqueles com 65 anos ou mais."

A AARP sozinha conta com 38 milhões de membros, o que lhe confere considerável influência quando faz *lobby* no Capitólio e torna sua presença conhecida em todos os 50 estados. "A influência dos eleitores mais idosos continua a crescer", observa Cristina Martin Firvida, chefe de assuntos governamentais da organização. Mas, ela faz questão de lembrar, eles não falam todos a mesma língua: "Os eleitores mais velhos não são homogêneos. Eles não querem todos a mesma coisa. Eles não têm a mesma aparência. Eles não vivem todos nos mesmos lugares".

Os profetas do apocalipse preveem que toda essa influência dos idosos terá um custo enorme e aprofundará o conflito intergeracional à medida que os jovens se irritam com a dominância sufocante de anciãos que se recusam a sair de cena. Acrescente disparidades raciais e econômicas persistentes na questão de quem tem acesso a alimentos saudáveis, assistência médica e às alavancas do poder e temos uma mistura explosiva, alertam eles, com o potencial de desencadear agitação social em uma escala nunca antes vista.

A socióloga Beth Truesdale, do Instituto W.E. Upjohn, em Michigan, acredita que tais preocupações são exageradas.

"Acho que os indícios sugerem que essa ideia é equivocada. Os lugares que tratam melhor seus idosos tendem a tratar melhor seus adultos mais jovens e os filhos deles", ela me diz. A solução, segundo ela, é construir uma sociedade que permita que as pessoas vivam da melhor maneira possível em todas as idades.

"Não acredito que seja necessário se preocupar com a possibilidade de que uma população envelhecida signifique que os mais jovens recebam menos", acrescenta ela. "Mas, quanto mais esperarmos, mais caro fica. Precisamos implementar políticas para apoiar aqueles que já são mais velhos e que estão aposentados. Temos também de fazer investimentos agora nas pessoas de meia-idade e nos mais jovens, porque investimentos relativamente modestos hoje poderão render grandes retornos no futuro."

UMA DINÂMICA, NO ENTANTO, É INEGÁVEL: OS ELEITORES MAIS VELHOS tendem, de forma esmagadora, a apoiar candidatos que se parecem com eles: velhos (desculpe, "experientes" – maneira eufêmica de dizer a mesma coisa). Enquanto isso, mais de 70% dos eleitores com 60 anos ou mais votam nas eleições presidenciais; menos de 50% dos que têm 18 a 29 anos exercem esse dever cívico.

A participação forte e decisiva dos eleitores da geração do milênio e da geração Z nas eleições de meio de mandato em 2022 é um ponto positivo em um panorama, de maneira geral, sombrio. Eleitores mais jovens desempenharam um papel fundamental nos estados mais disputados – Flórida, Geórgia, Michigan, Carolina do Norte, New Hampshire, Nevada, Ohio, Pensilvânia e Wisconsin –, ajudando os democratas a manterem o controle do Senado dos Estados Unidos e a minimizarem o efeito da vitória dos republicanos na Câmara.

Em Michigan, algumas pessoas esperaram na fila até às duas horas da manhã para votar. Na Flórida, elegeram o primeiro membro da geração Z para o Congresso: Maxwell Alejandro Frost, de 25 anos, um democrata que tuitou após sua vitória histórica: "Nunca subestime os jovens".

Cristina Tzintzún Ramirez, presidente da NextGen, organização progressista de defesa dos jovens e comitê de ação política, disse ao *The Guardian* que os eleitores nos últimos anos da adolescência e aqueles na casa dos 20 e 30 anos, com frequência, são rotulados como apáticos, quando, na verdade, constituem o grupo mais politicamente engajado do eleitorado dos Estados Unidos. "Eles estão votando mais. Estão participando de protestos. Estão lendo mais sobre política e questões sociais", afirmou ela.

E, ao apoiar esmagadoramente os democratas e as causas progressistas, atuam como um contrapeso aos conservadores mais idosos – sobretudo os evangélicos brancos na faixa dos 50 e 60 anos – que apoiam Trump e suas alegações infundadas de uma conspiração esquerdista para fraudar e roubar as eleições. (No cômputo geral, o Pew Research Center informa que os estadunidenses mais velhos votam predominantemente no Partido Republicano e seus colegas mais jovens tendem a se inclinar para o Partido Democrata. Evidentemente, existem muitas exceções – aposentados que apoiam Bernie e Biden, e conservadores do tipo Turning Point USA, na casa dos 20 e 30 anos, que apoiam Trump; o governador da Flórida, Ron DeSantis; ou Nikki Haley, ex-embaixadora dos Estados Unidos nas Nações Unidas.)

John Della Volpe, diretor de pesquisas de opinião pública no Instituto de Política da Escola Kennedy de Harvard, acredita que os eleitores com idade entre 18 e 29 anos representarão até 40% dos eleitores votantes nas eleições presidenciais de 2024. Se você está concorrendo a um cargo mais elevado, diz ele, ignorá-los é arriscado: "Muitos dos jovens que votaram nos democratas [em 2022] têm uma relação complicada com os Estados Unidos. Eles ouviram falar do nosso excepcionalismo, mas raramente o experimentaram por si mesmos ou viram nossa nação unida".

Em tom similar ao de Volpe, Alexandria Ocasio-Cortez, deputada de Nova York e membro do assim chamado Esquadrão, um grupo de deputados progressistas, postou: "Até 2024, o número de eleitores da geração Z e dos *millennials* superará o de eleitores *baby boomers* e mais velhos, 45/25. Estamos começando a sentir os impactos políticos dessa mudança geracional".

O senador Bernie Sanders, outro queridinho da esquerda, concorda: "Sem a participação em massa dos eleitores mais jovens, teríamos visto um resultado muito diferente... Mas agora solicito às gerações mais jovens: continuem engajados na luta".

Sanders, é claro, é uma exceção notável na elite política envelhecida dos Estados Unidos: está na casa dos 80 anos, com cabelos brancos ralos e é muito mal-humorado, mas, por ser um socialista independente, é adorado por eleitores que têm um quarto de sua idade e são jovens o suficiente para serem seus netos. Ele e a senadora Elizabeth Warren, de Massachusetts, têm defendido as questões que os eleitores mais jovens consistentemente identificam como mais importantes para eles: a mudança climática; o alívio das esmagadoras dívidas estudantis; o direito ao aborto; e um campo financeiro nivelado para todos, não apenas para os ricos. (Setenta e seis por cento dos eleitores da geração Z pesquisados após as eleições de meio de mandato, em 2022, pela organização de defesa da educação Murmuration, pela Fundação Walton e pela empresa de opinião pública SocialSphere disseram que a preservação dos direitos reprodutivos das mulheres estava entre suas principais preocupações; 73% também citaram a mudança climática; e 72% apontaram o alívio das dívidas estudantis.)

Os desafios incessantes e bombásticos de Sanders ao *status quo* o transformaram em um ícone da contracultura – um herói improvável, porém inspirador, da classe trabalhadora. "Se outros democratas querem ser tão populares entre a geração Z quanto Sanders, precisarão começar a incorporar algumas das estratégias dele em suas próprias campanhas", sugere Jack Kapcar, um estudante de jornalismo da Universidade de Michigan.

Por mais encorajadora que seja a crescente conscientização política dos eleitores jovens, não se deve esperar que os mais velhos cedam o espaço público por mais três ou quatro décadas, quando a última geração *baby boomer*, que é grande, tiver saído de cena, preparando o cenário para uma queda populacional breve, porém turbulenta. Não durará muito; nos Estados Unidos, a geração X assumirá o bastão por um tempo antes de passá-lo aos *millennials*, que, com 72 milhões de pessoas, já ultrapassaram os *baby boomers* como a mais numerosa geração de adultos vivos do país.

A bem da verdade, existem sinais de que ativistas mais idosos estão intensificando seus esforços e indo para as ruas. O Th!rd Act, uma organização nova que está "construindo uma comunidade de estadunidenses com mais de 60 anos e determinados a mudar o mundo para melhor", está mobilizando aposentados e outras categorias para se juntarem a protestos e manifestações que promovem causas progressistas que vão desde uma campanha por uma sociedade e um planeta sustentáveis até um movimento intergeracional destinado a transformar o funcionamento de Wall Street e de Washington. Alguns de seus membros são veteranos das lutas pelos direitos civis e antiguerra dos anos 1960, voltando, de certa maneira, às suas raízes radicais. Outros são novatos que nunca marcharam, protestaram ou foram a um comício. Agora você os encontrará nas ruas segurando placas com *slogans* como "Velhos e destemidos" e "Sem tempo a perder".

"Estamos acostumados a pensar que as pessoas se tornam mais conservadoras à medida que envelhecem, talvez por termos mais a proteger, ou simplesmente porque estamos acostumados com as coisas da maneira como estão", diz o site da organização. "Mas nossas gerações viram mudanças positivas enormes no começo de nossa vida – o movimento pelos direitos civis, por exemplo, ou a luta para acabar com as grandes guerras ou garantir os direitos das mulheres. E agora tememos que a promessa dessas mudanças esteja minguando à medida que o planeta aquece e a desigualdade aumenta."

Em seu otimismo, o grupo não menciona como as forças conservadoras mais idosas e poderosas remodelaram a Suprema Corte, ou as consequências daí decorrentes: a revogação da decisão judicial do caso *Roe v. Wade* de 1973, que garantia o direito constitucional ao aborto, e um crescente sentimento de que as políticas de ação afirmativa, destinadas a melhorar as oportunidades de emprego e educação para integrantes de grupos minoritários, podem ser os próximos alvos.

O Th!rd Act, que usa os termos "estadunidenses experientes" e "terceira idade atuante" para descrever as 10 mil pessoas que, todo dia, completam 60 anos nos Estados Unidos, insiste em que as instituições não podem e não irão ignorar os *baby boomers* que se identificam como agentes de mudança. Por que não? "Porque votamos e porque temos uma grande – talvez grande demais – parcela dos ativos do país. E muitos de nós têm filhos, netos e bisnetos: temos, em outras palavras, razões muito concretas para nos preocuparmos e trabalharmos duro."

Em um vídeo exibido na rede de televisão pública PBS, o fundador do Th!rd Act, o ambientalista Bill McKibben, explica que sua geração tem um papel fundamental a desempenhar na luta contra a mudança climática. "Ajuda ter algumas pessoas com tão poucos cabelos quanto eu envolvidas nesse trabalho", diz ele, e elabora:

> "É preciso deixar claro que os jovens estão realizando um trabalho extraordinário na organização em torno da mudança climática, mas é pouco digno pegar o maior problema que o mundo já enfrentou e pedir a estudantes do ensino médio para resolvê-lo para você...
>
> Se você está na casa dos 60, 70 ou 80 anos, seu primeiro ato foi naquele período de rápida transformação social, cultural e política dos anos 1960 e 1970. Nosso segundo ato teve mais a ver com consumismo do que com cidadania. Isso são águas passadas. Agora as pessoas emergem em

seu terceiro ato com habilidades, recursos, tempo, que talvez não tenham tido antes, e com filhos ou netos. Pense bem, seu legado é o planeta que você deixa para as pessoas que você mais ama.

E, nesse momento, o planeta e a democracia que vamos deixar para trás parecem muito mais precários do que aqueles em que nascemos. A maioria das pessoas mais velhas percebe isso, e existe um propósito palpável em continuar a tentar construir uma sociedade melhor."

É uma perspectiva revigorante e otimista, considerando as preocupações distópicas que, de vez em quando, ainda encontramos, sobre idosos que ocupam espaço e esgotam recursos. Ao longo dos anos, atitudes orwellianas sobre o lugar dos idosos na sociedade levaram a algumas explosões espetaculares de retórica infeliz, vindas de ambos os extremos do espectro político.

Em 1984, quando ainda estava na casa dos 40 anos, o falecido governador democrata do Colorado Dick Lamm causou comoção ao afirmar em público que achava que os idosos com doenças terminais têm "o dever de morrer e sair do caminho" em vez de prolongar suas vidas por meios artificiais. Muito convenientemente para Lamm, ele acabou vivendo até os 85 anos.

Mais recentemente, nos primeiros dias da pandemia de coronavírus, o então vice-governador republicano do Texas, Dan Patrick, com 79 anos na época, foi alvo de críticas por insistir que avós como ele prefeririam se sacrificar e morrer de covid-19 do que colocar a economia de seus netos em risco ao não trabalharem. Patrick sugeriu que as quarentenas deveriam ser evitadas a todo custo, mesmo que essa medida custasse a vida de algumas pessoas. Ele estava tragicamente certo sobre essa última parte: a covid-19, é claro, cobrou um preço horrivelmente desproporcional das pessoas com 65 anos ou mais.

Não pretendo dar a esse propagador de absurdos oxigênio desnecessário, mas, caso você desconheça o desprezo tóxico pelos idosos que está sendo propagado por certos integrantes da direita, o comentarista conservador e *millennial* Julius Krein lança uma proposta indecente: "Alíquotas de impostos mais elevadas deveriam ser aplicadas a qualquer pessoa que continue trabalhando em tempo integral ou ocupe posições 'importantes para o sistema' após os 65 anos, e aqueles com mais de 70 anos deveriam ser automaticamente forçados a se aposentar, o que já deveriam ter feito antes. Os idosos ainda podem atuar como conselheiros em meio expediente, escritores autônomos, e assim por diante, mas não devem ocupar cargos importantes. Os detentores de cargos políticos atuais com mais de 70 anos devem ter o bom senso de renunciar, e a Constituição deve ser emendada para incluir idades máximas, além das mínimas".

Krein poderia ter aprendido alguma coisa com o celebrado cartunista da *New Yorker*, Jean-Jacques Sempé, que morreu aos 89 anos em sua amada Provença, depois que um derrame o privou da fala, mas não de seu intelecto perspicaz. Lamento não ter conhecido Sempé pessoalmente, mas uma homenagem emocionante de um amigo em comum, o jornalista e autor Mort Rosenblum, me faz sentir como se o tivesse conhecido: "Hoje em dia, penso muito sobre a idade, a passagem do tempo e como as coisas estão mudando tão rapidamente ao nosso redor. Os jovens que crescem em um mundo interconectado, na velocidade da luz, tendem a desprezar os mais velhos como relíquias desinformadas que deveriam ser afastadas simplesmente por uma questão de princípio. Sentado lá com Jean-Jacques, afiado como sempre, mas fisicamente silenciado, vi como isso é uma tolice. Sua habilidade de perceber detalhes sutis se afiou ao longo do tempo, e sua experiência de vida moldou um entendimento excepcional da condição humana. A idade é uma questão de sorte. Em algum momento, ela pega todos nós. Mas, até que isso aconteça, podemos aprender muito com o que vidas bem vividas podem nos ensinar".

Se os Estados Unidos envelhecidos precisam de um novo hino, eu sugiro "Old Man", de Neil Young:

Homem velho, olhe para minha vida
Sou muito parecido com o que você já foi.

EXISTE OUTRA POSSÍVEL DESVANTAGEM EM TER PESSOAS MUITO IDOSAS NOS liderando: do ponto de vista estatístico, elas são muito mais propensas a morrer no cargo.

No entanto, elegemos indivíduos, não médias estatísticas. Idosos como Biden e Trump demonstraram ter energia para lidar com as demandas da presidência – um cargo que o estrategista político David Axelrod chamou de "um emprego monstruosamente exigente". E, gostemos ou não, um dos especialistas em longevidade mais destacados do país acredita que esses dois têm potencial para se tornarem *superagers*.

S. Jay Olshansky, o epidemiologista da Universidade de Illinois que conhecemos no Capítulo 1, estudou extensivamente os presidentes dos Estados Unidos e suas idades. Sua conclusão: é possível que Biden, apesar da postura rígida e das gafes ocasionais, seja biologicamente mais jovem que sua idade cronológica; e não existe isso de ser velho demais para ser presidente. Qualquer outra coisa, afirma Olshansky, é simplesmente etarismo. "Apesar da ciência, os candidatos e suas campanhas ainda estão tentando usar a idade como arma", diz ele.

O público eleitor é cético. Sessenta e três por cento dos 1.838 eleitores registrados, de todas as idades e espectros políticos, que foram entrevistados no início de 2023 pela Harris Poll e pelo Centro de Estudos Políticos Americanos de Harvard, disseram acreditar que Biden estava mostrando sinais de sua idade e era velho demais para ser presidente. Destes, 57% expressaram dúvidas sobre sua aptidão mental e 63% disseram que não achavam que ele deveria concorrer a um segundo mandato, incluindo 31% que o consideravam velho demais. Outra pesquisa, realizada pela Associated Press e pelo Centro NORC para Pesquisas de Assuntos Públicos, encontrou pouco entusiasmo por um segundo mandato de Biden entre os democratas. Apenas 37% queriam que ele concorresse mais uma vez.

Irritando alguns eleitores mais velhos, Nikki Haley, que tem 51 anos, aproveitou o ceticismo sobre a idade de Biden no discurso inicial de sua campanha presidencial e defendeu testes obrigatórios de competência mental para políticos com mais de 75 anos. Críticos denunciaram a proposta como flagrantemente etarista, e analistas políticos a veem como uma crítica não apenas a Biden, mas também a Trump, mentor e ex-chefe de Haley.

A idade tem sido um tema central na política partidária estadunidense há décadas. Em 1984, o presidente Ronald Reagan, na época com 73 anos, foi questionado sobre sua idade avançada durante um debate televisionado em rede nacional com seu adversário democrata, Walter Mondale, que tinha 56 anos. A resposta de Reagan: "Quero que saibam que também não vou tornar a idade um ponto central desta campanha. Não vou explorar, por motivos políticos, a juventude e inexperiência do meu adversário". A multidão irrompeu em risos; até Mondale riu; e a nação ficou encantada. Assim como Reagan, o resultado saiu diretamente de Hollywood: ele obteve uma vitória avassaladora, com o maior diferencial de votos na história dos Estados Unidos.

Cinco anos após deixar o cargo, Reagan anunciou publicamente que estava com Alzheimer. Assessores próximos já tinham dito que ele parecia confuso em certos momentos de seu segundo mandato e, embora nunca tenha havido evidências de que suas funções cognitivas estivessem comprometidas durante sua presidência, sabemos que todos nós experimentaremos degradação cerebral. O cérebro começa a encolher na casa dos 30 e 40 anos e, quando chegamos aos 60, os pesquisadores dizem que a taxa de encolhimento acelera ainda mais. O volume do cérebro como um todo diminui com a idade, mas sobretudo o tamanho de nossos lobos frontais e hipocampo – regiões específicas do cérebro responsáveis pela função cognitiva. O córtex cerebral também se afina, o que retarda o processo de pensamento e tomada de decisões, e os neurônios começam a morrer. Ao mesmo tempo, a memória e a capacidade de multitarefa são prejudicadas.

Por mais que queiramos acreditar que a idade é apenas um número, é claro que não é. Biológica, química e psicologicamente, não somos aos 80 anos os mesmos que éramos aos 45. Nada disso impede que políticos mais velhos, vistos como ultrapassados, se divirtam um pouco à própria custa.

Atrás do democrata Barack Obama nas pesquisas, poucos dias antes das eleições presidenciais de 2008, o senador republicano John McCain reconheceu o elefante na sala durante uma participação no programa *Saturday Night Live*. "Boa noite, meus compatriotas. Eu pergunto a vocês, o que devemos procurar em nosso próximo presidente? Certamente, alguém que seja muito, muito, muito velho", disse aquele senhor de 72 anos. Um ano antes, enquanto fazia campanha em New Hampshire, McCain destacou sua resistência quando um estudante do ensino médio questionou sua idade, e então ele deu-lhe esta repreensão irônica: "Obrigado pela pergunta, seu pestinha. Você acaba de ser convocado para servir nas Forças Armadas".

Nada substitui a experiência. No entanto, existem argumentos persuasivos para renunciar e passar o bastão.

Peter Suderman, editor de *Reason*, lamenta "a ausência geral de pensamento inovador na política". "Quando alguém desempenha a mesma posição durante décadas, tende a recorrer a hábitos antigos, e isso fica evidente", explana ele. "Biden entrou pela primeira vez no Senado em 1973. Pelosi está no Congresso desde 1987. Existe uma razão pela qual a política estadunidense de hoje parece tão carente de ideias novas: muitas das pessoas no topo claramente não têm uma ideia nova há muito tempo."

Paul Irving, membro sênior do centro de estudos Instituto Milken e principal especialista em longevidade e na demografia em rápida mudança, reconhece a narrativa: "Existe uma ideia generalizada de que a política dos Estados Unidos é dominada, em ambos os partidos, por septuagenários e octogenários, e que os jovens, como resultado, não têm oportunidade de surgir e crescer". No entanto, Irving rejeita a noção de limites máximos de idade na política, apesar do amplo apoio público ao conceito.

Pergunte a ele, no entanto, se é aceitável que pessoas mais velhas continuem indefinidamente – desde que tenham energia e votos –, e a pergunta faz com que o fundador septuagenário do Centro para o Futuro do Envelhecimento do Instituto Milken pare para pensar. Duas vezes em sua vida, diz Irving, ele se afastou de um cargo de liderança para permitir que uma pessoa mais jovem assumisse. Isso não significa, ele se apressa a acrescentar, que ele se expulsou.

"Acho que precisamos ser generosos com os mais jovens", opina ele. Por outro lado: "Acho que precisamos buscar e esperar respeito e dignidade e a oportunidade de permanecermos envolvidos. Precisamos ser capazes de manifestar nossa inclinação geral de passar adiante, de monitorar. Como costumo dizer às pessoas da minha idade e às mais velhas, apesar das diferenças em nosso país, a maioria de nós que teve bons pais ouviu quando estávamos crescendo: 'O que quer que você faça na vida, deixe o mundo melhor do que encontrou'. E eu acredito muito nisso. Acho que é importante que os mais idosos invistam nos mais jovens, o que não é bom apenas para os mais jovens; ajuda também os mais velhos".

Os mais velhos não têm apenas influência política. Têm também um poder econômico considerável.

Os estadunidenses que vivem vidas significativamente mais longas e saudáveis injetarão 7,1 trilhões de dólares na economia dos Estados Unidos ao longo dos próximos 50 anos, simplesmente porque comprarão mais bens e serviços, estima Dana Goldman, economista da Universidade do Sul da Califórnia.

Conforme abordamos no Capítulo 5, os *baby boomers* estão vivendo por mais tempo e trabalhando por mais tempo. A taxa de participação na força de trabalho de pessoas com 70 anos ou mais é de cerca de 9%, e espera-se que aumente para cerca de 16% até 2035. Financeiramente, é hora de começar a pensar nos mais idosos mais como motores do PIB e menos como freios no sistema, e em nossos anos de vida adicionais como um dividendo lucrativo para nós, nossas famílias e para a economia como um todo.

"Estaremos trabalhando além dos nossos 65 anos, se assim escolhermos", observa William Beach, que renunciou, em março de 2023, ao cargo de comissário da Secretaria de Estatísticas Trabalhistas dos Estados Unidos. "Nossa saúde declina a cada ano, mas não com a rapidez com que isso costumava acontecer. Temos mais riqueza. Temos mais renda. Estamos mais saudáveis. Somos mais instruídos que qualquer outra geração."

Para enfatizar o poder de gasto dos idosos, Beach aponta uma estatística um tanto obscura, mas esclarecedora: os gastos *per capita* com entretenimento – sair para assistir a um filme ou a um show musical, investir em equipamento de *home theater* ou comprar um barco ou veículo recreativo – por parte daqueles de nós que têm 65 anos ou mais. Em 2021, foram quase 3 mil dólares por pessoa – quase a mesma quantia gasta, por ano, por pessoas com idade entre 55 e 64 anos, e substancialmente mais que o gasto por pessoas com idade entre 25 e 34 anos.

Os consumidores com mais de 50 anos controlam impressionantes 83% da riqueza dos domicílios, diz Joseph Coughlin, que dirige o AgeLab do Instituto de Tecnologia de Massachusetts e é autor do livro *The Longevity Economy* ("A economia da longevidade", em tradução livre), de 2017. Ele observa que o comprador médio de uma Harley-Davidson tem 50 anos, e o fabricante de motocicletas, mais conhecido por atender a motociclistas mais jovens e descolados, tem abaixado a altura dos assentos para que clientes mais idosos com articulações frágeis possam montar suas motos com mais facilidade.

Até 2030, Coughlin diz que a população com mais de 55 anos terá sido responsável por 50% do crescimento dos gastos dos consumidores nos Estados Unidos desde 2008, 67% no Japão e 86% na Alemanha. "Não é exagero dizer que as economias mais avançadas do mundo em breve estarão centradas em desejos, necessidades e caprichos dos avós", ele escreve.

Existe também um pequeno mas inspirador número de quem continua trabalhando na casa dos 90 anos, e até além, em empregos que amam.

Vamos pegar o exemplo de Betty Reid Soskin, que se aposentou "cedo" como a guarda florestal mais idosa do Serviço de Parques Nacionais dos Estados Unidos, aos 100 anos e meio. Mulher negra e crescida numa época em que os negros eram segregados dos brancos, a guarda florestal Betty, como é carinhosamente conhecida, baseou-se em sua rica história pessoal enquanto liderava programas públicos no Parque Histórico Nacional Rosie the Riveter[*] da Frente Doméstica na Segunda Guerra Mundial em Richmond, Califórnia, destacando as experiências dos afro-estadunidenses durante a guerra. Ela começou como funcionária temporária aos 84 anos. "Isso acabou trazendo significado para meus últimos anos", afirma ela.

E Walter Orthmann, do Brasil, que ainda trabalha aos 102 anos na empresa têxtil onde ingressou como contínuo aos 15 anos. Orthmann chegou ao cargo de gerente de vendas e se tornou detentor do recorde mundial do *Guinness* para a carreira mais longa em uma única empresa. "Quando fazemos aquilo que gostamos não vemos o tempo passar", alega ele.

---

[*]. A mítica Rosie era uma rebitadora que aparecia em diversos pôsteres de propaganda que encorajavam a participação feminina em trabalhos tradicionalmente masculinos durante a Segunda Guerra Mundial. (N.T.)

Um dos exemplos mais surpreendentes e inspiradores de uma carreira muito, muito, *muito* longa é o do juiz federal dos Estados Unidos Wesley Brown, que morreu aos 104 anos como o juiz federal em atividade mais velho da história estadunidense. Lúcido e competente até o fim, com um senso de humor afiado – Brown costumava avisar aos advogados que se preparavam para julgamentos demorados em sua sala de audiências no Kansas que ele poderia não permanecer vivo até os argumentos finais –, ele atribuía à sua intensa carga de trabalho a manutenção de sua mente e corpo ativos e a seu senso de propósito. Bastante tempo depois de completar 100 anos, ele ainda galgava as escadas para chegar a seu escritório no quarto andar. Um ano antes de sua morte, quando perguntado como pretendia deixar o cargo para o qual o presidente John F. Kennedy o nomeara em 1962, ele brincou: "Em um caixão".

Em outra ocasião, ele disse à Associated Press: "Como juiz federal, minha função dura até o fim da minha vida ou enquanto eu mantiver bom comportamento, o que acontecer primeiro. Você precisa de uma razão para viver. Enquanto estiver prestando um serviço público, você tem uma razão para viver".

Todos nós estamos mais familiarizados com outra juíza com longo tempo de serviço: a juíza da Suprema Corte dos Estados Unidos Ruth Bader Ginsburg. Ela ainda cumpria seu mandato vitalício quando morreu aos 87 anos. O aclamado documentário *A Juíza*, lançado dois anos antes de sua morte, em 2020, transmite sua vitalidade: levantava pesos em seu escritório, distribuía autógrafos para fãs adoradores da juíza apelida de "The Notorious RBG"* e quebrava a internet sempre que publicava um voto discordante no tribunal. Enquanto Ginsburg se abaixa no chão da academia para fazer pranchas, um de seus dois admiradores mais idosos diz, rindo:

---

*. Jogo de palavras entre as iniciais de Ruth Bader Ginsburg e o nome do *rapper* The Notorious B.I.G. (N.T.)

"Ouvi dizer que ela faz 20 flexões três vezes por semana ou algo assim. Quero dizer, nós nem conseguimos sair do chão. Nem conseguimos *chegar* ao chão."

Iris Apfel, influenciadora digital e fashionista, é assim. Aos 102 anos, ela, às vezes, dá a impressão de estar apenas começando. Apfel gosta de se autodenominar "a adolescente mais velha do mundo", e seus característicos óculos redondos enormes, roupas extravagantes e irreverência conquistaram quase 2 milhões e meio de seguidores no Instagram e diversas capas de revistas como *Vogue*, *Vanity Fair* e *Harper's Bazaar*. O lema bem-humorado da lenda da moda: "Mais é mais e menos é chato". Em 2018, ela se tornou a pessoa mais velha a ter uma boneca Barbie criada à sua imagem.

"Eu não fico olhando para trás", disse ela a um entrevistador em 2022. "O passado é passado e está terminado. Não fico remoendo nada. E não me preocupo muito com o futuro, porque não sabemos se teremos um. Portanto, aprendi a viver no presente."[*]

Os idosos exercem sua influência muito além da política e da economia. Aos milhões, estão se voluntariando e realizando atos aleatórios de filantropia, formando a vanguarda de um vasto grupo de pessoas que retribuem à sociedade de inúmeras maneiras. À medida que suas expectativas de vida ultrapassam os 100 anos, pode-se esperar que suas boas ações se multipliquem exponencialmente.

O Corpo da Experiência, um programa administrado pela Fundação AARP, coloca voluntários com mais de 50 anos em escolas para atuar como tutores, ajudando os alunos a melhorar suas habilidades de leitura até completarem a terceira série. Os organizadores chamam a isso de vitória tripla, pois ajuda os alunos a terem sucesso, os adultos mais idosos a prosperarem e as comunidades a florescerem. A enge-

---

[*]. Nota da Editora: Iris Apfel faleceu aos 102 anos, em 1º de março de 2024, durante a produção da versão brasileira deste livro.

nheira civil aposentada Linda Fong, cujos pais imigraram da China para os Estados Unidos, diz que está muito feliz em ajudar crianças não nativas a dominar o inglês. "Ainda mais significativo é saber que criei uma conexão com esta futura geração", acrescenta em uma postagem em seu blog.

Ao mesmo tempo, voluntários como Fong estão aumentando a duração e a vitalidade de suas vidas, já em vias de se estender. Uma pesquisa da AmeriCorps, agência independente do governo dos Estados Unidos que mobiliza mais de 5 milhões de voluntários, descobriu que as pessoas que doam seu tempo e talento têm taxas de mortalidade mais baixas, capacidade funcional elevada e taxas de depressão menores na vida posterior em comparação com aquelas que não o fazem. Esses benefícios à saúde são maiores para os voluntários com idade igual ou superior a 60 anos: eles tendem a sofrer menos problemas cardiovasculares, cognitivos e pulmonares, e têm risco reduzido de desenvolver osteoartrite debilitante.

"O envelhecimento não é um período de declínio inevitável. As pessoas mais velhas fazem contribuições valiosas para a sociedade, as quais, na verdade, superam os custos que ela é obrigada a suportar", discorre John Beard, ex-funcionário da Organização Mundial da Saúde que agora dirige o Centro Internacional da Longevidade-EUA na Universidade Columbia.

Talvez seja uma possibilidade remota, mas, se os idosos continuarem envolvidos dessa forma, talvez os Estados Unidos finalmente consigam reunir a vontade política necessária para alcançar países como Alemanha, Japão e Coreia do Sul, comparados aos quais estão muito atrasados, no estabelecimento de um sistema previdenciário nacional de assistência aos idosos.

Os idosos desses países não ficam falidos quando chega o momento em que precisam de cuidados. Nos Estados Unidos, isso acontece rotineira e tragicamente. O mais revoltante é que tudo isso poderia ser evitado.

"Neste momento, nos Estados Unidos, isso é feito de uma maneira muito ruim", diz Beard, um australiano que vê com ceticismo o excepcionalismo estadunidense. Como podemos nos gabar e nos vangloriar quando o Medicare não cobre o custo dos cuidados em asilos? E quando pessoas em seus anos de maior capacidade para ganhar dinheiro precisam deixar a força de trabalho para cuidar de seus pais idosos e doentes, comprometendo a própria segurança financeira futura no processo?

Já consigo ouvir os neoconservadores e nacionalistas zombando: "Ame-o ou deixe-o!" Aqui está um pensamento mais patriótico: que tal amar e consertar?

"Por que estamos dispostos a gastar dinheiro com a BMW e apoiar a indústria automobilística ou qualquer outra indústria que o governo ajude de alguma forma, mas não fazemos isso com o setor da assistência em saúde quando a economia da assistência é enorme?", questiona Beard. Nos Estados Unidos, impomos aos idosos necessitados nosso imperativo cultural de individualismo e seu cruel (nesse contexto) decreto de que todos devem assumir a responsabilidade pessoal por si mesmos. Na Europa, com uma orientação mais social, existe a convicção de que a sociedade tem alguma responsabilidade e que o governo pode encontrar maneiras de absorver os custos.

"Isso simplesmente não existe nos Estados Unidos", assevera Beard. "E, sabe, falamos sobre isso, e não entendo por que as pessoas simplesmente se recusam a debater o assunto de imediato. Elas nem estão dispostas a ouvir os argumentos."

Como veremos no próximo capítulo, literalmente não podemos mais nos dar ao luxo de ignorar o que está quebrado.

Quer acabemos vivendo até os 78,1 anos, a idade de Biden quando ele assumiu o cargo, ou até os 108,1, nossa qualidade de vida – se não nossa própria vida – dependerá do que faremos e do que não faremos nos próximos anos.

9

Quem cuidará de nós? E quem pagará por isso?

O que você acha da ideia de ser cuidado por um robô quando tiver 100 anos? Minha resposta será, definitivamente, "de jeito nenhum".

Com tantos de nós vivendo mais tempo e, possivelmente, precisando de cuidados, é inevitável que a inteligência artificial seja pressionada a prestar serviços de apoio de maneiras fascinantes e, ao mesmo tempo, apavorantes. Isso já está acontecendo.

O que me deixa desconfortável no momento é Mirokai, um robô vagamente felino, meio elfo, projetado pela empresa francesa Enchanted Tools para entregar bandejas de comida e copos d'água a pacientes hospitalizados, liberando os membros da equipe hospitalar para realizar tarefas mais específicas de atendimento médico. Ele/ela/isso foi dotado de uma personalidade lúdica inspirada em uma mistura de filmes de anime. Parte Sonic the Hedgehog e parte Link, do jogo *The Legend of Zelda* da Nintendo, Mirokai tem pouco mais de um metro de altura e se locomove sobre uma grande esfera giroscópica. É capaz de expressões interativas com seus olhos desproporcionalmente grandes, que se contraem em um sorriso ou se abrem como se estivessem prestes a chorar, dependendo da expressão facial ou do tom de voz do paciente que responde.

É provável que você não seja, nem de longe, tão neurótico quanto eu e ache Mirokai irresistivelmente adorável. É com esse tipo de atitude que o fundador e CEO da Enchanted Tools, Jérôme Monceaux, está contando ao desenvolver uma linha de robôs antropomórficos que ele espera que achemos cativantes e acessíveis. (Pepper, outra das criações androides de Monceaux, concebida quando ele estava na Aldebaran, uma concorrente de robótica que ele cofundou, conta piadas bobas para idosos enquanto os lembra de comer, fazer exercícios ou tomar seus remédios: "Tive um encontro com um robô aspirador na semana passada. Foi um encontro romântico. Ele aspirou meu coração".) Pessoalmente, eu me sentiria mais confortável trancado sozinho em um sótão cheio de bonecas M3GAN e palhaços de circo, mas, enfim, sou assim mesmo.

Dois argumentos, no entanto, em defesa da indústria: os idealizadores, como Monceaux, estão seguindo – até agora – um código de ética rigoroso que os impede de projetar um robô capaz de dominar um ser humano. E pelo menos estão pensando criativamente, embora de forma não convencional, sobre a questão dos cuidados que confronta a humanidade.

Estamos em meio a uma crise, e as consequências podem ser extremamente graves para os cidadãos vulneráveis. O que poderia dar errado? Muitas coisas, na verdade. Parafraseando Shakespeare em *Júlio César*, o defeito não está nas máquinas, mas em nós mesmos.

Ninguém jamais deveria ter de fazer escolhas como aquelas que Juliet Bernstein precisou fazer aos 108 anos.

MENTALMENTE LÚCIDA, PORÉM FISICAMENTE FRÁGIL, JULIET BERNSTEIN, uma ex-professora aposentada da cidade de Nova York, lançou uma campanha *on-line* de financiamento coletivo para poder evitar uma morte impessoal no relativo anonimato de uma instituição de enfermagem e, em vez disso, passar seus dias finais em sua aconchegante casa em Cape Cod, no estado de Massachusetts. "Vi que estavam fazendo isso para alguém cujo filho estava muito doente. Então eu disse: 'Eu não vou para um lar de idosos. Vou ficar aqui'", disse ela ao *Boston Globe*.

Deu certo para Bernstein no final; ela morreu do jeito que queria depois de arrecadar mais de 130 mil dólares para pagar cuidadores para atendê-la em casa. Mas será que a sociedade realmente normalizará esse tipo de jogada desesperada, tipo *Jogos vorazes*, em que nosso bem-estar futuro depende de quais causas famosas ganham destaque nas redes sociais?

Por mais sombrio que isso pareça, é provável que vejamos mais avós recorrendo ao GoFundMe.* Muitos têm opções limitadas: o Medicare não paga por cuidados prolongados em lares de idosos, e as instalações de vida assistida são muito caras. Nos Estados Unidos, a média nacional dos custos de moradia assistida é um pouco superior a 4 mil dólares ao mês, mas pode variar de 3 mil dólares na Geórgia a quase o dobro disso em Nova Jersey. Tudo isso é tão caro que a pessoa média precisa economizar 7,5% de seus vencimentos ao longo de uma década para poder pagar por cuidados assistidos, caso precise. Nos Estados Unidos, estamos retrocedendo, não avançando, quando o governo federal reduz os pagamentos do Medicare aos médicos.

Dizer que o sistema de cuidados de idosos no país está quebrado é um tanto enganoso. A ideia de "quebrado" implica que algo vinha funcionando e deixou de funcionar. É possível defender o argumento de que o sistema de cuidados para idosos dos Estados Unidos jamais funcionou.

O problema não se limita aos Estados Unidos. No Reino Unido, o Colégio Real de Médicos alerta que a drástica escassez de médicos com treinamento especial para atender ao maior contingente de ido-

---

*. Site que hospeda campanhas de financiamento *on-line* de projetos diversos. (N.T.)

sos da história humana significa que o Reino Unido "caminha sem qualquer planejamento rumo a uma crise evitável no atendimento a esse grupo".

A onda iminente de centenários testará os sistemas de cuidados de saúde de longo prazo das nações de maneira inédita, mas estamos despreparados, embora haja muitos sinais de alerta ao nosso redor.

Nos Estados Unidos, os cuidados para idosos estão estourando o orçamento do Medicare e do Medicaid. Quem assumirá o lugar se os *baby boomers* e a geração X, logo atrás deles, não se prepararem financeiramente e esgotarem seus recursos limitados? O futuro para as ondas subsequentes de centenários parece desanimador: os *millennials*, a geração Z e a geração alfa podem ter de cuidar de seus idosos centenários, mas com muito menos recursos, enquanto continuam sua própria jornada rumo aos 100 anos, tudo isso enquanto lidam com o pior que a mudança climática nos reserva.

"O verdadeiro risco que os Estados Unidos enfrentam com os centenários é ignorar a mensagem dos números", adverte o analista Chris Farrell. Traduzindo, com o perdão dos Beatles:

> *Você ainda precisará de mim*
> *Você ainda vai me alimentar*
> *Quando eu tiver 104 anos?**

Os próprios ossos e entranhas da sociedade moderna estão prestes a ser reorganizados e tudo isso acontecerá muito em breve. Depois de superarmos tantos desafios, ao longo de milênios, para chegarmos à condição de poder viver de forma tão incrivelmente longa, precisamos acertar. Teremos a coragem e a determinação para agir?

---

*. Paródia da canção "When I'm Sixty-Four" (Quando eu tiver 64 anos) dos Beatles. (N.T.)

Nossos próximos passos são de suma importância. Eles determinarão se viveremos muito e prosperaremos – ou se viveremos muito, mas como mendigos.

UMA AMOSTRA DO QUE TEMOS PELA FRENTE: APENAS UMA DÉCADA ATRÁS, algo chamado "índice de apoio de cuidadores" – o número de pessoas com idade entre 45 e 64 anos disponíveis para cuidar de pessoas com 80 anos ou mais – era de sete para um. Até 2030, a previsão é que caia para quatro para um e, até 2050, para três para um, o que significa que haverá um número alarmantemente menor de pessoas mais jovens para ajudar a alimentar, banhar e vestir a população idosa.

A explicação é simples: os *baby boomers* estão envelhecendo. Nesta década, os mais velhos deles atingirão 80 anos e, até 2050, os mais jovens alcançarão essa idade. Em poucos anos, os *baby boomers* passarão de provedores de cuidados para necessitados de cuidados.

Estima-se que 53 milhões de estadunidenses atuem como cuidadores familiares e gastem, em média, 26% de sua renda familiar cuidando de entes queridos. Existe uma impressão de que a maioria dos cuidadores é composta por mulheres, mas quatro em dez são homens. Um quarto de todos os cuidadores são *millennials* ou da geração Z e cuidam de mais de uma pessoa, dividindo seu tempo e atenção entre uma criança e um avô ou outra pessoa com deficiência.

Debra Whitman, chefe de política da AARP, chama-os de "o exército invisível".

Quando conversei com Whitman, ela acabara de regressar da Nova Zelândia, onde a expectativa de vida média excede a dos Estados Unidos em três anos inteiros. Convenhamos, é uma nação pequena – fazendo uma comparação, a própria AARP tem 38 milhões de membros, enquanto a população total da Nova Zelândia é de 5 milhões –, mas esse país conseguiu traçar um plano o qual garante que, à medida que seus cidadãos envelhecem, eles terão cuidados que não serão apenas adequados, mas culturalmente apropriados para as comunidades indígenas maori, incluindo assistência domiciliar financiada pelo governo. "Quando visito outros países, aqueles que implementam planos para uma população envelhecida se saem muito melhor que países como o nosso, que parece não ter percebido que temos uma população envelhecida e não tem qualquer planejamento para lidar com isso", diz ela.

Jason Resendez, presidente e CEO da Aliança Nacional dos Prestadores de Cuidados de Saúde, chama os cuidadores de "filantropos invisíveis", os quais doam à sociedade seu tempo e talento em vez de riqueza. Eles também sacrificam seus ganhos: a perda de renda em decorrência dos cuidados com familiares é estimada em 522 bilhões de dólares ao ano.

"Assim como os trabalhadores pobres, os 53 milhões de cuidadores familiares dos Estados Unidos muitas vezes são invisíveis e pouco valorizados", declara Resendez. "Cuidar tem consequências. Elas se manifestam em resultados de saúde inferiores e em instabilidade econômica para os cuidadores."

Catherine Collinson, presidente e CEO do Centro Transamérica de Estudos da Aposentadoria, tirou uma licença para cuidar do pai idoso. Ela achou que seriam apenas alguns meses. Acabaram sendo cinco anos. "Não sabemos quanto tempo durarão os deveres. Meses podem se transformar em anos", diz ela, acrescentando algo mais que aprendeu da maneira mais difícil, por meio da experiência pessoal: regressar ao mercado de trabalho pode ser muito difícil. Sua pesquisa mostra que oito em cada dez cuidadores familiares acabam fazendo algum tipo de ajuste em suas situações de trabalho. Muitos perdem dias de trabalho. Outros tiram licenças. E alguns desistem de seus empregos completamente.

"O cuidado familiar implica um grande impacto no bolso de alguém", observa John Schall, CEO da Rede de Ação dos Cuidadores, que comenta que uma família média gasta entre 7 mil e 10 mil dólares ao ano com esses cuidados, enquanto a renda anual média nos Estados Unidos gira em torno de 60 mil dólares. Ele e outros estão pressionando o Congresso a conceder um abono fiscal federal de 5 mil dólares para as pessoas que atuam como cuidadores. Eles também querem que os legisladores concedam créditos no sistema de Previdência Social às pessoas que precisam sair do mercado de trabalho para serem cuidadoras, para que não haja intervalos em seus históricos de contribuições e elas não acabem financeiramente prejudicadas na hora de se aposentarem.

As mulheres, que por uma pequena diferença constituem a maioria dos cuidadores, são desproporcionalmente afetadas, diz Yulya Truskinovsky, professora assistente de economia da Universidade Wayne State em Detroit, que estudou os impactos dos cuidados familiares na economia. "No caso das mulheres, os ganhos e a participação na força de trabalho atingem o pico entre o final da década de 50 e o início dos 60 anos. Portanto, elas assumem o papel de cuidadoras justamente quando estão no auge de seu potencial para ganhar dinheiro, o que ajudaria seu futuro financeiro."

Nos Estados Unidos, as somas das contribuições dos cuidadores informais para uma parte da economia que permanece, em grande parte, invisível são impressionantes: um em cada cinco estadunidenses faz esse trabalho essencial para um membro da família, dedicando, coletivamente, 340 bilhões de horas ao ano a essa atividade, tudo de graça. O valor econômico anual estimado dessas contribuições não remuneradas? Enormes 470 bilhões de dólares. Isso é 100 bilhões de dólares a mais que todos os gastos com saúde do próprio bolso em 2017 e 40 bilhões de dólares superior ao valor total combinado dos setores de agricultura, silvicultura e mineração.

Enquanto isso, os estadunidenses com 65 anos ou mais agora superam em número os que têm 50 anos ou menos, uma tendência que será mais pronunciada à medida que a fertilidade cai e os nascimentos também. Os pesquisadores preveem que, até 2050, as pessoas com mais de 50 anos comporão 27% da população dos Estados Unidos. Algo semelhante está acontecendo em outras sociedades que envelhecem rapidamente: no mesmo ano, 40% das populações da Alemanha e do Japão terão mais de 65 anos.

No entanto, esses dois países diferem dos Estados Unidos: eles têm sistemas universais que financiam seguros obrigatórios de longo prazo para suas populações – programas que cobrem os custos de cuidados de saúde institucionais e domiciliares. A Coreia do Sul tem um programa desse tipo desde 2008. Inexplicavelmente, os Estados Unidos, apesar de toda sua riqueza, não têm isso.

"De muitas maneiras, os Estados Unidos são uma anomalia", dispara John Beard, diretor do Centro Internacional de Longevidade-EUA. "Não quero ser excessivamente crítico, mas vocês são o país mais rico do mundo e, no entanto, as pessoas mais pobres de seu país têm tantos resultados adversos e uma expectativa de vida tão mais curta. É fácil olhar para as médias. E, mesmo na média, vocês não se saem tão bem. Se a mediana é pior que a média global, então o que acontece com a outra metade? Porque eles devem estar em uma situação muito pior."

Beard questiona a noção de que uma abordagem alemã, japonesa ou coreana é cara demais. O custo na Alemanha e no Japão de pagar pelo atendimento de longo prazo para idosos é cerca de 3% do produto interno bruto, "o que é acessível quando você considera que os Estados Unidos gastam cerca de 9% ou 10% a mais do PIB com saúde do que outros países".

O sistema de seguro de cuidados de saúde de longo prazo da Coreia do Sul, com custo de 5 bilhões de dólares ao ano, envergonha os esforços débeis dos Estados Unidos. Ele fornece cuidados institucionais e domésticos, com uma franquia máxima anual de 1.300 dólares, incluindo unidades móveis de banho que ajudam os idosos em áreas rurais com a higiene pessoal, e "cuidados de repouso" de 24 horas, que garantem que os entes queridos mais idosos recebam cuidados por até nove dias ao mês, para que seus cuidadores possam lidar com viagens de negócios e outras interrupções em sua vida. Uma complicação: a taxa de natalidade do país, uma das mais baixas de toda a Ásia, pode tornar difícil o pagamento desses cuidados em anos futuros, segundo Jongseong Lee, diretor adjunto do Ministério Nacional de Saúde e Bem-Estar da Coreia e um dos idealizadores do programa. "Minha maior preocupação é a sustentabilidade", ele me diz.

O argumento a favor da adoção de uma abordagem que abranja toda a sociedade dos Estados Unidos nunca foi tão grande. Confesso que é uma batalha difícil em um país individualista, onde o orgulho em prosperar pelo próprio mérito está enraizado no DNA coletivo e onde muitas pessoas condenam qualquer coisa que tenha um traço de socialismo em termos de política. Contudo, nosso sistema atual não está funcionando – uma avaliação condenatória da Academia Nacional de Ciências, Engenharia e Medicina chama-o de "ineficaz, ineficiente, fragmentado" – então, por que não aprender com outras nações que tiveram sucesso onde fracassamos? Como disse Malcolm X, líder dos direitos civis assassinado na década de 1960: "Quando o 'eu' é substituído por 'nós', até mesmo a doença se torna bem-estar".

Enquanto isso, essa mudança demográfica gigantesca – mais de nós somos velhos, menos de nós somos jovens – está incubando uma tempestade perfeita na área dos cuidados de saúde, adverte Linda Fried, decana da Escola de Saúde Pública Mailman da Universidade Columbia e destaque no campo da medicina geriátrica.

"Quem cuidará dos mais idosos quando houver menos pessoas mais velhas?", pergunta ela. "Estamos enfrentando um *tsunami* de necessidades... Precisamos uns dos outros em todas as gerações. Precisamos repensar, criar algo novo, para uma sociedade que nunca tivemos antes: uma sociedade de vidas mais longas."

O Centro de Longevidade de Stanford também está conclamando todos, com urgência, a agirem: devemos, urge, "mudar a trajetória do envelhecimento e dos custos associados a ele, começando agora a remodelar instituições, práticas e normas para que estejam de acordo com a realidade atual" e não com a realidade do século passado.

Como disse a ex-primeira-dama dos Estados Unidos Rosalynn Carter: "Existem apenas quatro tipos de indivíduos no mundo – aqueles que foram cuidadores, aqueles que atualmente são cuidadores, aqueles que serão cuidadores e aqueles que precisarão de cuidadores".

Cuidar de membros da família sempre foi complicado. Muitos cuidam de seus idosos enquanto trabalham em período integral e criam os filhos. No entanto, o próprio ato de cuidar tornou-se muito mais difícil. Cuidadores com pouca ou nenhuma formação se veem, com frequência, lidando não apenas com as próprias enfermidades físicas crônicas, mas também com suas dificuldades emocionais. Sessenta por cento deles cuidam de alguém com Alzheimer ou outra forma de demência. E um em cada três faz tudo isso sem qualquer ajuda, muitos descuidando de suas próprias necessidades de saúde física e emocional, afirma a Aliança Nacional de Cuidados.

Isso pode ter impacto significativo. Um estudo da Universidade Stanford revelou que 40% dos cuidadores de pessoas com Alzheimer e demência morrem de transtornos relacionados ao estresse antes da pessoa de quem estão cuidando. Sheria Robinson-Lane, professora assistente na Faculdade de Enfermagem da Universidade de Michigan, diz que pesquisadores observaram o uso mais intenso de álcool entre os cuidadores, sobretudo aqueles que estão começando a cuidar de um ente querido com demência.

O que chama a atenção dos formuladores de políticas, porém, é o aumento no número de *millennials* e de membros da geração Z que pausam sua juventude para cuidar de parentes idosos.

Susan Reinhard, diretora do Instituto de Políticas Públicas da AARP, diz que conheceu muitos jovens cuidadores que acabaram interrompendo a juventude e os estudos. "Comecei a chamar isso de 'vida interrompida'."

"Um deles era um estudante que tentava fazer o dever de casa no hospital e dormia no chão. Eles fazem perguntas do tipo: 'como vou explicar esse buraco no meu currículo?', 'Como vou pagar o aluguel quando tenho que gastar tanto com meus pais?'", relata Reinhard. Outros sentem que não podem compartilhar com seus pares o impacto que isso está tendo sobre eles: "Eles não entendem. Não é o tipo de conversa para se ter em uma festa."

Schall, da Rede de Ação dos Cuidadores, diz que muitos desses cuidadores jovens estão realizando tarefas sofisticadas que, tradicionalmente, seriam executadas por médicos ou enfermeiros, como administrar medicamentos. Ele acredita que os estudantes do ensino médio deveriam ser treinados para fornecer cuidados básicos, assim como as gerações anteriores aprenderam economia doméstica. "Precisamos introduzir isso bem cedo no ciclo de vida", diz ele.

Todos nós, independentemente de nossa posição na vida, podemos nos encontrar em uma situação de ter de cuidar de alguém. Até mesmo uma grande estrela de Hollywood como Bradley Cooper.

O ator e diretor de *Nasce uma estrela* cuidou do pai enquanto ele estava em fase terminal de câncer e cuidou da mãe octogenária doente durante a pandemia de coronavírus e além. Cooper se mudou para a casa dos pais antes da morte de seu pai em 2011. Ele tirou proveito dessa experiência pessoal dolorosa como produtor executivo do documentário *Caregiving*, da rede PBS, em 2023, diz Paul Irving, fundador do Centro para o Futuro do Envelhecimento, que conhecemos no Capítulo 5 e reencontramos no Capítulo 8.

"Ele reconheceu: 'Aqui estou eu, sou essa grande estrela de cinema de Hollywood, obviamente com muitos recursos e conexões e tudo mais, e é incrivelmente difícil ser um cuidador, mesmo nessas circunstâncias. Então, como deve ser para pessoas que enfrentam desafios maiores?'", diz Irving, que trabalhou com Cooper na série.

Em uma entrevista emocionante, Cooper abriu o coração para Oprah Winfrey sobre o momento transformador de segurar o pai nos braços enquanto ele dava o último suspiro:

"Foi tudo. Foi o maior presente que ele me deu – o segundo maior presente: ele me ter e me colocar nesta vida, e permitir que eu fosse testemunha de sua passagem também foi igualmente grandioso. Honestamente, parecia que... ele estava apoiado, sua cabeça estava bem aqui... quando ele deu o último suspiro, sinceramente senti que ele entrou em mim. E nunca mais vi as coisas da mesma maneira.

Parei de me preocupar com coisas que me preocupavam antes disso. Mudou minha forma de atuar, literalmente no dia seguinte, e comecei a viver minha vida de uma outra forma. Lembro-me desse momento e olhei para cima e pensei que tudo estava diferente: mais forte, mais aberto, mais disposto a arriscar fracassar por causa dele... A realidade da mortalidade nos atinge como uma tonelada de tijolos.

Adoro quando ele aparece em meus sonhos. No começo, ele parecia muito doente nos meus sonhos, e agora nos meus sonhos ele parece saudável."

Greg Link pode se identificar com essa situação. Como diretor do Escritório de Serviços de Apoio e de Cuidados da Agência Federal para a Vida Comunitária, ele vem elaborando uma estratégia nacional destinada a assegurar que os cuidadores tenham acesso ao complexo quebra-cabeça de serviços à sua disposição. Link vem fazendo esse trabalho há 35 anos, mas, uma década atrás, o trabalho assumiu uma dimensão pessoal assustadora – um aspecto que ele raramente discute porque ainda é muito recente.

Hoje estabelecido em Nova York, ele morava em Washington, D.C., quando seus pais idosos, em Fort Myers, Flórida, começaram um lento declínio rumo à demência. A mãe foi a primeira; o pai fez tudo o que pôde pela esposa de 60 e poucos anos, mas sua saúde declinou a ponto de ela precisar de cuidados em um asilo. Depois, o pai também começou a sofrer de demência.

"Vou ser muito sincero com você: houve dias em que eu sentava na varanda da frente aos prantos, porque não sabia o que fazer", conta

Link. "Consigo ajudar os outros, mas isso se tornou muito pessoal. Moldou tudo o que faço. Você carrega essas cicatrizes de ser cuidador com você. Nunca mais serei o mesmo. Mas aprendi muito. Ganhei perspectiva. E não me arrependo do que fiz e de como os apoiei. Nunca olho para trás e penso: 'Poderia ter feito mais; gostaria de ter feito isso ou aquilo'. Não faço esse tipo de questionamento."

O patrão de Link permitiu que ele trabalhasse remotamente na Flórida durante uma semana por mês para poder ajudar o pai, monitorar seus cuidados e acompanhá-lo em consultas médicas, e essa flexibilidade foi fundamental.

Isso é outra coisa que os Estados Unidos também precisam mudar: incorporar a flexibilidade no trabalho à cultura para que todos possam cuidar uns dos outros com mais facilidade.

O incremento exponencial do trabalho remoto, iniciado durante a pandemia de covid-19, deu um pouco mais de margem de manobra a alguns cuidadores. No entanto, apenas cerca de um terço de todos os trabalhadores pode trabalhar remotamente, observa Joseph Fuller, que é codiretor do Projeto de Gerenciamento do Futuro do Trabalho da Faculdade de Negócios de Harvard. As empresas estão percebendo, aos poucos, que a rotatividade de funcionários tem um custo e que existem motivos adicionais para acomodar trabalhadores que precisam cuidar de parentes idosos, assim como oferecem licença-maternidade remunerada. "Em diferentes estágios da vida, as pessoas necessitam de coisas diferentes de seus empregadores", pondera ele.

A taxa de participação na força de trabalho dos Estados Unidos vem caindo para homens e mulheres desde o início dos anos 2000, e Fuller diz que a responsabilidade por cuidar é uma das causas dessa queda. "Hoje, essa taxa é mais baixa que a de praticamente todos os nossos concorrentes internacionais", afirma ele. "Nos Estados Unidos, gostamos de fazer piadas do tipo: 'Ninguém realmente trabalha na França', mas a França tem uma taxa de participação na força de trabalho mais alta que a nossa. Não era assim 25 anos atrás." As empresas, acrescenta Fuller, precisam inovar e oferecer aos funcionários de todas as idades mais flexibilidade para que possam lidar com as complicações que surgem em todas as fases da vida.

Jennifer Wolff, pesquisadora de políticas de saúde na Universidade Johns Hopkins, diz que não é tão evidente para as empresas quando exatamente um funcionário se torna um cuidador de idosos, como ocorre quando alguém tira uma licença para cuidar de um filho recém-nascido. Nesse cenário, você ou seu cônjuge tem uma data para o parto e uma boa ideia de quando cada um voltará ao trabalho. No caso de um parente idoso, Wolff reconhece que "pode ser um processo lento: você começa com algumas coisas aqui e ali, algumas tarefas e, de repente, se vê alguns anos mais tarde assumindo cada vez mais responsabilidades. Como as empresas decidem quais benefícios estão disponíveis e como alocá-los da melhor maneira? Em que altura você solicita esses benefícios? São perguntas muito mais difíceis".

Ruth Finkelstein, diretora executiva do Centro Brookdale para o Envelhecimento Saudável do Hunter College, na cidade de Nova York (que conhecemos no Capítulo 5), acredita que as empresas precisam fazer mais que apenas entoar a cantilena de que "nossos funcionários são nossos maiores ativos". Se realmente acreditam nisso, ela insiste que, em vez de ditar as horas de trabalho, eles deveriam invocar algo que chama de "flexibilidade radical" e perguntar: "Quando é bom para você trabalhar?" E o inverso: "Quando é impossível para você trabalhar?"

EXISTE OUTRO TIPO DE CUIDADOR — O PROFISSIONAL — E ELE, provavelmente, tem uma das tarefas mais difíceis e ingratas do mundo.

David Grabowski, professor de políticas de saúde da Faculdade de Medicina de Harvard, diz que muitos cuidadores profissionais nos Estados Unidos recebem salários próximos ou iguais ao salário mínimo federal, o que não é uma remuneração digna, e seus ganhos estagnaram ao longo dos anos.

Existem 4,7 milhões de profissionais especializados em cuidados diretos nos Estados Unidos, que ajudam a fornecer assistência em residências particulares, instalações de vida assistida, lares de idosos e até presídios. (Isso é o que chamo de custo oculto: até 2030, espera-se que o número de idosos nas prisões estadunidenses atinja 400 mil – um aumento impressionante de 4.400% desde 1981 –, a maior parte destinada a necessitar de cuidados geriátricos caros.)

A maioria dos cuidadores diretos trabalha em horários extremamente irregulares; quatro em cada dez sobrevivem na linha da pobreza ou abaixo dela; e a taxa de rotatividade é enorme, o que significa que muitos idosos não continuarão a ser cuidados pela mesma pessoa. Os requisitos de treinamento também variam bastante de estado para estado. "Portanto, como cuidador familiar, se você contratar um trabalhador, não pode ter certeza de que ele necessariamente tem treinamento e possui as habilidades ou conhecimentos certos para cumprir suas funções", alega Robert Espinoza, vice-presidente executivo de políticas da PHI, uma organização nacional que busca fortalecer a profissão de cuidador direto.

Durante a pandemia de covid-19, os cuidadores profissionais foram considerados trabalhadores essenciais, mas não os remuneramos nem os tratamos como tal. "Na realidade, seus empregos não são valorizados como essenciais", diz Espinoza. No entanto, entre agora e 2029, o setor de cuidados a longo prazo precisará preencher cerca de 7,4 milhões de vagas de emprego em cuidados diretos. Pesquisadores da Universidade da Califórnia, em São Francisco, que analisaram onde as vagas eram mais numerosas, descobriram que elas se localizam na mesma região dos Estados Unidos que reúne o maior número de idosos incapazes de cuidar de si mesmos: o sul.

Em meu estado natal, a escassez de cuidadores da linha de frente está em níveis jamais vistos. Pesquisas sobre o mercado de trabalho conduzidas pela Associação de Cuidados a Idosos de Massachusetts apontam milhares de vagas para enfermeiros – uma escassez de pessoal tão aguda que mais de 60% das instalações de enfermagem do estado estão limitando as admissões de pacientes novos. Um fator complicador adicional é que existem centenas de vagas para faxineiros, auxiliares de nutrição, cozinheiros, assistentes de atividade, entre outros. Esse excesso de oferta de vagas ocorre apesar de haver financiamento governamental suplementar que ajudou essas instalações a aumentar os salários em quase 20%. Tara Gregório, presidente da organização, chama isso de "um desafio persistente e alarmante".

A escassez crônica de pessoal nos lares de idosos e nas instalações de vida assistida constitui um problema há décadas. Contudo, à medida que o número de idosos aumenta, a situação tende a piorar. Uma investigação do jornal *USA Today* revelou que reguladores federais permitiram que milhares de lares de idosos passassem 24 horas ininterruptas sem a presença de um único enfermeiro credenciado de plantão. Inspetores do governo emitiram notificações contra apenas 40% dos infratores, e ainda menos foram multados, concluindo: "Quando as instalações sofrem de falta de pessoal, tarefas médicas essenciais são ignoradas. Consultas médicas são perdidas, botões de chamada ficam sem resposta, fraldas deixam de ser trocadas, banhos deixam de ser dados e feridas deixam de ser limpas. A demência pode se instalar com mais rapidez. As pessoas ficam mais doentes e morrem sozinhas".

Enquanto isso, o Escritório do Inspetor Geral do Departamento de Saúde e Serviços Humanos do governo federal afirma que oito em cada dez residentes de lares de idosos financiados pelo Medicare recebem drogas do tipo "camisa de força química" – medicamentos psiquiátricos usados para sedar pacientes indisciplinados, sobretudo aqueles com demência. A AARP adverte que o uso deles é, com frequência, "inapropriado e perigoso".

Não é de surpreender que, da mesma maneira que Juliet Bernstein, de 108 anos, a maioria de nós prefira envelhecer em nossa própria casa e organizar os cuidados que porventura necessitamos de modo que venham até nós. No entanto, isso é muito mais complicado do que parece.

Alguns imóveis estão em estado realmente precário, tornando difícil para os idosos continuar a viver neles. "Precisamos de muito mais opções de moradias", diz Robyn Stone, vice-presidente sênior de pesquisa no Centro LeadingAge da Universidade de Massachusetts em Boston. "Nem todos podem permanecer na própria casa." Enquanto isso, os aluguéis em alta e a inflação crescente estão empurrando um número recorde de idosos para as ruas. Defensores dos idosos projetam que o número de pessoas de baixa renda com 50 anos ou mais que se tornarão sem-teto quase triplicará na próxima década, e eles precisarão de cuidados que, assim como o aluguel, não têm condição de pagar.

E mais *baby boomers* e membros da geração X do que nunca estão vivendo sozinhos. Surfando a mesma onda demográfica que aumentará significativamente o número de centenários entre nós, os estadunidenses com 50 anos ou mais que vivem sozinhos são um dos segmentos de crescimento mais rápido da população do país. Cerca de 26 milhões se enquadram nessa descrição, de acordo com o Censo dos Estados Unidos. Eles também são muito mais propensos a ser solteiros, separados ou divorciados, e a morar longe dos filhos (se os tiverem; cerca de 15% não têm filhos para cuidar deles quando ficarem mais velhos). Embora muitos vivam vidas plenas, saudáveis, contentes e notavelmente ativas, sua solidão não os deixa bem preparados para o envelhecimento em domicílio.

"O crescimento da vida solitária tem implicações importantes para a crescente 'epidemia de solidão' entre os idosos", conclui Markus Shafer, sociólogo da Universidade Baylor, em um estudo recente que examina as implicações sobre a saúde do estilo de vida solitário. "Altos níveis de conexão social atenuam, apenas até certo ponto, a solidão associada a viver sozinho na terceira idade".

Uma solução é o Movimento das Vilas, uma iniciativa lançada duas décadas atrás em Boston para conectar pessoas que se aproximam da aposentadoria, a fim de que possam ajudar umas às outras a envelhecer em casa. Agora, essa organização virou uma presença em quase todos os estados, crescendo não apenas com o aumento constante de *baby boomers*, mas também com membros da geração X, conscientes de que a aposentadoria não está tão distante para eles também. Os membros dessas vilas virtuais fazem compras de supermercado uns para os outros, auxiliam em consultas médicas e serviços domésticos e até ajudam no cuidado e na alimentação de animais de estimação. Os organizadores dizem que seus objetivos são "reduzir o isolamento, aumentar a independência e incrementar a vontade de viver".

Outra alternativa é a "tecnologia para a terceira idade", uma série de inovações que estão sendo desenvolvidas para ajudar as pessoas a permanecer em suas casas o maior tempo possível. Uma empresa holandesa, a iZi (soa como *easy*, ou seja, "fácil", na língua inglesa), equipa os idosos com *airbags* presos aos quadris, os quais são acionados quando percebem que os usuários estão perdendo o equilíbrio, para não quebrarem o quadril. O AgeLab do MIT está transformando residências em "casas inteligentes", com detectores de movimento que podem alertar equipes médicas de emergência caso ocorra uma queda; lembretes de voz por IA para tomar medicamentos; *links* de vídeo os quais permitem que membros da família e outras pessoas verifiquem o estado do residente; e robôs sociais, como o Mirokai, para realizar tarefas básicas e fazer companhia.

O Japão, nação com a maior parcela de pessoas com idade igual ou superior a 65 anos, vem utilizando robôs como companheiros de idosos há quase uma década, e os japoneses os estão recebendo de braços abertos em suas casas e instalações de vida assistida. O país representa o destino para onde os Estados Unidos caminham: um lugar onde há muito mais cidadãos idosos que jovens; onde o número de idosos supera em muito o de cuidadores; e onde a confiança na tecnologia e na inteligência artificial, equivocada ou não, está crescendo. Um modelo popular vendido pela Fujisoft por cerca de 6 mil dólares é o Palro, um "cuidarob" compacto que dança e canta, projetado para ajudar os usuários a combater a demência, conduzindo-os por uma rotina de exercícios e jogos de perguntas.

Essas soluções são úteis até certo ponto, mas, à medida que envelhecemos, dois em cada três de nós precisarão de alguém (leia-se: um ser humano) para nos ajudar a tomar banho, nos vestir, nos levantar e nos sentar no vaso sanitário. Uma solução gritantemente óbvia que se tornou igualmente problemática na Europa, no Japão e nos Estados Unidos: a imigração. Empregar mais imigrantes ajudaria a aliviar a escassez de cuidadores, forneceria empregos a recém-chegados que precisam desesperadamente de trabalho e prolongaria o tempo até que tenhamos que obedecer a nossos futuros senhores robôs.

Todos ganham. Ou assim seria se nossa disfuncional família de nações de alguma forma conseguisse superar as tendências racistas e xenófobas e adotasse uma abordagem mais pragmática com relação a políticas de imigração desnecessariamente restritivas.

Um país que compreende isso é o Canadá, que se comprometeu a trazer quase 1 milhão e meio de imigrantes até 2025 para preencher empregos críticos em meio a uma escassez persistente de mão de obra.

Da mesma forma que muitas outras nações, o Canadá tem uma população que envelhece e uma taxa de natalidade mais baixa. Os imigrantes são a melhor – alguns dizem, a única – aposta do país para garantir que a economia se expanda e não encolha. Ademais, o Canadá é mais um caldeirão cultural que os Estados Unidos: um em cada quatro canadenses chegou como imigrante, em comparação com um em cada sete estadunidenses.

Ainda não é possível ter certeza de que o Canadá será bem-sucedido em seu ambicioso plano de preencher vagas de cuidadores e outros empregos com imigrantes. No entanto, há muita esperança de que isso ocorra. "Existe um grau de confiança pública de que a imigração para o Canadá é bem administrada pelo governo e gerenciada de uma maneira que atende aos interesses do país", diz Geoffrey Cameron, cientista político da Universidade McMaster, de Ontário, à BBC.

Todo mundo ama um herói, sobretudo o tipo improvável.

Apresento-lhes Vida Bampoe, uma cuidadora notável, imigrante, que salvou o dia em um tipo de cenário de pesadelo que poderia acontecer a qualquer um de nós em nosso futuro centenário: uma mulher de 82 anos cuidando de sua mãe de 102 anos.

A octogenária é Mary Ann Evan, uma especialista em TI que passou a última parte da carreira trabalhando para proteger a rede elétrica de Washington, D.C., contra ciberterroristas. A centenária: sua mãe, Angela, que foi morar com ela 15 anos antes e, inicialmente, vivia de forma independente até começar a sofrer uma série de quedas. Uma queda grave a levou ao hospital, mas ela recebeu alta prematuramente, e Mary Ann percebeu que não era forte o suficiente para tomar conta dela direito, ainda que tivesse adaptado sua casa de apenas um andar com um chuveiro acessível e barras de apoio no banheiro.

"Eu estava totalmente perdida. Indefesa. Estava claro para mim que eu precisava de muita ajuda", Mary Ann me conta.

Aparece Vida, uma enfermeira formada, nascida na África Ocidental, com 57 anos. Durante o dia, ela coordena o atendimento aos residentes em um centro residencial para idosos em D.C. e, à noite, trabalha como cuidadora particular.

"Quando cheguei à casa de Mary Ann [uma cliente], a mãe dela estava em uma cadeira há provavelmente dois dias", lembra ela. "Antes de ir trabalhar, eu a tirava da cadeira, colocava na cama e me certificava de que estava limpa, e aparecia de novo à noite. Essa foi a rotina por um tempo, até mudarmos para um sistema de turnos que cobria as 24 horas."

Perspicazmente, a mãe de Mary Ann se antecipou e doou sua modesta herança para os filhos, e eles gastaram 75 mil dólares com seus cuidados. Dois meses depois, ela se foi, em paz, em casa, na própria cama, onde sempre quis morrer. "A conexão com Vida foi uma salvação", diz Mary Ann, acrescentando que, por causa da experiência de sua mãe, já está começando a planejar os próprios cuidados a longo prazo.

Vida, que imigrou de Gana para os Estados Unidos, importou um dos valores culturais mais prezados em sua terra natal: cuidar com amor e respeito dos mais velhos. "Minha mãe morou comigo por 20 anos, e o que meus filhos aprenderam com isso foi: 'Você precisa de algo? Vovó, me avise se precisar de alguma coisa'", diz ela. "É cultural. Gostamos de ajudar a fazer a diferença na vida dos idosos." Ela é apenas uma entre dezenas de milhares de outros imigrantes que estão preenchendo, de maneira comovente e profissional, o nicho dos cuidados nos Estados Unidos.

De todo modo, os cuidados não serão a nossa única preocupação se vivermos até os 100 anos. Sustentar-nos financeiramente durante um século ou mais será um desafio especial.

CINCO PALAVRAS CAUSAM MEDO EM TODOS NÓS, EXCETO NOS MAIS RICOS, ao contemplar vidas centenárias: *a pobreza na terceira idade.*

Nenhum de nós quer viver mais que o nosso dinheiro, mas muitos já se encontram nessa situação. Um em cada dez estadunidenses com 65 anos ou mais vive na pobreza, informa o Conselho Nacional de Envelhecimento. Mais da metade depende exclusivamente da Previdência Social e, embora tenham recebido um aumento de quase 9% relativo ao custo de vida em 2023, o pagamento médio mensal de 1.668 dólares está muito longe de ser adequado para acompanhar a inflação e o aumento vertiginoso dos custos de moradia. (Em âmbito nacional, os aluguéis aumentaram em média 11% em 2022, mas subiram mais de três vezes essa porcentagem em muitas cidades dos Estados Unidos.)

Durante a próxima década, o governo federal gastará mais de dois terços de seu orçamento com pessoas com idade igual ou superior a

65 anos, sobretudo com a Previdência Social e o Medicare, projeta o Escritório de Orçamento do Congresso. A entidade prevê que o governo dos Estados Unidos gastará alarmantes 3,4 trilhões de dólares em 2029, um reflexo do acentuado envelhecimento da população.

Não é segredo que o sistema de Previdência Social precisa de atenção urgente. As reservas do fundo fiduciário que sustentam o programa devem esgotar-se daqui a apenas uma década. Ninguém espera que o Congresso deixe o programa entrar em colapso – essa é uma questão política muito delicada –, mas, se não agir com firmeza até 2033, todos que recebem da Previdência Social terão um corte abrupto de 23%: para muitos, um golpe absolutamente fatal. "Haveria tumultos nas ruas", diz Whitman, da AARP.

É improvável que chegue a esse ponto. Os legisladores federais podem evitar o desastre por meio de alguma combinação de aumento dos impostos sobre as folhas de pagamento, redução dos benefícios e um aumento, mais uma vez, na idade em que nos tornamos elegíveis para começar a receber benefícios integrais. A idade para receber uma aposentadoria integral foi 65 anos por muitas décadas, agora é 66 anos e quatro meses para minha esposa, 67 anos para mim, e 70 anos para alguns de nossos contemporâneos ligeiramente mais jovens. Um Congresso dividido está considerando seriamente elevá-la para 70 para todo mundo – uma batalha difícil para a qual alguns legisladores já estão se preparando, incluindo a senadora republicana Susan Collins, do Maine, que condena a postergação de benefícios até os 70 anos como "regressiva e injusta". Movimentos desse tipo são compreensivelmente impopulares. Pense na França, onde ocorreram protestos maciços e violentos no início de 2023, depois que o presidente Emmanuel Macron contornou o parlamento para aprovar um projeto de lei de pensões que aumentou a idade de aposentadoria do país de 62 para 64 anos. Em resumo: se algum dia já existiu um argumento convincente e popular para aumentar os impostos sobre os mais ricos, este é o momento.

A Previdência Social assumiu um papel desproporcional no sistema de poupança para aposentadoria nos Estados Unidos pela simples razão de que poucos têm a disciplina ou os recursos para guardar dinheiro. O ex-comissário do Departamento de Estatísticas Trabalhistas William Beach informa que a poupança média para aposentadoria é de apenas 30 mil dólares, o que é claramente insuficiente.

Metade da força de trabalho do setor privado, cerca de 57 milhões de pessoas, não tem um plano de poupança para a aposentadoria com deduções automáticas da folha de pagamento. Aqueles que o têm encontram dificuldades em transferir suas contas 401(k)* de um empregador para outro, o que significa que muitos, sobretudo aqueles que ganham menos e os negros, acabam sacando sua poupança para a aposentadoria, em espécie, quando deixam um emprego. Os desafios implacáveis da vida – um pneu furado, um telhado com vazamento, uma perna quebrada – levam as pessoas, com frequência, a gastar esse dinheiro em vez de colocá-lo em um novo plano. "Quem mais precisa de poupança para complementar o benefício de Previdência Social é quem menos tem", menciona David John, pesquisador sênior de estudos econômicos do centro de estudos Instituto Brookings.

Ele defende um sistema mais inovador, como aquele em vigor na Austrália, onde as contas de aposentadoria acompanham os trabalhadores de emprego a emprego ao longo de suas vidas profissionais. "Dessa forma, você não perde dinheiro. Ele acompanha você. E continua a acumular da maneira que deveria."

O Reino Unido vem experimentando uma abordagem semelhante, segundo John, e constatou aumentos significativos tanto no número de pessoas que poupam para a aposentadoria quanto na quantidade de dinheiro que poupam.

---

*. Nos Estados Unidos, as contas 401(k) são contas de investimento para fins de aposentadoria que recebem um tratamento fiscal especial. (N.T.)

Aqui está outro mau hábito que vem corroendo a segurança financeira dos estadunidenses na aposentadoria: muitos de nós começam a receber os benefícios da Previdência Social cedo demais; alguns quando a elegibilidade começa, aos 62 anos, mas por quantias bastante inferiores às que receberiam se aguardassem até a idade de aposentadoria integral ou até mais tarde para obter o pagamento máximo. Além disso, as pensões da Previdência Social estão entre as poucas coisas indexadas à inflação; portanto, é do interesse de todos não começar a recebê-las muito cedo em níveis bastante reduzidos.

"À medida que nos preparamos para viver 100 anos, o plano de aposentadoria padrão precisará evoluir", enuncia Lorna Sabbia, diretora administrativa de Soluções de Aposentadoria e Patrimônio Pessoal do Bank of America. Ela faz parte de um novo movimento de "bem-estar financeiro" mais holístico, o qual nos encoraja a focar não apenas nossas contas de aposentadoria e estabelecer ritmos saudáveis de despesas e poupanças, mas pensar e se preparar muito mais cedo para as contas médicas e os outros custos com cuidados de saúde em que todos incorreremos mais adiante em nossa vida mais longa. Tomar uma decisão errada nessa altura, adverte Sabbia, pode ser incapacitante.

Em teoria, trabalhar por mais tempo é uma opção, sobretudo se mais de nós chegaremos aos 100 anos, mas na prática não é tão simples.

"A contribuição econômica das pessoas com mais de 50 anos é real", assevera Jean Accius, vice-presidente de pensamento global da AARP. Isso é inquestionavelmente verdade: de fato, o segmento que mais cresce na população dos Estados Unidos em termos de participação na força de trabalho é o contingente com 70 anos ou mais. Entretanto, existe muita desigualdade. Para cada septuagenário com recursos suficientes para iniciar um negócio próprio, uma dúzia trabalham como recepcionistas da Walmart ou cuidam das fritadeiras do McDonald's porque precisam de dinheiro.

"Por que trabalhar mais tempo não é muito comum? Por que as pessoas não podem ganhar mais, agora que estão vivendo mais, para complementar seus benefícios da Previdência Social e sua renda de aposentadoria? É porque os empregos para trabalhadores mais velhos não são, de fato, o que normalmente pensamos. São empregos difíceis. São empregos fisicamente exigentes", afirma Siavash Radpour, da New School for Social Research.

Por quanto tempo devemos esperar trabalhar? Se vamos viver até os 100 anos, é razoável pensar que muitos de nós ainda estarão trabalhando aos 80? Ou isso é simplesmente absurdo?

"Eu não vejo as coisas acontecendo dessa maneira", contrapõe Beth Truesdale, a socióloga do Instituto W.E. Upjohn com quem conversamos anteriormente. "Políticas que dependem de aumentar a idade para aposentadoria e de adiá-la como o cerne da maneira como respondemos ao envelhecimento populacional provavelmente aumentarão as disparidades econômicas, uma vez que são as pessoas que já tiveram as melhores carreiras, os melhores cuidados de saúde, a melhor instrução, mais dinheiro, que tendem a ser capazes de continuar trabalhando por mais tempo. Muitas pessoas não se encontram nessa situação. Acho que ignoramos como o trabalho por mais tempo simplesmente não é uma hipótese viável para muitos."

Isso é especialmente verdade nos Estados Unidos, reitera Truesdale. Nações como Alemanha e Holanda dão mais voz aos empregados na hora de negociarem políticas que atendam às necessidades dos mais idosos, ajudando-os a se aposentar com mais segurança financeira ou a migrar para o trabalho em tempo parcial no crepúsculo de suas carreiras. Quando, por fim, precisam de cuidados de longo prazo, são tratados com compaixão, não simplesmente colocados de lado. E isso não os leva à falência. Na verdade, eles ainda conseguem deixar dinheiro e patrimônio para os filhos, preservando o tipo de riqueza geracional que ajuda os herdeiros a comprar uma casa – um ganho inesperado que desaparecerá para as futuras gerações de estadunidenses.

"As pessoas deveriam ter lazer e deveriam poder fazer o que quisessem com esses anos no final de uma longa carreira", acrescenta. "Acho que existe algo muito atraente nessa proposta. Penso que não devemos, como sociedade, achar que nosso objetivo é fazer com que todos trabalhem o máximo que puderem, ou espremer até a última gota de produtividade de cada indivíduo."

Essa proposta deixa para os governos e os cidadãos comuns a responsabilidade por pagar pelos cuidados dos idosos. Custos tão astronomicamente elevados podem ter consequências geopolíticas.

A população da China está envelhecendo tão rápida e profundamente que precisará desembolsar somas enormes com pensões e assistência médica. Uma análise esclarecedora do centro de estudos global RAND Corporation conclui que, à medida que o governo chinês gasta mais em programas sociais, "essas demandas limitarão os recursos disponíveis para os gastos militares chineses". Até 2025, prevê-se que os chineses representem um quarto da população mundial com 60 anos ou mais.

Beijing está levando a sério essas mudanças demográficas e a necessidade de garantir que os idosos recebam cuidados adequados – talvez um pouco a sério demais, pelos padrões ocidentais: existe uma lei de direitos dos idosos que expõe os filhos a possível encarceramento, multas e à vergonha pública se não apoiarem seus pais idosos e não os visitarem regularmente. Tudo isso faz parte de uma virtude profundamente enraizada na sociedade chinesa, conhecida como piedade filial: uma expectativa cultural com 2.500 anos de idade que remonta a Confúcio e exige que os idosos sejam respeitados e reverenciados.

É interessante que, mesmo em um país comunista como a China, haja pressão para assegurar que os idosos tenham os recursos e os cuidados de que precisam.

Nos Estados Unidos, é possível adquirir um seguro privado de cuidados de longo prazo, mas menos de 7% dos estadunidenses têm uma apólice desse tipo. Não é barato: a cobertura para um casal de 55 anos custa cerca de 5 mil dólares ao ano. E, uma vez que o Medicare não cobre cuidados de enfermagem de longo prazo, nosso destino pode depender da bondade de estranhos.

Em um caso de destaque comovente, o qual tocou corações e ganhou as manchetes alguns anos atrás, o cantor e ator de Hollywood Chris Salvatore, então com 31 anos, convidou a vizinha sem filhos de 89 anos, Norma Cook, para morar com ele, a fim de que ele pudesse cuidar dela à medida que sua morte por leucemia se aproximava. O astro de *Catfish Killer* (algo como "Assassino de golpistas", em tradução livre) também arrecadou mais de 77 mil dólares para cobertura das despesas médicas dela.

Quando ela morreu, no dia seguinte ao Dia dos Namorados, Salvatore postou no Instagram:

> "Norma ajudou o mundo a ver o verdadeiro significado do Dia dos Namorados. Amar o próximo não se trata de viver sem conflitos ou de nunca experimentar dor ou perda, mas de abrir total e profundamente nossos corações uns aos outros sem medo. Cada um de nós merece ser amado mesmo com todas as nossas diferenças. O amor não tem limites."

ACONTECE QUE O AMOR ESTÁ LIGADO À LONGEVIDADE.

Basta perguntar a outra pessoa de 108 anos: Izer Tilson, de Rockford, Illinois. Nascido em 4 de julho, casou-se com a namorada do ensino médio e com ela criou 15 filhos que lhe deram mais de 100 netos. Ele também é profundamente devoto – outra vantagem em termos de longevidade – e diz que viverá feliz até os 128 anos se Deus assim permitir.

Especialistas dizem que crença e positividade são muito importantes para uma vida excepcionalmente longa – algo que abordaremos no próximo capítulo. Determinação e senso de humor também não fazem mal a ninguém. Como o icônico ator e comediante Dick van Dyke, que está chegando aos 100, gosta de dizer jocosamente:

"Aos 30 anos, fazia exercícios para ter uma boa aparência; na casa dos 50, para ficar em forma; aos 70 anos, para continuar andando sozinho; na casa dos 80, para evitar a vida assistida. Agora, aos 90, faço isso como um ato de pura rebeldia."

10

Crença, positividade e a verdade sobre as "zonas azuis"

Em geral, sou do tipo que vê o copo meio cheio. Gosto dos meus ovos estrelados com gema mole. Até meu tipo sanguíneo é B positivo.

Você entendeu a ideia. E os cientistas dizem que tenho ainda mais motivos para ser otimista: eles encontraram uma clara correlação entre a positividade e a longevidade. Pesquisadores afirmam que pessoas que abraçam uma fé religiosa (eu abraço) e outras que se preocupam mais com o bem comum do que com seu bem-estar individual (estou trabalhando nisso) têm uma chance consideravelmente maior de alcançar a idade centenária.

Mesmo assim, meu otimismo jamais poderia ser comparado ao que meu sogro irradiava contra todas as razões e probabilidades.

Embora tenha suportado uma decadência física implacável que durou décadas, que o obrigou a usar uma bengala, um andador e, por fim, um carrinho motorizado, Gene DeYonker viveu uma vida longa, plena e incrivelmente feliz. *"Nunca estive melhor"* foi seu mantra até a morte, e ele o invocava com frequência, às vezes sob circunstâncias hilárias.

Uma vez, do nada, enquanto minha esposa e eu morávamos na Europa, liguei para Gene em sua casa nos subúrbios de Detroit apenas para saber como ele estava. Ele atendeu com o bom humor característico e falamos de amenidades antes de ele mencionar, casualmente, que esperava que minha sogra retornasse logo do supermercado:

"Por quê, pai?", perguntei.

"Ah, por nada. É que capotei meu carrinho e estou deitado aqui no chão há quase uma hora e meia."

"O quêêêêêêêêêêêêêêê?! Você está bem?!"

"Nunca estive melhor. Tenho uma cerveja gelada que derramou só um pouquinho, e a grama está bem macia; que dia lindo para se estar ao ar livre."

Veja, *isso* é positividade. Não admira que ele tenha vivido até os 81 anos, sete anos a mais que a expectativa de vida média para alguém com esclerose múltipla.

VOCÊ NÃO CHEGA AOS 122 ANOS E 164 DIAS SEM UM POUCO DE IRREVERÊNCIA e muito bom humor.

A vida de Jeanne Calment foi a mais longa de todas, embora certamente não tenha sido a mais fácil. Com certeza ela desfrutou de mais de uma dúzia de décadas de privilégio branco e riqueza, juntamente com a sorte de ter bons genes. No entanto, ela não desconhecia a tristeza. Sua única filha morreu aos 36 anos de pneumonia, e a vida de seu marido foi tragicamente encurtada quando ele foi envenenado, aos 46 anos, por uma sobremesa de cerejas estragadas, deixando-a viúva por mais de meio século. Ela se consolou após a morte da filha criando o neto, mas ele também morreu jovem, em um acidente de carro.

O pesquisador francês da longevidade Jean-Marie Robine, que passou centenas de horas na companhia de Calment, acredita que a quase imunidade dela ao estresse desempenhou papel fundamental em sua longevidade. A própria grande dama atribuiu sua longevidade ao riso.

Essas duas qualidades ficam evidentes em algumas de suas citações mais memoráveis:

"Sempre mantenha o sorriso. É assim que eu explico minha longa vida."

"Cada idade tem suas felicidades e seus problemas."

"Acho que vou morrer rindo."

"Nunca uso rímel... muitas vezes eu rio até chorar."

"Sempre veja o lado positivo da vida", cantava Eric Idle enquanto era crucificado no filme *A vida de Brian*, da trupe humorística Monty Python, e ele estava certo. Pesquisadores da Faculdade de Medicina da Universidade Boston, ao examinar como o otimismo afeta nossa saúde por meio do acompanhamento de 233 homens mais idosos durante 14 anos, constataram que ele parece promover o bem-estar emocional, ajudando-nos a lidar de maneira mais construtiva com o estresse do dia a dia. Apesar disso, os mecanismos subjacentes em jogo ainda não estão claros: "Ao analisar se pessoas otimistas lidam de maneira diferente com os estressores do dia a dia, nossas descobertas acrescentam conhecimentos sobre o modo como o otimismo pode promover a boa saúde à medida que as pessoas envelhecem", revela Lewina O. Lee, psicóloga clínica coautora do estudo.

Lee também participou de outro estudo com um grupo racial e socioeconomicamente diversificado, de quase 160 mil mulheres com idade entre 50 e 79 anos, nos Estados Unidos. O estudo descobriu que aquelas que obtiveram as pontuações mais altas nas avaliações dos níveis de otimismo tinham probabilidade 10% maior de viver além dos 90 anos. "O otimismo maior foi associado a uma maior expectativa de vida e a uma maior probabilidade de alcançar uma longevidade excepcional em geral", concluem os pesquisadores.

E, para aqueles de nós que, como eu, estão cansados da competição ferrenha no mercado de trabalho, cientistas da Universidade Estadual da Pensilvânia têm boas notícias: a quantidade de estresse diário que experimentamos tende a diminuir à medida que envelhecemos, assim como nossa reação a ele, a qual pode tornar as coisas tóxicas para nós.

Essa equipe coletou uma profusão de dados sobre a vida cotidiana de mais de 3 mil pessoas, ao longo de duas décadas, e entrevistou os participantes periodicamente para verificar seus níveis de estresse. Aqueles com 25 anos disseram que se sentiam estressados quase metade do tempo; aqueles com 70 anos estavam estressados 30% do tempo. Isso ainda é bastante incômodo, mas pelo menos as tendências são reconfortantes.

Em um estudo esclarecedor sobre como os estadunidenses percebem a segunda metade de suas vidas em comparação com a primeira, a AARP e a National Geographic entrevistaram 2.580 adultos com 18 anos ou mais, e cerca de dois em cada três dos mais velhos – aqueles com 80 anos ou mais – disseram que estavam vivendo a melhor fase da vida. Apenas um em cada cinco dos respondentes mais jovens disse o mesmo. "Embora as pessoas reconheçam alguns dos desafios que acompanham o envelhecimento, muitos têm uma visão otimista e esperam que a vida melhore à medida que envelhecem", dizem os pesquisadores.

É mais fácil chegar à velhice extrema quando se vive em uma cidade. Quase nove em cada dez centenários vivem em centros urbanos, os quais, em geral, oferecem opções de transporte público, acesso mais fácil a serviços de saúde, mais oportunidades de estabelecer conexões sociais com outras pessoas e mais atividades culturais e esportivas. Ademais, em qualquer idade, mas sobretudo aos 100 anos, manter contato com os entes queridos é de importância fundamental: um percentual semelhante informa que se comunica com um parente ou amigo quase todos os dias.

Anne Basting, fundadora da TimeSlips, a quem conhecemos no Capítulo 6, vê mais luz do que trevas à medida que envelhecemos.

"Há felicidade e tristeza na vida dos jovens e dos de meia-idade. Nós temos ambas. Mas, de alguma forma, só vemos a tragédia e as perdas na última parte da vida. Estou apenas restaurando um equilíbrio, sabe, porque é claro que existe beleza em todos os dias. Você está vivo, pelo amor de Deus, mesmo que tudo seja sombrio", ela me diz.

"Penso em *A vida é bela*, o filme de Roberto Benigni sobre o Holocausto, em que o cara decide que vai brincar com o filho no campo de concentração, porque, se você remover a diversão e o significado da vida completamente, você não está vivo. Há alegria e tristeza, e precisamos ter ambas em nossas vidas – até o final."

Os franceses têm uma expressão perfeita para isso: Être *bien dans sa peau* – sentir-se bem na própria pele. É uma autoafirmação positiva, mesmo que nossas circunstâncias não sejam ideais. À medida que envelhecemos, qualquer coisa que possamos fazer para eliminar o estresse e nos tornar emocionalmente felizes vale a pena, mesmo que seja apenas porque a alternativa é inaceitável. As estatísticas dos Centros de Controle e Prevenção de Doenças dos Estados Unidos confirmam isso de forma trágica: entre os idosos, as mortes por drogas e álcool vêm aumentando, incluindo um aumento impressionante de 53% nas overdoses fatais de fentanil e de outros opioides sintéticos entre as pessoas com mais de 65 anos.

Mais do que mera fantasia, as crenças positivas sobre o envelhecimento têm o potencial de prolongar nossas vidas em até sete anos e meio, de acordo com pesquisas feitas por Becca Levy, epidemiologista da Faculdade de Saúde Pública da Universidade Yale. Os efeitos cumulativos de uma perspectiva otimista superam até mesmo as medidas que tomamos, como fazer exercícios, cuidar do peso e reduzir a pressão arterial e o colesterol – possivelmente porque aqueles que adotam uma atitude otimista em relação à vida têm o dobro de probabilidade dos pessimistas de mudar todos esses comportamentos – bem como comer de forma saudável, evitar fumar e moderar o consumo de álcool. Talvez não coincidentemente, os idosos alegres desfrutam de mais amizades, visitas e ofertas de ajuda que os rabugentos, o que não apenas prolonga a vida, mas aprimora seu significado e sua qualidade.

"A forma como os indivíduos encaram o próprio envelhecimento afeta sua saúde funcional", conclui a equipe de Levy. "Aqueles com percepções mais positivas do envelhecimento [...] têm uma saúde funcional melhor ao longo do tempo do que aqueles com percepções mais negativas." Muito disso está, obviamente, sob nosso controle: à medida que envelhecemos, temos a tendência perturbadora de nos vermos como idosos.

O que, afinal, é velhice?, pergunta-se Madeline Smith, uma jovem de 98 anos. Smith, que ainda joga tênis com seus contemporâneos mais jovens em Connecticut, diz que é profundamente grata por ter sido poupada de grande parte da tragédia e atribulação que pode agitar a vida. "Muito disso é uma questão de atitude", explica ela ao jornal *Republican American*. "Tive alguns altos e baixos, mas realmente não fico remoendo nada. Tento sempre ver o lado positivo e não me concentrar no negativo. Acho que vou viver mais dez anos, pelo menos."

A vida pode ficar pesada, então evitar levar as coisas muito a sério e se divertir com um pouco de ousadia sempre é uma boa ideia. Quando eu fizer 100 anos, vou roubar uma página do livro de Jean Bicketon, uma centenária australiana que cumpriu as leis a vida inteira e serviu como enfermeira do exército durante a Segunda Guerra Mundial. Ela celebrou o 100º aniversário passando por uma experiência que estava no topo de sua lista de desejos: ser presa. A polícia local ficou feliz em atender, chegando à sua festa com luzes piscando e sirenes tocando para algemá-la e levá-la em uma viatura policial que estava à sua espera.

Como madame Calment costumava dizer: "Se você não pode fazer nada a respeito, não se preocupe com isso."

A autora Anne Lamott coloca da seguinte forma: "Daqui a 100 anos? Pessoas completamente novas". (Ela também diz o seguinte: "A vida tem que ser maior que a morte, e o amor tem que ser maior que o medo, ou isso tudo é um fracasso total e todos nós estamos apenas viajando na classe econômica". Voltaremos mais tarde ao poder do amor para prolongar a vida.)

PERGUNTE AO HOMEM MAIS VELHO DO MUNDO POR QUE ELE ACHA QUE viveu tanto tempo e Juan Vicente Pérez Mora, de 114 anos, responderá rapidamente: "Ame a Deus e carregue-o sempre em seu coração". Católico devoto que reza o rosário duas vezes por dia, o venezuelano diz que o que mais valoriza é "o amor a Deus, o amor à família".

Kane Tanaka, do Japão, que faleceu em 2022 na condição de pessoa mais velha do mundo na época, expressou sentimentos semelhantes ao longo de seus 119 anos e 107 dias. Era xintoísta, mas converteu-se ao cristianismo, e atribuía, com frequência, sua longevidade à sua fé.

A espiritualidade é o elo que une muitos centenários e supercentenários. A National Geographic e a organização Blue Zones entrevistaram 263 pessoas com 100 anos ou mais, e todas, exceto cinco, pertenciam a uma comunidade religiosa. Pesquisas subsequentes sugerem que frequentar serviços religiosos quatro vezes por mês pode acrescentar pelo menos quatro anos à vida. Pesquisadores da Universidade do Estado de Ohio encontraram algo semelhante após analisar mais de mil obituários para identificar quem havia informado alguma filiação religiosa; aqueles que o fizeram viveram em média 5,64 anos a mais que aqueles que não o fizeram.

Isso coincide com os resultados de um estudo de longo prazo muito mais amplo, o qual sugere que a frequência regular a serviços religiosos pode aumentar a expectativa de vida. Uma equipe da Faculdade de Saúde Pública Harvard T.H. Chan examinou dados coletados ao longo de 20 anos de quase 75 mil enfermeiras estadunidenses de meia--idade que não tinham doenças cardiovasculares nem câncer quando o estudo começou. Independentemente de raça ou etnia, aquelas que frequentavam um templo, sinagoga, mesquita ou igreja pelo menos uma vez por semana tinham risco de morte por todas as causas 33% inferior – sobretudo por ataque cardíaco, derrame e câncer – do que aquelas que nunca frequentavam.

"A religião e a espiritualidade podem ser recursos subestimados que os médicos poderiam explorar com seus pacientes", dizem os pesquisadores. Os "porquês" permanecem vagos, embora alguns cientistas acreditem que a abstinência de drogas e álcool – comum a muitas crenças – possa ajudar a explicar os benefícios, juntamente com o poder de alívio do estresse promovido pela oração e pela meditação. Existe também uma sensação de pertencimento a uma comunidade, que pode contrabalançar os efeitos que a solidão e o isolamento podem ter em nossa vida, conforme vimos no Capítulo 6.

"A religião e a espiritualidade desempenham papel importante na vida dos idosos, pois os ajudam a encontrar significado no fim da vida", conclui uma equipe de pesquisadores portugueses que examinou de perto 121 centenários e sua vontade – ou não – de viver.

Curiosamente, você encontrará muitas pessoas bastante idosas que atribuem sua longevidade à sua fé. E, para muitos, a explicação é divina.

"Eu acho que a fé vem em primeiro lugar", declarou Julia Kopriva, de 105 anos, quando um repórter lhe perguntou sobre seu conselho para viver tanto enquanto ela comemorava seu aniversário com suas irmãs, de 100 e 102 anos.

"O segredo é a graça de Deus vivendo em mim, assim como minha tentativa de viver da melhor maneira possível", acrescentou Martha Bailey, de 100 anos.

"Charutos e Deus", brincou Richard Overton, que chegou aos 112 anos como o veterano sobrevivente mais antigo da Segunda Guerra Mundial dos Estados Unidos, aparentemente dando uma no cravo e outra na ferradura.

O cristianismo tem algo interessante a dizer sobre a longevidade extrema que há muito tempo instiga minha imaginação. Será que o profeta do Antigo Testamento Isaías estava olhando para o nosso futuro quando escreveu as palavras a seguir?

> "Nunca mais haverá criança que viva apenas alguns dias, ou um velho que não complete seus anos;
>
> Aquele que morrer aos 100 anos será considerado uma criança; aquele que não alcançar 100 anos será considerado amaldiçoado."

De fato, todas as principais tradições religiosas oferecem uma mescla heterogênea de esperanças e instruções em relação à expectativa de vida.

O Talmude promete isso aos judeus que vivem uma vida justa com base na ética e na moral. Ele conta a história de Benjamin, o Justo, a quem foram acrescentados 22 anos de vida em virtude de seus atos caridosos, os quais salvaram a vida de uma mulher e seus sete filhos que padeciam durante uma grande fome.

O livro sagrado do Islã, o Alcorão, aborda diretamente o comprometimento cognitivo: "Dentre vocês, há alguns que retornam a uma idade frágil, de modo que não sabem mais (muita coisa)", enquanto sugere que os muçulmanos podem viver até os 100 anos se demonstrarem bondade e mantiverem boas relações com a família.

O budismo oferece chaves para saúde e longevidade: não abuse ou atormente outros seres vivos; mostre empatia quando os vir sofrendo; e nunca deixe seus pais passarem por privações.

O hinduísmo também ensina a importância de cuidar dos idosos: "Nenhuma pessoa pode recompensar seus pais, mesmo em 100 anos, por todas as dificuldades que eles passam para dar à luz e criar seus filhos até a idade adulta".

E o apóstolo Paulo nos lembra de que a advertência bíblica de honrar pai e mãe é o primeiro mandamento com uma promessa: "As coisas correrão bem para você, e você terá uma vida longa na Terra".

Nós exploramos a longevidade sob a perspectiva da ciência, não da fé, mas alguns dos nossos maiores pensadores científicos não veem incompatibilidade entre essas duas abordagens. Entre eles está a dra. Jane Goodall, que descreve no Capítulo 1 sua fascinação pelo que acontece conosco quando morremos. Ela fala com uma admiração infantil sobre experienciar Deus não apenas na catedral de Notre-Dame, mas nas florestas de Gombe, na Tanzânia, onde estudou os chimpanzés na natureza. Ambos os tipos de encontros, refere ela, a sustentaram e a revigoraram ao longo de suas nove décadas e tanto.

"Eu acho que cada vez mais os cientistas estão aceitando a fé", ela me diz. "Minha mãe nunca viu qualquer conflito; nem Louis Leakey. Einstein foi um grande defensor disso. Francis Collins, que se aposentou como diretor do Instituto Nacional da Saúde, começou como agnóstico e sua ciência o levou a repensar. Qual é o conflito, realmente, entre acreditar em um poder inteligente e acreditar na evolução e todo o resto?"

Em seguida, ela acrescenta:

"Quando eu estava na floresta, tive essa conexão espiritual muito forte com o mundo natural e fui ficando cada vez mais convencida da existência de uma inteligência por trás do universo, que é o que algumas das melhores mentes científicas concluíram.

Senti isso pela primeira vez quando tinha trinta e poucos anos e passava por um período difícil. Eu estava na catedral de Notre-Dame de manhã cedo, sozinha, e o sol estava apenas começando a passar pela grande janela de rosácea e, de repente, um órgão começou a tocar a Tocata e Fuga em Sol menor de Bach. Aparentemente, um casal estava se casando de manhã cedo. Eu simplesmente senti que aquilo não poderia ser coincidência. Eu estava pensando em todos os cérebros incríveis que criaram a catedral e todas as conexões estranhas que levaram a Bach, e, de repente, lá estava eu. Foi um despertar muito estranho.

Eu tive o mesmo tipo de sentimento no meio da floresta. Tive essa sensação, sabe, de que tudo está interconectado. Era como se cada ser vivo tivesse uma pequena centelha desse grande poder espiritual. E, uma vez que damos nomes às coisas o tempo inteiro, usamos palavras, chamamos isso de alma ou espírito. Se eu tenho uma alma ou um espírito, um chimpanzé e uma abelha também têm. Alma é apenas o nome que decidimos dar a esse fenômeno.

Eu era muito tradicionalmente religiosa na adolescência, porque meu avô era pastor congregacional. Íamos à igreja às vezes, não com muita frequência; não éramos uma família religiosa. Mas, sabe, a Bíblia estava sempre por perto, e havia muitas citações da Bíblia. E aí me apaixonei platonicamente por um pároco galês com uma voz linda. Eu ia a todas as celebrações que podia e, naquela época, isso era muito importante para mim – muito importante. Mas, aí, saí para o mundo e isso ficou meio que esquecido. E, então, essa coisa espiritual voltou na floresta. E, por falar sobre a fé em pessoas idosas, minha avó tinha uma grande fé. Pense nos xamãs: eles vivem até ficarem muito, muito velhos, muitos deles, e levam vidas ascéticas."

Goodall, aliás, não tem muita simpatia pelos conservadores religiosos contemporâneos que professam fé, mas rejeitam a ciência e abraçam uma variante excludente do nacionalismo.

"Temo que a fé deles em Deus não seja o tipo de fé que qualquer Deus que eu conheça aprovaria", alude ela. "Todas as grandes religiões compartilham a mesma regra de ouro: faça aos outros o que você gostaria que fizessem para você. Se todos obedecessem a essa regra, o mundo seria um lugar maravilhoso."

Uma autora prolífica, Goodall energiza seus livros com dois temas recorrentes: esperança e otimismo. "São a mesma coisa?", pergunto. "Não exatamente", responde ela.

"Parece que grande parte do otimismo pode estar nos genes – a pessoa tem uma natureza otimista –, mas isso também pode ser incentivado nas crianças. Para mim, a esperança é diferente. Sou otimista de que tudo dará certo. Mas esperança? Sim, você quer que tudo dê certo. Você vê um objetivo. Há um túnel escuro, mas, no fim dele, há um pequeno feixe de luz, se ao menos pudermos chegar lá. Isso é a esperança. Só chegaremos lá se trabalharmos, se tentarmos, se fizermos o melhor que pudermos. A esperança é determinada pela ação. Essa é a minha definição."

A religião também é um fator nas zonas azuis, que examinaremos a seguir. Entretanto, um conselho de amigo: leia até o fim antes de fazer as malas e comprar uma fazenda na Sardenha, uma *minka* em Okinawa ou uma *villa* em Ikaria, porque, ao que parece, esses lugares não são exatamente as fábricas de centenários que podem parecer.

NOS ANOS 1990, O DEMÓGRAFO BELGA MICHEL POULAIN SE DISTRAÍA COM uma caneta esferográfica azul entre os dedos enquanto se debruçava sobre um mapa da Sardenha, uma ilha italiana acidentada no Mediterrâneo.

Alguns locais o intrigavam, sobretudo um município, nas encostas das montanhas, chamado Villagrande Strisaili, onde ele notou uma abundância de três coisas: ricota caseira, azeite de oliva extravirgem de origem local e centenários. Um número desproporcionalmente grande de habitantes parecia viver até os 100 anos, e Poulain queria entender melhor esse fenômeno. Ele circulou a cidade com tinta azul, e assim surgiu o termo "zona azul". Hoje, os especialistas em longevidade identificaram outras quatro: a península de Nicoya, na Costa Rica; a ilha grega de Ikaria, no mar Egeu; Okinawa, no Japão; e Loma Linda, na Califórnia, o reduto adventista do sétimo dia que visitamos nos Capítulos 3 e 6.

Os pesquisadores ainda estão intrigados com a longevidade impressionante e a boa saúde dos habitantes desses lugares. A dieta por si só certamente não as explica. De fato, embora quase todos os idosos das zonas azuis consumam carne vermelha com moderação, se é que a consomem, alguns seguem uma dieta rica em peixes e com poucos laticínios, enquanto outros consomem quantidades imensas de leite e queijo. Muito mais que a nutrição está em jogo, complicando, se não contradizendo, a enxurrada de mensagens prescritivas e contraditórias – "Não coma isso! Coma aquilo!" – que desabam sobre o restante de nós.

O dr. Tom Perls, nosso especialista em longevidade, apresenta uma verdade inconveniente: embora as pessoas comprovadamente vivam mais e com mais saúde nas zonas azuis – um grande número delas aproveita seus 90 anos com uma vitalidade notável –, esses lugares não produzem um número significativamente maior de centenários. Como vimos, as pessoas que conseguem atingir os 100 anos o fazem em uma proporção bastante estável – uma em 5 mil – em praticamente todo o mundo.

O dr. Saul Newman, pesquisador da Universidade Oxford e da Universidade Nacional da Austrália, questiona os dados de forma mais incisiva. Os registros de longevidade podem ser imprecisos nas zonas azuis: as taxas de alfabetização são mais baixas, com exceção de Loma Linda, e as pessoas tendem a mentir sobre a idade. Em uma análise de 2019, Newman apresenta evidências que "sugerem o papel crucial da fraude e do erro na geração de registros de idade humana extraordinária". Além disso, o nutricionista David Lightsey questiona a noção de Okinawa como uma Fonte da Juventude, escrevendo em um comentário para o Conselho de Ciência e Saúde dos Estados Unidos: "Tirando um pequeno número de indivíduos com propensão genética a viverem até os 100 anos, a expectativa de vida global dos habitantes de Okinawa não é significativamente diferente".

Mesmo assim, temos muito a aprender com os habitantes das zonas azuis.

Para começar, eles tendem a não ser obesos. Não fumam. Param de comer quando estão 80% satisfeitos. Praticam exercícios e melhoram o desempenho cardiovascular não correndo maratonas como eu, ou levantando pesos em uma academia, mas se movendo com naturalidade por seus ambientes enquanto trabalham e caminham de um lugar para outro. Dormem bastante. Mantêm laços familiares próximos. E, talvez o mais importante, desfrutam desses estilos de vida, em grande parte, sem estresse.

"O estresse crônico é uma grande pandemia dos países desenvolvidos no século XXI e costuma estar associado ao trabalho ou ao dinheiro", observa uma equipe de cientistas da longevidade da Universidade de Nicósia, em Chipre. Eles notaram algo comum a todas as cinco zonas azuis que não foi examinado em mais profundidade: a preocupação e o respeito ecológico pelo planeta. "Isso pode até contribuir para o bem-estar e longevidade deles", afirmam, estimulando uma investigação mais ampla. "Algumas das explicações possíveis podem ser a redução da poluição interna e externa, a presença de uma cadeia alimentar e de um ecossistema equilibrados, e de uma flora e fauna saudáveis."

O demógrafo alemão Marc Luy, curioso sobre o motivo pelo qual as mulheres, em geral, vivem três ou mais anos a mais que os homens, está realizando um estudo de longo prazo com 12 mil freiras e monges na Baviera e na vizinha Áustria. Os resultados de seu trabalho sugerem que a diferença de gênero na expectativa de vida pode ter mais a ver com o estilo de vida do que com diferenças biológicas. As freiras ainda vivem um ano a mais que os monges, mas seus modos de vida semelhantes reduzem essa diferença – e ambos os sexos, nos mosteiros, vivem cinco anos a mais que seus homólogos no mundo do trabalho muito mais estressante.

Algo particularmente profundo compartilhado pelas zonas azuis? Elas são "Culturas do Nós" em vez de "Culturas do Eu". Os membros das "Culturas do Nós" se preocupam mais com a comunidade do que consigo mesmos e prosperam em um ambiente conectado, parecido com uma pequena cidade interiorana. Essa atitude se estende ao cuidado que eles têm com seus idosos, que tendem a viver em grupos multigeracionais focados na família. Longe de serem isolados, eles desfrutam de uma coexistência que vai desde o berço até o túmulo, em que o maior denominador comum é a interação revigorante – os gerontólogos diriam uma integração prolongadora da vida – com os outros. Tudo isso contrasta fortemente com o isolamento físico e social enfrentado por um número cada vez maior de nós, sobretudo na sociedade ocidental, embora isso possa estar mudando: o Pew Research Center informa que um em cada cinco estadunidenses morava em uma residência multigeracional em 2021.

Todas essas virtudes das zonas azuis estão sendo replicadas em cerca de cinco dezenas de locais em toda a América do Norte, na medida em que governos regionais e municipais buscam melhorar o bem-estar de suas populações locais.

Um pequeno exemplo: a organização Blue Zones está colaborando com autoridades do condado de Riverside, na Califórnia, para identificar o que pode ser melhorado nos bairros, parques e outros lugares onde os moradores passam a maior parte do tempo – coisas como modificar o leiaute de ruas, plantar árvores para sombrear e baixar a temperatura de centros urbanos e adicionar pistas para caminhadas e ciclismo – para ajudá-los a viver de forma mais saudável e por mais tempo.

A Blue Zones está fazendo algo semelhante na cidade de Coachella, que abriga o festival anual de música e artes com o mesmo nome, para ver quais aspectos da comunidade podem ser ajustados a fim de ajudar as pessoas a viverem até os 100 anos. Fora dos Estados Unidos, existe um projeto em andamento em Alberta, Canadá, e mais estão planejados. Os organizadores afirmam ter ajudado as cidades participantes a alcançar "redução de dois dígitos na obesidade e no tabagismo, economia de milhões de dólares em cuidados de saúde e redução significativa nas faltas ao trabalho".

Há algo que está mais relacionado à longevidade e que é mais difícil de medir: uma razão inabalável para viver.

Você encontrará em muitos centenários uma determinação revigorante e contagiante.

O DR. EPHRAIM ENGLEMAN, UM REUMATOLOGISTA DE 104 ANOS, morreu como viveu: no trabalho, em sua escrivaninha, atendendo pacientes no Centro de Pesquisa Médica Rosalind Russell para Artrite em São Francisco.

Engleman fez questão de nunca se aposentar, desconfiando fortemente de que tal decisão seria, "no cômputo geral, um erro gigantesco". Uma de suas principais regras para a longevidade era: "Goste de seu trabalho, seja qual for, ou não o faça".

Robert Marchand, um francês de baixa estatura, foi informado de que nunca se destacaria no ciclismo. Determinado a provar que seus detratores estavam errados, estabeleceu recordes mundiais como centenário. Ele ainda pedalava sua bicicleta ergométrica 20 minutos ao dia pouco antes de morrer, aos 109 anos.

A motivação de ambos os homens, que ultrapassaram em muito a barreira dos 100 anos, enfatiza a importância de ter uma razão para viver. É uma característica comum a muitos centenários e, na maioria das vezes, sua determinação é evidente muito antes de soprar a vela de aniversário de 100 anos.

Pesquisadores em Portugal estudaram 121 centenários para entender melhor se a vida aos 100 anos vale a pena. Apenas um terço expressou o desejo de não viver mais, e uma explicação comum além da saúde ruim foi a falta de sentido da vida. Aqueles que estavam contentes em continuar envelhecendo além dos 100 anos, por outro lado, encontraram significado e satisfação em celebrar conquistas familiares, como ver um neto se formar na universidade ou se casar, ou conhecer um novo bisneto. "A vontade de viver é um forte preditor de sobrevivência entre os idosos, independentemente da idade, gênero e comorbidades", afirma a equipe.

Mimi Reinhard tinha isso. Secretária no escritório de Oskar Schindler, ela digitou a lista de 1.200 judeus que ele salvou da extinção pela Alemanha nazista, e viveu até os 107 anos. O filho dela, Sasha Weitman, diz que o sucesso do filme de Steven Spielberg *A lista de Schindler*, premiado com o Oscar de Melhor Filme, a transformou em uma celebridade e "injetou mais 15 anos em sua vida".

Perls, que se encontrou com centenas de centenários ao longo das últimas décadas, diz que alguns de seus encontros mais memoráveis foram com aqueles ainda energizados por paixões e interesses que cultivavam desde a juventude.

Deixando de lado esportes extremos, como escalada livre ou paraquedismo, se amávamos fazer algo quando tínhamos 20 anos, quem pode dizer que não podemos continuar a fazê-lo aos 100 anos?

"Uma senhora de que me lembro: Celia", disse ele em um *podcast* da Universidade Boston. "Ela tinha 102 anos e eu nunca a encontrava em casa quando tentava visitá-la em sua comunidade de vida independente. Pensei que talvez ela estivesse indo a consultas médicas ou algo do tipo. Mas não, ela estava tocando piano em todo tipo de evento – um Chopin bem complexo."

Daniela Jopp, uma renomada psicóloga suíça e especialista em envelhecimento que lidera um estudo sobre centenários na Suíça, o qual deve ser concluído em 2024, diz que notou o mesmo fenômeno: pessoas muito idosas ainda demostrando uma vitalidade extraordinária e vivendo com determinação e muitos planos.

"Por exemplo, uma centenária dos Estados Unidos que entrevistei como parte de um estudo convidava os amigos e um monge budista, com regularidade, para praticarem meditação juntos. Ela tinha 101 ou 102 na época", mencionou Jopp à revista de notícias austríaca *Profil*. "Um homem de 103 anos de uma pequena cidade no oeste da Suíça foi muito animador. Escrevemos a ele sobre um estudo. Um dia depois, ele ligou e se mostrou disposto a participar, mas tinha um pouco de pressa porque dali a alguns dias estaria voando para Nova York para visitar sua bisneta."

A conhecida litografia *The Four Seasons of Life: Old Age* ("As quatro estações da vida: velhice", em tradução livre), de Currier & Ives, de 1868, mostra o contentamento que o crepúsculo da vida pode oferecer. Ela retrata um casal idoso sentado ao lado de uma lareira crepitante, na sala de estar de sua casa, em um dia frio de inverno. Ele lê um jornal; ela tricota; e a neta deles lê um livro no colo dela. Para o Museu de Belas Artes Michele e Donald D'Amour, de Springfield, Massachusetts, a mensagem é clara: "Embora o inverno simbolize a estação final da vida, o casal desfruta silenciosamente da certeza de que sua neta representa a primavera que está por vir".

Mike Fremont, o corredor de 101 anos que conhecemos no Capítulo 3, adota uma abordagem muito mais ativa em sua décima primeira década. Fremont, que detém quatro recordes mundiais em sua faixa etária, também está envolvido com o ativismo climático. Ele conta ao autor *fitness* e *podcaster* Rich Roll: "A conclusão a que cheguei há muito, muito tempo, é que a verdadeira satisfação que as pessoas podem obter na vida consiste em ajudar outras pessoas. Ponto final. De qualquer maneira que puder, o quanto puder. Isso traz recompensas de verdade".

É nisso que Bill McKibben, fundador do Th!rd Act, que conhecemos no Capítulo 8, também acredita. Mais de 40 mil pessoas de todos os Estados Unidos com mais de 60 anos, incluindo várias com mais de 100 anos, se afiliaram à organização, ansiosas para sair às ruas a fim de proteger o clima e a democracia.

"O segredo está na palavra 'legado'", sustenta McKibben. "É uma palavra bastante abstrata, mas se torna real quando se tem filhos, netos ou outras pessoas com quem você se importa. Seu legado é o mundo que você deixa para aqueles que mais ama, e o que estamos deixando no momento está caminhando para ser pior que o que herdamos. Talvez sejamos a primeira geração para a qual isso é verdade. Esse não é o legado que desejamos deixar. Teremos que lutar para mudar as coisas, e acredito que é por isso que as pessoas estão se comprometendo e agindo com grande determinação."

McKibben, 63 anos, tem palavras fortes para qualquer pessoa que ostente seu adesivo de para-choque menos preferido: *Estou gastando a herança dos meus filhos.*

"Não é nada engraçado. Na verdade, é meio nojento", crava ele. "Os problemas que estamos enfrentando com o clima e a democracia precisarão ser resolvidos em breve." E o tempo não está do lado dos ativistas mais idosos: "Estamos mais perto da porta de saída que da entrada neste momento."

O AMOR CONQUISTA TUDO. ATÉ A MORTE – ATÉ CERTO PONTO, PELO MENOS.

Pesquisadores dizem que os casados tendem a viver mais que os solteiros – homens, em média, dois anos e meio a mais; mulheres, um pouco menos – e também têm maior probabilidade de alcançar os 100 anos, mesmo que isso signifique sobreviver ao parceiro cujo apoio e afeto os ajudou a chegar lá.

As tensões e os conflitos do casamento são temas recorrentes no ramo da comédia, mas estudos mostram que aqueles de nós que enfrentam as vicissitudes da vida com um companheiro experimentam menos estresse que aqueles que estão sozinhos. Os casais têm expectativa de vida mais longa, sem deficiências e outros desafios de saúde, que os solteiros. Além disso, tendem a ter mais segurança financeira, apesar do que o meu pai, bem-humorado, me disse na véspera do meu casamento: "Lembre-se, Bill, dois podem viver pelo mesmo preço de um – pela metade do tempo".

Existe também o evidente benefício social do casamento como antídoto para a solidão, pelo menos nas uniões felizes. (Não se trata de uma ciência exata: os pesquisadores que investigam o papel do casamento na longevidade reconhecem algum viés de seleção embutido, uma vez que as pessoas física e mentalmente saudáveis são mais propensas a se casar, para início de conversa.)

Um elemento incontrolável em tudo isso é a taxa de divórcio teimosamente alta entre os *baby boomers*, que são responsáveis pela próxima onda de centenários. Apesar da queda no número de divórcios nos Estados Unidos desde 1980, eles aumentaram entre aqueles com mais de 50 anos, tendo triplicado no último meio século entre os estadunidenses com 65 anos ou mais.

Quase 40% das pessoas com idade entre 65 e 74 anos e um quarto daqueles com 75 anos ou mais passaram por um divórcio, de acordo com o Censo dos Estados Unidos. Sociólogos e gerontólogos chamam esse fenômeno de "divórcio grisalho", e não está claro qual efeito ele terá, se é que terá, à medida que aqueles que decidiram se separar se aproximam da velhice sozinhos. Não há dois divórcios iguais. Algumas pessoas, desfrutando da nova liberdade após o estresse tóxico de um casamento contencioso, podem adicionar anos à sua vida; outros, subitamente lançados na tensão da solidão, podem morrer antes do tempo.

Não é o sexo, os abatimentos no imposto de renda ou mesmo a coabitação que tornam o casamento tão benéfico. Uma grande amizade platônica pode ter um impacto idêntico.

Em uma residência de vida assistida em Montana, dois centenários encontraram beleza e significado em um relacionamento que floresceu em torno de sua paixão comum pela poesia. Bob Yaw tem 101 anos; Gloria Hansard tem 100. Eles moram no mesmo corredor e se reúnem todas as noites no apartamento dela para recitar versos. "Nos conhecemos há pouco tempo", diz Hansard ao *Bozeman Daily Chronicle*. "Só conhecemos os poemas um do outro."

A amizade deles é bela e revigorante, com uma trilha sonora tirada diretamente da canção "Young at Heart" [Corações jovens] de Frank Sinatra:

E se sobreviver até os 105
Veja tudo o que vai desfrutar
Por estar vivo

EU MORO EM UMA CASA CENTENÁRIA, LOCALIZADA EM TERRAS TRADICIONAIS da Nação Narragansett. Restam apenas cerca de 2.400 membros, mas essa etnia é uma das mais antigas da América do Norte e habita o local há 11 mil anos. Apenas saber que ando pelas mesmas trilhas que eles percorreram é, para mim, um remédio poderosíssimo.

Essa é outra maneira de medir a longevidade humana: não em termos de vidas individuais, mas em termos coletivos, na resiliência de bairros, comunidades e nações.

Sempre fiquei impressionado com a gentileza e a humildade dos povos indígenas. "Caminhe com cuidado sobre a Terra", diz Big Toe [Dedão], um ancião *narragansett* contemporâneo aqui em Rhode Island. No entanto, ultimamente, tenho refletido sobre uma verdade expressa há um século e meio por um líder tribal, do outro lado desta vasta massa de terra conhecida por alguns povos nativos em sua vibrante história de criação comum como a ilha das Tartarugas e, para o restante de nós, como América do Norte.

"A humanidade não teceu a teia da vida. Somos apenas um fio dentro dela", observou com sabedoria o chefe Si'ahl, do povo *duwamish*, cuja alcunha sobrevive no nome da cidade de Seattle, no início de 1800. "Tudo o que fazemos à teia, fazemos a nós mesmos. Tudo está interligado. Tudo se conecta."

Com o telescópio espacial Webb, de repente, podemos examinar o Sagitário A, o buraco negro supermassivo a 26 mil anos-luz de distância no centro da Via Láctea. A Nasa chama isso de nosso momento Galileu. O que realmente precisamos, no entanto, é uma epifania universal aqui na Terra.

Muito do que está escrito nestas páginas é imune a questionamentos. É destino. Os *baby boomers* estão envelhecendo em números tão grandes que vão multiplicar por oito as fileiras de centenários em poucas décadas, e os avanços médicos que prolongam a vida estão ocorrendo em um ritmo e uma escala sem precedentes. São fatos, e seus efeitos aumentam de forma significativa nossa vida. Infelizmente, estes também são fatos: nem todos no planeta se beneficiarão; e a humanidade, que o chefe Si'ahl insiste que conecta a todos, também exige que nos importemos. No melhor espírito de Carl Sagan:* "Cada um de nós é, na perspectiva cósmica, precioso".

Como correspondente estrangeiro, passei semanas a fio em missões na exuberante e animada nação da Costa do Marfim, na África Ocidental, e passei a admirar o calor dos marfinenses e a riqueza de sua cultura. Ornamentos tribais elegantemente esculpidos em madeira de albizia decoram nossa casa. Um tema recorrente é a *tête de beliye*, ou cabeça de carneiro, um símbolo antigo de força, estabilidade e longevidade. Mas essas coisas, sobretudo a longevidade, são escassas na Costa do Marfim.

A expectativa de vida média nessa região é de apenas 57,8 anos, o que coloca o país entre os últimos nas classificações globais da Organização Mundial da Saúde. De fato, as dez nações com as menores expectativas de vida estão todas na África – República Centro-Africana, Chade, Lesoto, Nigéria, Serra Leoa, Somália, Costa do Marfim, Sudão do Sul, Guiné-Bissau e Guiné Equatorial –, e elas também estão entre as mais vulneráveis a catástrofes climáticas, como a fome. Ensanguentada por lutas intercomunitárias mortíferas, a República Centro-Africana, rica em minerais, porém empobrecida, ocupa a última posição, com 53,3 anos. Alguns de nós podem acabar vivendo o dobro disso.

"Todos os bebês são bonitos", declarou Jeanne Calment, quando tinha 122 anos. Muitos bebês na África, no entanto, chegam a uma idade avançada com muito menos frequência. No entanto, isso mal é notado em um planeta binário, dividido entre desenvolvidos e em desenvolvimento; os que têm e os que não têm; os de vida longa e os de vida curta. Ele gira, alheio ao que recebemos

---

*. Carl Sagan (1934-1996) foi um astrônomo, divulgador científico, escritor e ativista. (N.T.)

e ao que nos foi negado: 25 anos a mais de tudo, inclusive amor, risos e sonhos.

Enquanto isso, não satisfeitos com toda essa situação, nos agarramos avidamente à vida com as duas mãos, tomando suplementos duvidosos e obcecando-nos com as mais recentes dietas da moda em uma tentativa compulsiva de ludibriar a morte. Ezekiel Emanuel, bioeticista da Universidade da Pensilvânia cujo texto "Por que espero morrer aos 75 anos", um ensaio perspicaz escrito para a revista *The Atlantic*, provocou um debate nacional acalorado, ridiculariza o que ele denomina cultura do estadunidense imortal. Contudo, ele entende por que fazemos isso:

"Afinal, a evolução nos inculcou o desejo de viver o máximo possível. Somos programados para lutar pela sobrevivência. Consequentemente, a maioria das pessoas sente que há algo vagamente errado em dizer 75 e não mais. Somos eternamente estadunidenses otimistas que se incomodam com limites, sobretudo os limites impostos à nossa própria vida. Temos certeza de que somos excepcionais."

(Não somos, a propósito: a expectativa de vida nos Estados Unidos, em 2023, estava classificada em 65º lugar, logo abaixo da Tailândia e logo à frente das Ilhas Malvinas. Caso esteja curioso, os dez países onde as pessoas vivem mais, em ordem decrescente, são Mônaco, Hong Kong, Macau, Japão, Liechtenstein, Suíça, Singapura, Itália, Cidade do Vaticano e Coreia do Sul.)

Quanto vale para você um ano adicional com boa saúde? Segundo uma análise de Andrew Scott, professor de economia na London Business School, o estadunidense médio pagaria 242 mil dólares por uma intervenção hipotética que realizasse isso. É apenas questão de tempo até que a indústria farmacêutica desenvolva uma classe de medicamentos caríssimos capazes de retardar ou reverter o processo de envelhecimento e postergar a morte. A sociedade – ou seja, nós – terá que decidir se os que não são ricos terão acesso.

"Sem dúvida, serão os ricos e poderosos que se beneficiarão deles", adverte Seamus O'Mahony, médico irlandês aposentado, autor de *The Way We Die Now* ("A forma como morremos agora", em tradução livre). "Os pobres na África, Ásia e América do Sul continuarão a lutar pelas necessidades básicas da vida, como comida, água limpa e cuidados essenciais de saúde".

Enfrentamos um imperativo moral: garantir que a vida seja tão inclusiva quanto longa para o maior número possível dos membros de nossa família estendida de nações. Afinal, "a maior fuga da história humana", como escreveu o ganhador do Prêmio Nobel de Economia Angus Deaton, "é a fuga da pobreza e da morte".

Confesso que não tenho certeza do que precisamos fazer para diminuir a diferença de longevidade. Nem sou ingênuo quanto às chances de pessoas comuns de boa vontade conseguirem resolver uma questão que governos, trabalhadores humanitários e filantropos bilionários foram incapazes de remediar. Sei apenas que minha avó de 103 anos teria feito qualquer coisa – *tudo* – que estivesse ao seu alcance para ajudar meu tio, seu filho, a viver além dos 47 anos.

Como disse o escritor do século XIX Christian Nestell Bovee: "Quando tudo o mais está perdido, o futuro ainda permanece".

Kierkegaard colocou a questão de maneira ainda mais comovente: "O estado de ser mais doloroso é lembrar o futuro", vivendo assombrado por tudo o que poderia ter sido.

PRECISAMOS CONSTRUIR ESSE FUTURO JUNTOS – COMO INDIVÍDUOS, COMO nações, como habitantes de um planeta em processo de envelhecimento inexorável.

Todos respiramos o mesmo ar e todos queremos as mesmas coisas: vidas longas, saudáveis, prósperas e gratificantes, livres da desigualdade e da injustiça. Vidas bem vividas, na companhia da família e de amigos muito amados. Vidas tão abundantes quanto significativas, que enriqueçam as sociedades, as quais, por sua vez, nos oferecerão mais luz do que trevas. Este livro é minha tentativa de traçar um caminho em direção a esse futuro – um *Guia do ancião das galáxias*,* por assim dizer.

Primeiro de tudo: nunca chegaremos aonde queremos sem entender de onde viemos. Ao longo dos milênios, a ciência, como vimos, multiplicou nossa expectativa de vida várias vezes. No entanto, ela está sendo minada e atacada em nossa supostamente iluminada era moderna por aqueles que negam a mudança climática, os que se opõem às vacinas e os extremistas de várias tendências, mais interessados em proibir ou queimar livros do que em adquirir conhecimento. Se ainda não reconhecemos a veracidade do aquecimento global e nossa cumplicidade nele, como diabos enfrentaremos os desafios mais abstratos de uma população que envelhece rapidamente? Vamos reservar nosso ceticismo para os casos em que ele é de fato necessário: para compreender a ética espinhosa do prolongamento radical da vida, como a impressão tridimensional de partes do corpo para fins de reposição, e o debate acalorado sobre a crescente inteligência e intrusão da IA.

Dizem que a morte é o grande equalizador. Exceto que não é se ela vier muito mais tarde para brancos e asiáticos do que para negros, latinos e povos indígenas. Não há respostas fáceis para isso, mas não podemos desistir. Nos Estados Unidos, nosso enérgico acerto de contas, em todo o país, com relação à raça oferece uma oportunidade. É hora de adicionar a expectativa de vida reduzida para pessoas negras à crescente lista de desigualdades que enfrentamos. Se estamos dispostos a cogitar reparações em dinheiro para os descendentes de escravos, como algumas cidades estão fazendo, podemos pelo menos ter conversas honestas sobre por que alguns de nossos amigos e vizinhos morrem prematuramente. Consideramos as seguintes verdades como

---

*. Jogo de palavras com o título do livro *O guia do mochileiro das galáxias*, de Douglas Adams. (N.T.)

sendo óbvias: vida é vida, e as pessoas negras e pardas não são menos merecedoras de viver.

O etarismo é, provavelmente, o "ismo" mais comum de todos, ultrapassando linhas raciais e étnicas, mas há lampejos de esperança brilhando através da névoa de nossa negação coletiva. Considere este exemplo evocativo na Austrália, onde estudantes do ensino médio estão trabalhando para reduzir a diferença entre as idades por meio de uma iniciativa denominada Projeto Retrato Centenário. Cada artista jovem faz par com um centenário e os dois se conhecem, enquanto os adolescentes pintam ou desenham os mais velhos. É simples, inspirador e bonito.

O Congresso precisa, desesperadamente, consertar a Lei de Discriminação no Emprego por Razões de Idade que a Suprema Corte dos Estados Unidos, inexplicavelmente, desmantelou em 2009. É inadmissível, em uma sociedade civilizada, insistir que as pessoas produzam mais provas de preconceito por motivo de idade do que seriam necessárias em casos envolvendo discriminação racial, religiosa ou de gênero. Escreva para seus deputados e senadores e diga a eles que você espera que isso seja corrigido agora.

E, ao escrever para seu congressista, exija que ele resolva a questão da liquidez da Previdência Social. Como vimos, as reservas financeiras que a sustentam deverão se esgotar até 2033 se o Congresso não tomar alguma medida. As propostas que ouvimos falar com mais frequência – aumentar os impostos sobre as folhas de pagamento, diminuir os benefícios, aumentar a idade de aposentadoria ou fazer alguma combinação dessas coisas – ignoram a solução óbvia: fazer com que os mais ricos entre os ricos paguem sua parcela justa de impostos. A maioria dos estadunidenses paga 6,2% de seus rendimentos para a Previdência Social. Para os ricos, a taxa efetiva do imposto é substancialmente mais baixa – em certos casos, inferior a um décimo de 1%. Em 2023, o limite da base de cálculo do imposto de Previdência Social na folha de pagamento era 160.200 dólares, o que significa que um milionário atinge o limite e para de pagar na terceira semana de fevereiro, enquanto a maioria de nós continua a contribuir até o final do ano. "O fardo dos impostos de Previdência Social recai com mais peso sobre aqueles que ganham menos", afirma o Centro de Pesquisa de Política Econômica.

Nenhum de nós deveria aceitar isso. É mais que injusto – é imoral. Felizmente, alguns legisladores estão trabalhando para corrigir essas injustiças. O Senado dos Estados Unidos criou a Lei de Cuidados Abrangentes para o Alzheimer, que redefine a maneira como o Medicare paga pelos cuidados em casos de demência.

Teoricamente, a solidão talvez diminua quando finalmente chegarmos à fase de nossa evolução de longevidade em que um número substancial de nós estará atingindo os 100 anos ao mesmo tempo. No entanto, ainda não chegamos a esse ponto, o que deixará milhões de idosos definhando na solidão. Os estadunidenses poderiam seguir o exemplo dos canadenses e replicar a iniciativa inovadora "Ei, Vizinho" de Vancouver, na qual uma pessoa em cada prédio de apartamentos é remunerada para manter um olhar atento sobre moradores idosos. Não devemos nos esquecer dos idosos isolados em casas ou instalações de cuidados, sobretudo em áreas rurais. Considere a possibilidade de prestar serviços voluntários ao Conselho do Envelhecimento de seu bairro ou de "adotar" um residente sem família em um lar de idosos. Mesmo uma visita de 20 minutos alegrará o dia deles, e colocar nossos olhos e ouvidos dentro de qualquer instalação ajudará a prevenir abusos ou negligências.

O simples fato de os idosos formarem um bloco eleitoral fiel e poderoso não significa que eles tenham direito a um controle sobre o governo ou sobre seus recursos. À medida que a sociedade envelhece, precisamos estar atentos às necessidades dos cidadãos mais jovens. Assim como todos nós envelheceremos um dia, todos nós já fomos jovens: pagando por instrução, iniciando uma carreira, comprando uma casa e criando uma família. Nossas fases de vida não são mutuamente exclusivas. Construir uma ordem social equitativa significa que todos – jovens e idosos – têm acesso ao que precisam, incluindo as alavancas de poder. Testes obrigatórios de competência mental para políticos idosos são irrazoáveis. Limites à reeleição não são.

"Os *millennials* mais jovens e, certamente, a geração Z ainda precisam amadurecer antes de poderem assumir plenamente o controle da vida nacional", escreve Jack Butler, um jornalista de 20 e poucos anos, em um comentário para a revista conservadora *National Review*. "A geração X parece estar bem posicionada para assumir a liderança mais tarde. Se, é claro, as gerações mais velhas finalmente saírem de cena."

OK, *boomer*?

A crise dos cuidados é aguda, mas também é solucionável. Em um momento em que as taxas de natalidade estão estagnadas ou, na melhor das hipóteses, aumentam a uma taxa muito baixa, como nos Estados Unidos, a imigração é a resposta mais óbvia. Nunca antes na história da humanidade houve tantos refugiados e migrantes em deslocamento. Em minha cidade, existe um grande contingente de centro-americanos, e sempre fico surpreso com a rapidez com que alguns, poucos anos após a própria chegada, clamam para que as portas sejam fechadas para futuros recém-chegados. Se conseguirmos encontrar uma maneira de superar nossa xenofobia inerente e empregar imigrantes, quase todos desesperados para trabalhar, não haverá escassez de cuidadores.

Idealmente, deveríamos promulgar reformas em nível federal e trabalhar mais para abrir nossas fronteiras de maneira segura para níveis sensatos de imigração. No entanto, uma vez que o apoio bipartidário em questões de imigração é quase inexistente, nada impede que "estados-santuário" como Califórnia, Oregon e minha terra natal, Massachusetts, ou "cidades-santuário" como Chicago, Nova York e Washington, D.C., protejam aqueles que estão no país, de forma ilegal, apenas para ganhar a vida.

E ganhar a vida é mais uma coisa que todos nós temos em comum. Mudar as políticas para enfrentar os desafios de nossa futura expectativa de vida de 100 anos é responsabilidade do governo. E quanto a garantir que tenhamos o bom senso de economizar dinheiro suficiente para durar um século ou mais? Isso depende de nós. Em um mundo agora, em grande parte, desprovido de pensões e que gira em torno de uma economia de "bicos" em franca expansão, não será fácil economizar dinheiro. No entanto, é possível. Precisamos apenas parar de pensar na assessoria financeira profissional como algo que fazemos quando chegamos aos 50 anos – e começarmos a economizar para nossos 90 e 100 anos quando estamos na casa dos 20 ou 30 anos.

Acima de tudo, precisamos renovar o otimismo que produziu a era de ouro da dinastia Tang na China, o Renascimento e o Iluminismo na Europa, e a história estadunidense sempre viva e em constante evolução. Ter mais uma ou duas décadas de expectativa de vida tem muitas consequências, algumas das quais, é provável, nem passaram por nossa cabeça ainda, mas um resultado notório é que teremos mais tempo para entender tudo isso.

Nós já entendemos isso.

Não é problema se não temos todas as respostas. O que mais importa, enquanto nos preparamos para agir, é que estamos fazendo as perguntas certas. Hoje, à medida que nossa nova era de superenvelhecimento começa a surgir, evoquemos o poema "The Summer Day" [Um dia de verão], de Mary Oliver, vencedora do Prêmio Pulitzer:

Não é que tudo morre no final, e cedo demais?
Diga-me, o que você planeja fazer
Com sua única, selvagem e preciosa vida?

Epílogo

O que mais importa

É 15 de novembro de 2060, e a vida é... o quê? Boa? Não é ótima. Mas também longe de ser tão ruim quanto poderia ter sido.

A presidente Alexandria Ocasio-Cortez foi reeleita, facilmente, na semana passada. Aos 70 anos, algumas pessoas ainda acham que ela é um pouco jovem para a Casa Branca – ela nunca conseguiu se livrar desse rótulo –, mas seu Partido Verde e a Coalizão pelo Clima derrotaram, sem dificuldades, o que resta dos defensores da ideologia "Estados Unidos em primeiro lugar".

Isso não significa dizer que esses dois grupos terão muito tempo ou motivo para comemorar. Embora a Terra ainda seja, em grande parte, habitável, partes do planeta estão exatamente no estado caótico sobre o qual fomos alertados.

Os líderes mundiais deveriam se reunir no próximo mês em Cabo Cod para a cúpula bienal da ONU sobre mudanças climáticas, mas a COP46 teve de ser relocada às pressas para Reykjavik, na Islândia, depois que metade da península desapareceu do mapa. Agora, com a crescente subida do nível do Atlântico Norte, a secretária-geral das Nações Unidas, Greta Thunberg, diz que as conversas talvez tenham de ser levadas para outro local.

Há meio século, muitos de nós pensavam que, a essa altura, já estaríamos colonizando Marte, mas, infelizmente, em 2060, está mais para *Waterworld – O segredo das águas* do que para *Interestelar*.

Pelo menos os últimos sete presidentes, assim como os outros líderes do G7, foram todas mulheres. Como diz a papa Maria IV, a firme determinação delas em superar o nacionalismo e a política mesquinha para abraçar e defender a Mãe Terra nos manteve – pelo menos por enquanto – fora da lista das espécies em risco de extinção.

E eu? Hoje completo 100 anos.

Claro, estou mais lento. Meus tempos de maratona são uma piada. Mas sou grato por esses anos, pela minha saúde e, acima de tudo, pela minha família. Demorou uma parcela maior dos meus 100 anos do que eu gostaria de admitir para que eu apreciasse plenamente as coisas mais importantes da vida: o amor e o riso.

Quando nasci, em 1960, a expectativa de vida total de um estadunidense era de 69,7 anos. Cem anos depois, atingiu o recorde de 85,6 anos – exatamente o que o Censo dos Estados Unidos havia projetado lá atrás, na década de 2020. Porém, isso é apenas um número. Agora que, por fim, me juntei às fileiras crescentes de centenários, vou contar um segredo: 100 anos também é um número.

Excepcionalmente longa, tragicamente curta ou algo intermediário, a vida é doce, e só temos uma chance de vivê-la bem. Como a nova poetisa laureada dos Estados Unidos, Taylor Swift, cantou há muito tempo:

> *Eu tenho essa coisa, fico mais velha, mas nunca mais sábia...*
> *Sou eu, oi, eu sou o problema, sou eu.*

Agradecimentos

Criar uma criança é tarefa de uma aldeia. O mesmo pode, certamente, ser dito sobre escrever um livro.

Ficarei para sempre grato à minha esposa, Terry DeYonker Kole, e a meus filhos, Nicholas e Erin, pelo entusiasmo e apoio. Foi você, E., cuja menção precoce do fenômeno horrivelmente injusto do "desgaste" me levou a examinar mais de perto como o racismo sistêmico afeta o envelhecimento nas comunidades negras.

Agradecimentos especiais aos agentes Rick Richter e Caroline Marsiglia, da Aevitas Creative Management, por apostarem em um autor novato. Vocês acreditaram em mim e neste projeto, e ajudaram, sem cansaço, a refinar o conceito de várias maneiras.

Nunca conheci um escritor que não precisasse desesperadamente de um editor, e sou muito grato a Keith Wallman, da Diversion Books, cuja mão habilidosa e visão criativa melhoraram muito estas páginas. Agradeço também a Evan Phail, Clara Linhoff, Jane Glaser, Shannon Donnelly e Alex Sprague, da Diversion, por ajudarem, com paciência, este novato a navegar pelos muitos altos e baixos do processo de publicação, e sou grato ao *designer* Jonathan Sainsbury por seu trabalho mágico na capa.

Dois colegas queridos da Associated Press, Mallika Sen e Alanna Durkin Richer, forneceram opiniões valiosas no início, quando eu buscava encontrar o tom certo e o enquadramento adequado para o conteúdo deste livro. Agradeço a ambos.

Grazie mille a um dos meus amigos mais antigos (desculpe) e queridos, Brian Murphy, do *Washington Post* – um homem cujos livros admiro muito –, pelo exemplo, pelo incentivo e, antes de eu parar de beber, pelo vinho. E um agradecimento especial a meu novo amigo Carlos Enriquez, que entrou em minha vida exatamente no momento em que parecia que este livro não vingaria e insistiu para que eu não aceitasse um "não" como resposta. Você estava certo, amigo.

Agradeço às muitas mentes incríveis que consentiram em ser entrevistadas: a incansável dra. Jane Goodall; a incansavelmente espirituosa supercentenária de 112 anos, Herlda Senhouse; o cardiologista e ocasional companheiro de velejada, dr. Richard Regnante; Jongseong Lee, arquiteto do impressionante sistema nacional de cuidados a idosos da Coreia do Sul; e uma lista impressionante de outros pensadores, ativistas, cuidadores e formuladores de políticas, incluindo Vida Bampoe, Anne Basting, John Beard, Mary Ann Evan, Bill McKibben, Wendy McCrae-Owoeye, Martin Picard e Beth Truesdale.

Agradecimento sincero à National Press Foundation, em especial, a Sonni Efron e Rachel Jones, e a Caitlin Hawke da Universidade Columbia. Suas bolsas de estudo, brilhantemente organizadas, para jornalistas que cobrem temas relacionados ao envelhecimento me colocaram em contato, em Washington e *on-line*, com uma série de especialistas cujas perspectivas enriquecem este livro: Jean Accius, William Beach, Martha Boudreau, Catherine Collinson, Joseph Coughlin, Robert Espinoza, Ruth Finkelstein, Cristina Martin Firvida, Linda Fried, Joseph Fuller, Peter Gosselin, David Grabowski, Patti Greco, Paul Irving, David John, Greg Link, Ai-jen Poo, Siavash Radpour, Susan Reinhard, Jason Resendez, Sheria Robinson-Lane,

John Schall, Derenda Schubert, Brian Smedley, Robyn Stone, Yulya Truskinovsky, Debra Whitman e Jennifer Wolff.

Brindes ao antigo companheiro de viagem David Schultz, que me contou sobre seu bisavô de 106 anos, e a um trio de jornalistas que admiro e que contribuíram de maneira indireta, porém profunda, de formas que, provavelmente, nem mesmo eles estão cientes: Norm Abelson, Mort Rosenblum e Peter Prengaman. Para outros cujos nomes deixei de mencionar, aceitem minha gratidão e minhas desculpas. Vocês podem pôr meu esquecimento na conta da minha idade avançada.

Minha mais profunda gratidão deve ser reservada ao dr. Thomas T. Perls, fundador e diretor do Estudo dos Centenários da Nova Inglaterra. Nós compartilhamos uma fascinação em comum por Jeanne Calment e por outros supercentenários, e não é exagero dizer que suas ideias permeiam toda a narrativa deste livro. Este livro não existiria sem você, Tom.

Por fim, agradeço à minha avó centenária, Marie Mercurio Sansone, e à minha doce mãe nonagenária, Marie "Nadine" Kole, por literalmente tudo: minha vida. *Alla famiglia, signore!*

Referências

Livros

BERKMAN, Lisa; TRUESDALE, Beth. *Overtime: America's Aging Workforce and the Future of Working Longer*. Londres: Oxford University Press, 2022.

BRADFORD, William. *Of Plimouth Plantation*. Boston: 1630.

BUCKLEY, Christopher. *Boomsday*. Nova York: Twelve, Hachette Book Group, 2007.

COUGHLIN, Joseph. *The Longevity Economy: Unlocking the World's Fastest-Growing, Most Misunderstood Market*. Nova York: Public Affairs, 2017.

OLIVER, Mary. *House of Light*. Boston: Beacon Press, 1990.

SHATNER, William, com Joshua Brandon. *Boldly Go*. Nova York: Simon & Schuster, 2022.

TOLSTOY, Leo. *Anna Karenina*. Moscou: T. Ris, 1878.

VAN DYKE, Dick. *Keep Moving*. Nova York: Hachette Books, 2015.

Todas as referências a seguir foram acessadas em 5 mar. 2024.

Artigos publicados em periódicos acadêmicos

ALMEIDA, David.; RUSH, Jonathan; MOGLE, Jacqueline; PIAZZA, Jennifer, et al. Longitudinal Change in Daily Stress Across 20 Years of Adulthood: Results From the National Study of Daily Experiences. *Developmental Psychology*, 30 nov. 2022. Disponível em: https://doi.org/10.1037/dev0001469.

ANDERSEN, Stacy. Centenarians as Models of Resistance and Resilience to Alzheimer's Disease and Related Dementias. *Advances in Geriatric Medicine and Research*, 30 jul. 2020. Disponível em: https://doi.org/10.20900/agmr20200018.

ARAÚJO, Lia; TEIXEIRA, Laetitia; AFONSO, Rosa Marina; RIBEIRO, Oscar. To Live or Die: What to Wish at 100 Years and Older. *Frontiers in Psychology*, 10 set. 2021. Disponível em: https://doi.org/10.3389/fpsyg.2021.726621.

ATELLA, Vincenzo; CARBONARI, Lorenzo. Is Gerontocracy Harmful for Growth? A Comparative Study of Seven European Countries. *Journal of Applied Economics*, 22 jan. 2019. Disponível em: http://dx.doi.org/10.1016/S1514-0326(17)30007-7.

BANERJEE, Abhijit; DUFLO, Esther. The Economic Lives of the Poor. *Journal of Economic Perspectives*, out. 2006. Disponível em: https://doi.org/10.1257/jep.21.1.141.

BEKER, Nina; GANZ, Andrea; HULSMAN, Marc; HOLSTEGE, Henne. Association of Cognitive Function Trajectories in Centenarians with Postmortem Neuropathology, Physical Health, and Other Risk Factors for Cognitive decline. *Journal of the American Medical Association*, 15 jan. 2021. Disponível em: https://doi.org/10.1001%2Fjamanetworkopen.2020.31654.

BRANDTS, Lloyd; VAN TILBURG, Theo; BOSMA, Hans; HUISMAN, Martijn; VAN DEN BRANDT, Piet A. Loneliness in Later Life and Reaching Longevity: Findings from the Longitudinal Aging Study Amsterdam. *Journals of Gerontology*, fev. 2021. Disponível em: https://doi.org/10.1093/geronb/gbaa145.

CAGAN, Alex; BAEZ-ORTEGA, Adrian; BRZOZOWSKA, Natalia; ABASCAL, Federico, et al. Somatic Mutation Rates Scale with Lifespan across Mammals. *Nature*, 13 abr. 2022. Disponível em: https://doi.org/10.1038/s41586-022-04618-z.

CASE, Anne; DEATON, Angus. Life Expectancy in Adulthood Is Falling for Those without a BA Degree. *Proceedings of the National Academy of Sciences*, 8 mar. 2021. Disponível em: https://doi.org/10.1073%2Fpnas.2024777118.

CHAPMAN, Susan A.; GREIMAN, Lillie; BATES, Timothy; WAGNER, Laura M., et al. Assessing Self-Care Needs and Worker Shortages in Rural Areas. *Health Affairs*, out. 2022. Disponível em: https://doi.org/10.1377/hlthaff.2022.00483.

COSTUMERO, Victor; MARIN-MARIN, Lidon; CALABRIA, Marco; BELLOCH, Vicente, et al. A Cross-Sectional and Longitudinal Study on the Protective Effect of Bilingualism against Dementia. *Alzheimer's Research & Therapy*, 10 jan. 2020. Disponível em: https://doi.org/10.1186%2Fs13195-020-0581-1.

COX, John. Joe Smith: Centenarian Refuses to Leave His Job after 57 Years at Same Firm. *Bakersfield Californian*, 2 ago. 2022. Disponível em: https://www.bakersfield.com/news/centenarian-refuses-to-leave-his-job-after-57-years-at-same-firm/article_08cf1caa-12ba-11ed-8248-7bfbb2eb6e1c.html.

CRANE, Keith; CLIFF, Roger; MEDEIROS, Evan; MULVENON, James, et al. Forecasting China's Military Spending Through 2025. *RAND Corp.*, 2005. Disponível em: https://doi.org/10.7249/RB162.

DANIEL, Caitlin. Is Healthy Food Too Expensive? *American Sociological Association*, mar. 2021. Disponível em: https://www.asanet.org/wp-content/uploads/attach/footnotes/footnotes-winter_2021.pdf.

DEN DUNNEN, Wilfred; BROUWER, Wiebo; BIJLARD, Eveline; KAMPHUIS, Jeanine, et al. No Disease in the Brain of a 115-Year-Old Woman. *Neurobiology of Aging*, ago. 2008). Disponível em: https://doi.org/10.1016/j.neurobiolaging.2008.04.010.

DING, Ding; VAN BUSKIRK, Joe; NGUYEN, Binh; STAMATAKIS, Emmanuel, et al. Physical Activity, Diet Quality and All-Cause Cardiovascular Disease and Cancer Mortality. *British Journal of Sports Medicine*, 8 jul. 2022. Disponível em: https://doi.org/10.1136/bjsports-2021-105195.

DONG, XinQi. Elder Rights in China: Care for Your Parents or Suffer Public Shaming. *JAMA*, 1 out. 2016. Disponível em: https://doi.org/10.1001/jamainternmed.2016.5011.

DREW, Liam. Turning Back Time with Epigenetic Clocks. *Nature*, 19 jan. 2022. Disponível em: https://www.nature.com/articles/d41586-022-00077-8.

FARRELL, Timothy; HUNG, William; UNROE, Kathleen, et al. Exploring the Intersection of Structural Racism and Ageism in Healthcare. *Journal of the American Geriatrics Society*, 19 out. 2022. Disponível em: https://doi.org/10.1111/jgs.18105.

FISHMAN, Ezra. Risk of Developing Dementia at Older Ages in the United States. *Demography*, 3 ago. 2017. Disponível em: https://doi.org/10.1007%2Fs13524-017-0598-7.

FUKUDA, Takafumia; OHNUMA, Tohrub; OBARA, Kuniakia; KONDO, Sumioc, et al. Supplementation with Matured Hop Bitter Acids Improves Cognitive Performance and Mood State in Healthy Older Adults with Subjective Cognitive Decline. *Journal of Alzheimer's Disease*, 30 jun. 2020. Disponível em: https://doi.org/10.3233/JAD-200229.

GERONIMUS, Arline T. Dying Old at a Young Age from Pre-Existing Racist Conditions. *Washington and Lee Journal of Civil Rights and Social Justice*, 2021. Disponível em: https://scholarlycommons.law.wlu.edu/crsj/vol27/iss2/5.

GERONIMUS, Arline; HICKEN, Margaret; PEARSON, Jay; SEASHOLS, Sarah, et al. Do US Black Women Experience Stress-Related Accelerated Biological Aging? *Human Nature*, 11 mar. 2010. Disponível em: https://doi.org/10.1007%2Fs12110-010-9078-0.

GUTIN, Iliya; HUMMER, Robert. Social Inequality and the Future of US Life Expectancy. *Annual Review of Sociology*, 10 mar. 2021. Disponível em: https://doi.org/10.1146/annurev-soc-072320-100249.

HOLLAND, Thomas; AGARWAL, Puja; WANG, Yamin; DHANA, Klodian, et al. Association of Dietary Intake of Flavonols with Changes in Global Cognition and Several Cognitive Abilities. *Neurology*, 22 nov. 2022. Disponível em: https://doi.org/10.1212/WNL.0000000000201541.

HOLT-LUNSTAD, Julianne; SMITH, Timothy; STEPHENSON, David. Loneliness and Social Isolation as Risk Factors for Mortality. *Perspectives on Psychological Science*, 11 mar. 2015. Disponível em: https://doi.org/10.1177/1745691614568352.

INGLÉS, Marta; BELENGUER-VAREA, Angel; SERNA, Eva; MAS-BARGUES, Cristina, et al. Analysis of Centenarians' Offspring Reveals a Specific Genetic Footprint. *Journals of Gerontology*, 28 maio 2022. Disponível em: https://doi.org/10.1093/gerona/glac119.

JIA, Haomiao; LUBETKIN, Erica. Life Expectancy and Active Life Expectancy by Marital Status among Older U.S. Adults: Results From the U.S. Medicare Health Outcome Survey. *SSM Population Health*, 12 dez. 2020. Disponível em: https://doi.org/10.1016%2Fj.ssmph.2020.100642.

JOPP, Daniela. Aging Researcher: 'At 100, Health Problems Are No Longer So Important.' *Profil*, 12 dez. 2022. Disponível em: https://www.profil.at/wissenschaft/alternsforscherin-daniela-jopp-im-interview/402253695.

JOPP, Daniela; LAMPRAKI, Charikleia; SPINI, Dario. Heterogeneity in Vulnerability and Resilience Among Centenarians. *Innovation in Aging*, 17 dez. 2021. Disponível em: https://doi.org/10.1093%2Fgeroni%2Figab046.415.

KATSIMPARDI, Lida; LITTERMAN, Nadia; SCHEIN, Pamela; MILLER, Christine, et al. Vascular and Neurogenic Rejuvenation of the Aging Mouse Brain by Young Systemic Factors. *Science*, 9 maio 2014. Disponível em: https://doi.org/10.1126/science.1251141.

KIM, Yevgeniy; ZHARKINBEKOV, Zharylkasyn; SARSENOVA, Madina; YELTAY, Gaziza, et al. Advances in Gene Therapy. *International Journal of Molecular Sciences*, 26 ago. 2021. Disponível em: https://doi.org/10.3390/ijms22179206.

KOGA, Hayami; TRUDEL-FITZGERALD, Claudia; LEE, Lewina; JAMES, Peter, et al. Optimism, Lifestyle, and Longevity in a Racially Diverse Cohort of Women. *Journal of the American Geriatrics Society*, 23 abr. 2022. Disponível em: https://doi.org/10.1111/jgs.17897.

KREOUZI, Magdalini; THEODORAKIS, Nikolaos; CONSTANTINOU, Constantina. Lessons Learned from Blue Zones, Lifestyle Medicine Pillars and Beyond: An Update on the Contributions of Behavior and Genetics to Wellbeing and Longevity. *American Journal of Lifestyle Medicine*, 20 ago. 2022. Disponível em: https://doi.org/10.1177/15598276221118494.

LEE, Lewina; GRODSTEIN, Francine; TRUDEL-FITZGERALD, Claudia; JAMES, Peter, et al. Optimism, Daily Stressors, and Emotional Well-Being Over Two Decades in a Cohort of Aging Men. *Journals of Gerontology*, 7 mar. 2022. Disponível em: https://doi.org/10.1093/geronb/gbac025.

LEITCH, Sharon; GLUE, Paul; GRAY, Andrew. Comparison of Psychosocial Variables Associated with Loneliness in Centenarian vs Elderly Populations in New Zealand. *JAMA Network*, 26 out. 2018. Disponível em: https://doi.org/10.1001/jamanetworkopen.2018.3880.

LEVY, Becca; SLADE, Martin; KASL, Stanislav. Longitudinal Benefit of Positive Self-Perceptions of Aging on Functional Health. *Journals of Gerontology*, 1 set. 2002. Disponível em: https://doi.org/10.1093/geronb/57.5.p409.

LI, Shanshan; STAMPFER, Meir; WILLIAMS, David. Association of Religious Service Attendance with Mortality Among Women. *JAMA Internal Medicine*, jun. 2016. Disponível em: https://doi.org/10.1001/jamainternmed.2016.1615.

LIPKA, Michael. A Closer Look at Seventh-day Adventists in America. *Pew Research Center*, 3 nov. 2015. Disponível em: https://www.pewresearch.org/fact-tank/2015/11/03/a-closer-look-at-seventh-day-adventists-in-america/.

LU, Yuancheng; BROMMER, Benedikt; TIAN, Xiao; KRISHNAN, Anitha, et al. Reprogramming to Recover Youthful Epigenetic Information and Restore Vision. *Nature*, 2 dez. 2020. Disponível em: https://doi.org/10.1038/s41586-020-2975-4.

MELENHORST, Jan; CHEN, Gregory; WANG, Meng; PORTER, David, et al. Decade-Long Leukaemia Remissions with Persistence of CD4+ CAR T Cells. *Nature*, 2 fev. 2022. Disponível em: https://doi.org/10.1038/s41586-021-04390-6.

MILHOLLAND, Brandon; VIJG, Jan. Why Gilgamesh Failed: The Mechanistic Basis of the Limits to Human Lifespan. *Nature Aging*, 14 out. 2022. Disponível em: https://doi.org/10.1038/s43587-022-00291-z.

NEWMAN, Saul. Supercentenarians and the Oldest-Old Are Concentrated Into Regions with No Birth Certificates and Short Lifespans. *bioRxiv*, 16 jul. 2019. Disponível em: https://doi.org/10.1101/704080.

OLSHANSKY, Stuart. From Lifespan to Healthspan. *JAMA*, 2 out. 2018. Disponível em: https://doi.org/10.1001/jama.2018.12621.

OLSHANSKY Stuart; CARNES, Bruce. Inconvenient Truths About Human Longevity. *Journals of Gerontology*, 19 abr. 2019. Disponível em: https://doi.org/10.1093/gerona/glz098.

PALMIOLI, Alessandro; MAZZONI, Valeria; DE LUIGI, Ada; BRUZZONE, Chiara, et al. Alzheimer's Disease Prevention Through Natural Compounds. *American Chemical Society/Neuroscience*, 25 out. 2022. Disponível em: https://doi.org/10.1021/acschemneuro.2c00444.

PEARCE, Michael; RAFTERY, Adrian. Probabilistic Forecasting of Maximum Human Lifespan by 2100 Using Bayesian Population Projections. *Demographic Research*, 30 jun. 2021. Disponível em: https://doi.org/10.4054/DemRes.2021.44.52.

PIJNENBURG, Martien; LEGET, Carlo. Who Wants to Live Forever? Three Arguments against Extending the Human Lifespan. *Journal of Medical Ethics*, out. 2007. Disponível em: https://doi.org/10.1136%2Fjme.2006.017822.

PILLAI, Jagan; HALL, Charles; DICKSON, Dennis; BUSCHKE, Herman, et al. Association of Crossword Puzzle Participation with Memory Decline in Persons Who Develop Dementia. *Journal of the International Neuropsychological Society*, 28 set. 2011. Disponível em: https://doi.org/10.1017/S1355617711001111.

PODOLSKIY, Dmitriy; AVANESOV, Andrei; TYSHKOVSKIY, Alexander; PORTER, Emily, et al. The Landscape of Longevity across Phylogeny. *bioRxiv*, 17 mar. 2020. Disponível em: https://doi.org/10.1101/2020.03.17.995993.

PRESTON, Samuel; ELO, Irma. Black Mortality at Very Old Ages. *Population and Development Review*, 8 set. 2006. Disponível em: http://dx.doi.org/10.1111/j.1728-4457.2006.00137.x.

PYRKOV, Timothy; AVCHACIOV, Konstantin; TARKHOV, Andrei; MENSHIKOV, Leonid, et al. Longitudinal Analysis of Blood Markers Reveals Progressive Loss of Resilience and Predicts Human Lifespan Limit. *Nature Communications*, 25 maio 2021. Disponível em: https://doi.org/10.1038/s41467-021-23014-1.

QUIROZ, Yakeel; SOLIS, Michele; ARANDA, María; ARBAJE, Alicia, et al. Alzheimer's in Latinx Population: Addressing the Disparities in Dementia Risk, Early Detection and Care in Latino Populations. *Alzheimer's & Dementia*, 18 set. 2022. Disponível em: https://doi.org/10.1002/alz.12589.

RIBEIRO, Oscar; TEIXEIRA, Laetitia; ARAÚJO, Lia; AFONSO, Rosa Marina, et al. Predictors of Anxiety in Centenarians: Health, Economic Factors, and Loneliness. *Cambridge University Press*, 13 ago. 2014. Disponível em: https://www.cambridge.org/core/journals/international-psychogeriatrics/article/abs/predictors-of-anxiety-in-centenarians-health-economic-factors-and-loneliness/C24DD58D2410A894C15910DADA7B6A55.

ROBINE, Jean-Marie; ALLARD, Michel; HERRMANN, François; JEUNE, Bernard. The Real Facts Supporting Jeanne Calment as the Oldest Ever Human. *Journals of Gerontology*, 16 set. 2019. Disponível em: https://doi.org/10.1093/gerona/glz198.

ROGALSKI, Emily. What Makes Someone a SuperAger? *Feinberg School of Medicine podcast*, 28 ago. 2018. Disponível em: https://www.feinberg.northwestern. edu/research/news/podcast/what-makes-someone-a-superager.html.

SCHAFER, Markus; SUN, Haosen; LEE, Jin. Compensatory Connections? Living Alone, Loneliness, and the Buffering Role of Social Connection Among Older American and European Adults. *Journals of Gerontology*, 8 ago. 2022. Disponível em: https://doi.org/10.1093/geronb/gbab217.

SCHWANDT, Hannes; CURRIE, Janet; BÄR, Marlies; WUPPERMANN, Amelie. Life Expectancy Gap between Races: Inequality in Mortality between Black and White Americans by Age, Place, and Cause and in Comparison to Europe, 1990 to 2018. *Proceedings of the National Academy of Sciences*, 28 set. 2021. Disponível em: https://doi.org/10.1073/pnas.2104684118.

STAFF, Roger; HOGAN, Michael; WILLIAMS, Daniel; WHALLEY, Lawrence. Intellectual Engagement and Cognitive Ability in Later Life. *British Medical Journal*, 10 dez 2018. Disponível em: https://doi.org/10.1136/bmj.k4925.

SU, Sizhen; SHI, Le; ZHENG, Yongbo; SUN, Yankun, et al. Leisure Activities and the Risk of Dementia: A Systematic Review and Meta-Analysis. *Neurology*, 10 ago. 2022. Disponível em: https://doi.org/10.1212/WNL.0000000000200929.

VACANTE, Marco; D'AGATA, Velia; MOTTA, Massimo; MALAGUARNERA, Giulia, et al. Centenarians and Supercentenarians: A Black Swan. *BMC Surgery*, 15 nov. 2012. Disponível em: https://doi.org/10.1186/1471-2482-12-s1-s36.

WALLACE, Laura; ANTHONY, Rebecca; WAY, Baldwin. Does Religion Stave Off the Grave? Religious Affiliation in One's Obituary and Longevity. *Social Psychological and Personality Science*, 13 jun. 2018. Disponível em: https://doi. org/10.1177/1948550618779820.

WANG, Lindsey; DAVIS, Pamela; VOLKOW, Nora; BERGER, Nathan, et al. Association of COVID-19 with New-Onset Alzheimer's Disease. *Journal of Alzheimer's Disease*, 16 set. 2022. Disponível em: https://doi.org/10.3233/jad-220717.

WONG, Serena; PARGAMENT, Kenneth; FAIGIN, Carol Ann. Sustained by the Sacred: Religious and Spiritual Factors for Resilience in Adulthood and Aging: Concepts, Research, and Outcomes. *Resilience in Aging*, jan. 2018. Disponível em: http://dx.doi.org/10.1007/978-3-030-04555-5_10.

WU, Lei; XIE, Xinqiang; LI, Ying; LIANG, Tingting, et al. Gut Microbiota as an Antioxidant System in Centenarians. *Nature*, 24 dez. 2022. Disponível em: https://doi.org/10.1038/s41522-022-00366-0.

XU, Chi; KOHLER, Timothy; LENTON, Timothy; SCHEFFER, Marten. Future of the Human Climate Niche. *Proceedings of the National Academy of Sciences of the United States of America*, 4 maio 2020. Disponível em: https://doi.org/10.1073/pnas.1910114117.

YOUNG, Robert. African American Longevity Advantage: Myth or Reality? A Racial Comparison of Supercentenarian Data. *Georgia State University ScholarWorks*, 21 jul. 2008. Disponível em: https://scholarworks.gsu.edu/cgi/viewcontent.cgi?article=1009&context=gerontology_theses.

ZHU, Jianwei; GE, Fenfen; ZENG, Yu; QU, Yuanyuan, et al. Physical and Mental Activity, Disease Susceptibility, and Risk of Dementia: A Prospective Cohort Study Based on UK Biobank. *Neurology*, 27 jul. 2022. Disponível em: https://doi.org/10.1212/WNL.0000000000200701.

Entrevistas do autor

BAMPOE, Vida. 19 out. 2022.

BASTING, Anne. 18 out. 2022.

BEARD, John. 13 out. 2022.

EVAN, Mary Anne. 19 out. 2022.

GOODALL, dra. Jane. 6 out. 2021.

KOLE, Marie "Nadine." 26 jun. 2022.

LEE, Jongseong. 11 dez. 2022.

MCCRAE-OWOYE, Wendy. 13 out. 2022.

MCKIBBEN, Bill. 21 dez. 2022.

REGNANTE, Dr. Richard. 30 jun. 2021.

PERLS, dr. Thomas. 4 ago. 2022.

PICARD, dr. Martin. 25 out. 2022.

SENHOUSE, Herlda. 9 set. 2022.